UNA MENTE ENCENDIDA

FE PARA EL ESCÉPTICO
E INDIFERENTE

Una mente encendida
Fe para el escéptico e indiferente

Publicado por Editorial Patmos
Miami, Florida, EE.UU.

Originalmente publicado en inglés con el título *The Mind on Fire*, por Victor Books, una división de Cook Communications Ministries, Colorado Springs, Colorado, U.S.A.
© 2006 por James Houston

Las citas bíblicas utilizadas en este libro han sido tomadas en su mayoría de la Nueva Versión Internacional 1,999 de la Sociedad Bíblica Internacional.

Cuando se utiliza otra versión, se le identifica inmediatamente después del pasaje citado.

Traducido al español por Silvia Cudich
Adaptación de diseño gráfico por Suzane Barboza

ISBN 10: 1-58802-441-5
ISBN 13: 978-1-58802-441-1

Categoría: Apologética

Impreso en Brasil

El doctor James M. Houston nació de padres misioneros que sirvieron en España. Sirvió como profesor en la Universidad de Oxford, Inglaterra, desde 1949 a 1971. Fue profesor socio de Hertford College entre 1964 y 1971, y fungió como director de Regent College desde 1969 a 1978. Él ha servido como rector de Regent College y actualmente es profesor emérito de teología espiritual.

El doctor Houston ha estado activo en el establecimiento y motivación de centro de capacitación laicos en varios continentes. Estos incluyen el C. S. Lewis Institute en Washington, D.C., y el London Institute para estudios del cristianismo contemporáneo. Además de su trabajo como editor de libros clásicos, ha escrito varios libros.

CONTENIDO

LOS PENSAMIENTOS

SELECCIONADOS Y EDITADOS COMO UNA APOLOGÉTICA CRISTIANA

PARTE UNO: LA MISERIA DEL HOMBRE SIN DIOS

PARTE DOS: LA INICIATIVA HUMANA DEL RAZONAMIENTO

PARTE TRES: LA CONDICIÓN INFELIZ DEL HOMBRE

OTRAS MÁXIMAS DE LOS PENSAMIENTOS Y LOS DICHOS
CARTAS ESCRITAS A UN PROVINCIANO POR UNO DE SUS AMIGOS

INTRODUCCIÓN A LOS CLÁSICOS

Con la profusión de libros que ahora son publicados, la mayor parte de los lectores cristianos requieren un poco de dirección para una colección básica de trabajos espirituales que permanecerán como compañeros de toda la vida. Esta nueva serie de clásicos está siendo publicada para proporcionar una biblioteca de esa clase para el hogar. Los libros seleccionados pueden no ser todos comúnmente conocidos hoy, pero cada uno tiene una preocupación central de importancia para el cristiano contemporáneo.

Otro objetivo para esta colección de libros es un renacer. Es un renacer a los pensamientos y las meditaciones espirituales de los siglos olvidados. Muchos cristianos hoy no tienen ningún sentido del pasado. Si la Reforma es importante para ellos, ellos saltan de la iglesia apostólica al siglo dieciséis, olvidando aproximadamente catorce siglos de la obra del Espíritu Santo entre muchos fieles a Cristo. Estos clásicos quitarán aquel hueco y enriquecerán a sus lectores por la fe y la devoción de los santos de Dios por toda la historia.

Y entonces nos dirigimos a los libros, y a su objetivo. Algunos libros han cambiado las vidas de sus lectores. Note como la Vida de Antonio de Atanasio afectó a Agustín, o como William Law un Llamado Serio a una Vida Santa influyó en Juan Wesley. Oros, como las Confesiones de Agustín o la Imitación de Cristo de Tomás de Kempis, han dejado fuentes perennes de inspiración a través de los años. Sinceramente esperamos que aquellos seleccionados en esta serie tengan un efecto parecido sobre nuestros lectores.

Cada uno de los clásicos elegidos para esta serie es profundamente significativo para un líder cristiano contemporáneo. En algunos casos, los pensamientos y las reflexiones del escritor clásico son reflejados en las ambiciones genuinas y deseos del líder hoy, un emparejamiento insólito de corazones y mentes a través de los siglos. Y así se ha pedido a estos individuos escribir la introducción sobre el libro que ha sido tan significativo a su propia vida.

EDICIÓN DE LOS CLÁSICOS

Tales clásicos de la vida espiritual han tenido sus obstáculos. Su idioma original, el estilo arcaico de ediciones antiguas, su extensión, sus digresiones, las alusiones a culturas pasadas hacen que su uso desaliente al lector moderno. Reimprimirlos, como se hizo a escala masiva en el siglo pasado, no vence estas deficiencias de estilo, extensión e idioma. Para buscar el grano y quitar la cáscara, esta serie implica la abreviación, vuelta a escribir, y corrección de cada libro. Al mismo tiempo procuramos conservar el mensaje esencial dado en la obra y perseguir tanto como sea posible el estilo original del autor.

Los principios de edición son como sigue: Mantener las oraciones cortas. Los párrafos son también acortados. El material es condensado donde hay digresiones o las alusiones hechas estaban condicionadas a su tiempo. Las palabras arcaicas son cambiadas. La ortografía corresponde a la de los diccionarios modernos. El encadenamiento lógico debería ser añadido al material condensado. La identidad del tema o el argumento se mantiene en mente. Las alusiones a otros autores reciben una explicación breve.

Para el cristiano, la Biblia es el texto básico para la lectura espiritual. Toda otra lectura devota es secundaria y nunca debería ser un sustituto de ella. Por lo tanto, las alusiones a la Escritura en esta colección son investigadas y referidas en el texto. Aquí es donde otras ediciones de estos libros pueden no hacer caso de la calidad bíblica de estos trabajos, que son inspirados y dirigidos por la Biblia. El enfoque bíblico es siempre el sello de la espiritualidad verdaderamente cristiana.

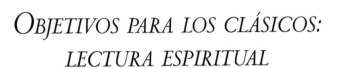

OBJETIVOS PARA LOS CLÁSICOS: LECTURA ESPIRITUAL

Ya que nuestra cultura sensata e impaciente hace que la lectura espiritual sea extraña y difícil para nosotros, el lector debería tener cuidado de leer estos libros despacio, meditativa y reflexivamente. Uno no puede precipitarse en ellos como una novela policíaca. En lugar de la novedad, ellos se concentran en la conmemoración, recordándonos los valores que tienen consecuencia eterna. Podemos disfrutar de muchas cosas, pero los valores son tan antiguos como la creación de Dios.

El objetivo para el lector de estos libros no es buscar información. En cambio, estos volúmenes enseñan acerca de la vida sabia. Eso requiere obediencia, sumisión de la voluntad, cambio de corazón, y un espíritu dócil y tierno. Cuando Juan el bautista vio a Jesús, él reaccionó: "A él le toca crecer, y a mí menguar" (Juan 3:30). De la misma manera, la lectura espiritual disminuye nuestros instintos naturales, para permitir que su amor aumente dentro de nosotros.

Ninguno de estos libros es un paquete de "cómo hacer". Ellos nos toman como somos, es decir, como personas, no como funcionarios. Ellos nos guían a ser auténticos, y no necesariamente a ayudarnos a promover más actividades profesionales. Tales libros requieren que hagamos tiempo para su lenta digestión, espacio para dejar que sus pensamientos entren en nuestro corazón, y disciplina para dejar que nuevas ideas "se claven" y lleguen a ser parte de nuestro carácter cristiano.

—James M. Houston

NOTA DEL REDACTOR SOBRE BLAS PASCAL Y LA IMPORTANCIA DE SUS ESCRITOS CRISTIANOS

Mucha gente en la sociedad secular de hoy cree que hacerse cristiano significa cometer suicidio intelectual. Ellos piensan que aceptar sus principios es unirse a una multitud de analfabetos y necios supersticiosos. Pascal refuta esta creencia. Él escribió para comunicar la fe cristiana al escéptico, al indiferente, y al hostil. Pascal era un genio matemático, un físico, y un pensador religioso notable.

SU VIDA

Blas Pascal (1623–1662) nació en la parte central de Francia, en Clermont, el hijo de un funcionario del gobierno. Un pensador notable, él ha sido considerado por muchos como el más grande escritor de prosa francesa. Como su madre murió cuando él tenía sólo tres años, él creció criado por su hermana Gilberte, tres años mayor que él. Jacqueline, su hermana dos años más joven, fue su compañera cercana[1].

Él creció en una época de fe religiosa evidente. El escepticismo de Montaigne, el empirismo racional de Descartes, y el ateísmo de Vanini comenzaban a seducir las mentes de la gente hacia el espíritu de laicismo moderno. Aunque los reyes Católicos de Francia impidieran al protestantismo convertirse en una influencia pública en el país, tensiones religiosas poderosas todavía estaban trabajando. Mientras los jesuitas procuraron importar una casuística liberal, otros movimientos religiosos intensos de renovación crecían en importancia, bajo la influencia de la espiritualidad de Francisco de Sales, Berulle, y Vicente de Paul. El abad de Saint—Cyran, Jean Du Vergier de Hauranne, en particular expresó un deseo ardiente de renovación espiritual. Él estaba bajo la influencia del teólogo holandés Cornelius Jansen, más tarde Obispo de Ypres. Encarcelado durante cinco años por el gobierno francés, el abad del Saint—Cyran murió poco después de su liberación, pero no antes de que el padre de Pascal, Etienne, había venido bajo la influencia de dos de sus discípulos[2]. Cuando Blas tenía siete años, su padre dejó su oficina de gobierno en Clermont y vino a París. Fue allí donde sus niños, aunque enseñados por él personalmente, vinieron bajo la influencia del pensamiento libre, el espíritu escéptico de Montaigne, y fue allí donde los niños Pascal fueron expuestos a una vida mundana y de moda. Durante un período corto el padre de Blas dejó París en el exilio, al haber perdido el favor del cardenal Richelieu. Más tarde él fue rehabilitado y designado Comisario Real responsable de los impuestos en Normandía.

Los estudios científicos fascinaron a Blas. A la edad de dieciséis años él presentó su primer tratado matemático sobre las propiedades de las secciones de un cono[3]. A la edad de diecinueve años Blas comenzó a trabajar en una calculadora diseñada para ayudar a su padre en la tarea laboriosa de evaluación y recaudación de impuestos. Después de muchos años de refinamientos, él ofreció su "máquina aritmética" para la venta, pero su precio prohibitivo le impidió ser un éxito financiero.

Después de un accidente en 1646, el padre de Pascal, asistido por un sacerdote que se había hecho un adherente del movimiento de renovación Jansenista, llegó al convencimiento de que "la religión cristiana nos obliga a vivir únicamente para Dios y no tener ningún otro objeto que Él." Mientras tanto, Jacqueline la hermana de Blas anunció una llamada clara de entrar en una vocación religiosa. Con todo este interés de la familia en la religión, Blas comenzó a estudiar la Biblia seriamente, aunque él siguiera con sus experimentos científicos. En 1646 él reprodujo el experimento conocido de Torricelli sobre la existencia de un vacío. Más tarde él experimentó con la medida de presión atmosférica sobre la cumbre de la Cúpula del Puy a fin de demostrar la disminución de presión atmosférica con la elevación.

Aunque su padre frustrara a Jacqueline entrar en un convento, le permitieron hacer visitas ocasionales al Convento de Port-Royal-des-Champs, al sur de París. Etienne murió en 1651, y Blas comenzó a pensar más seriamente en la vida después de la muerte. Después de que Jacqueline lo abandonó para entrar en el convento, él se lanzó una vez más en la sociedad mundana de París. Cuando su hermana completamente lo desaprobó, Blas se dio cuenta lo confundido que él realmente estaba. Durante la noche del 23 de noviembre de 1654, leyendo el capítulo 17 del evangelio de Juan, él tuvo una experiencia de éxtasis. Misteriosamente, el vacío de su vida anterior se llenó de la presencia de Dios. Cuando el éxtasis comenzó a desvanecerse, él rápidamente buscó papel y escribió "el monumento" (reproducido a principios de esta antología). Él hizo una copia de pergamino, que cosió dentro del forro de su chaqueta, una práctica que repitió cada vez que reemplazaba su ropa durante los próximos ocho años hasta su muerte. Pero él no dijo a nadie, ni siquiera a su hermana Jacqueline, lo que le había pasado esa noche[4].

El enero siguiente él hizo la primera de varias visitas a Port-Royal. La comunidad aquí buscó la renovación espiritual esforzándose por vivir una vida auto abandonada de devoción a Dios en respuesta a la gracia irresistible de Dios. Pascal encontró allí una vida tan moralmente rigurosa como antes él había procurado hacer intelectualmente vigoroso. Por sus contactos en Port-Royal, Blas se vio envuelto en una controversia entre el Confesor del Rey, Padre Annat, y el líder de la comunidad Jansenista, Antoine Arnauld. Arnauld había publicado dos cartas en apoyo de Jansen, cuyo trabajo había sido condenado como herético por Roma en 1653.

Después de discusión prolongada, la Facultad de Teología de la Sorbona censuró a Arnauld en 1656. Arnauld decidió llevar su caso al público francés y pidió ayuda a Pascal. Con dos amigos que suministraron las citas y las declaraciones convenientes, Pascal comenzó a escribir cartas anónimas, dieciocho de las cuales fueron escritas entre enero de 1656 y marzo de 1657. Cinco de estas cartas son reeditadas en forma acortada en esta antología. Ellas fueron aclamadas con gran placer por el público ya que fueron escritas tan claramente y, como Voltaire afirmó, estableció a Pascal como el escritor de prosa más fino de Francia. Aún cuando la identidad verdadera del autor permaneció oculta hasta 1659.

Pascal atacó la base entera de la casuística religiosa jesuita, con su laxitud moral y reservas mentales conocidas como "el probabilismo". La posición jesuita era realista sobre la naturaleza humana, pero ignorante sobre la gracia de Dios. Lo atacó Pascal de manera brillante. En contraste, los jansenistas insistieron sobre la naturaleza radical de la conversión, la necesidad del arrepentimiento diario del pecado, y la gracia irresistible de Jesucristo. Para Pascal, este énfasis sonaba verdadero a su propia experiencia de conversión y la nueva vida de la gracia.

13

En sus años finales, Pascal comenzó a escribir una apologética cristiana. En 1657 y 1658, él febrilmente recogió un cuerpo grande de notas que él planeó para este fin. Estos fueron clasificados en veintiún bultos o liasses que eran las secciones de sus *Pensamientos*[5]. Pero él fue constantemente interrumpido por la enfermedad, que lo persiguió toda su corta vida desde la edad de veinticuatro en adelante. Los últimos años de su vida él estuvo en particular debilitado, y probablemente en 1660 compuso su "oración para el buen uso de la enfermedad" que concluye nuestra antología. En 1661, un conflicto amargo estalló entre las autoridades y Port-Royal, conduciendo a la disolución de la comunidad y a la muerte de su hermana Jacqueline. El próximo año, el 19 de agosto de 1662, Pascal murió. Sus últimas palabras recordadas fueron las del "Monumento": "¡mi Dios nunca me abandona!"

EL PENSAMIENTO DE PASCAL

Después de la conversión de Pascal a la edad de treinta y un años, él registra cómo su mente ardió con la convicción de ser abrumado por la luz. Una certidumbre lo tomó que lo dotó de un nuevo nivel de conocimiento[6]. Ahora la grandeza del alma humana, a pesar de la realidad del pecado humano, lo capturó con nuevo poder. Muchos años él había examinado a Dios simplemente como una serie de conceptos. Ahora él estaba en la presencia de Dios y la realidad de Dios mismo, el mismo Dios que había aparecido a Abraham, Isaac Y Jacob. "El Dios de los filósofos" Pascal ahora lo vio como un dios meramente teórico, no el ser personal con quien él disfrutaría una larga relación. Era esto lo que ahora le daba "gozo, gozo, gozo, lágrimas de gozo." Allí entró al alma de Pascal "certidumbre, gozo, y paz". Él vio que al hombre se le daba el don de una nueva dimensión de conocimiento, la entrada a un nuevo nivel de existencia.

Fue durante los ocho breves años que le restaban de su vida cuando se produjeron sus Pensamientos. Pascal claramente vio que a través de la razón sola él no podía llegar a entender toda la realidad. El conocimiento no puede averiguar el todo, sólo puede reemplazar la plenitud con una pretensión del todo. De hecho, el todo es sustituido por reducción. Pascal desafió el reduccionismo que él vio en los escritos de hombres como Montaigne. Él vio que había diferentes niveles de conocimiento a distancias infinitas una de otra. Tal como la inteligencia del hombre es infinitamente distinta de la materia, entonces el alma del hombre está a una distancia infinita de Dios. En los pensamientos Pascal ve con claridad inequívoca la necesidad de formas apropiadas de conocimiento. Él dice:

> La distancia infinita entre cuerpos y mentes simboliza la distancia más infinita entre la mente y la caridad; porque la caridad es sobrenatural.
>
> Toda la gloria de grandeza no tiene ningún lustre para la gente dedicada a las búsquedas intelectuales. La grandeza de los intelectuales es invisible a los reyes, los ricos, los capitanes, a todos aquellos grandes según la carne.
>
> La grandeza de la sabiduría que no es nada sino de Dios, es invisible al dispuesto a la carne y a los intelectuales. Así hay tres órdenes que se diferencian en clase.
>
> Los grandes genios tienen su dominio, su esplendor, su grandeza, su victoria, su gloria, y no tienen ninguna necesidad de la grandeza carnal, que no tiene ninguna relación con su esfera. Ellos son vistos no por los ojos, pero por las mentes, y eso es bastante.
>
> Los santos de la misma manera tienen su dominio, su gloria, su grandeza, su victoria, su esplendor, y no tienen ninguna necesidad de la grandeza carnal o intelectual, que no tiene ninguna importancia con su esfera, porque ni añade, ni quita mérito a ello. Ellos son vistos por Dios y los ángeles, no por cuerpos o mentes curiosas. Dios les basta a ellos[7].

Si esto es así, entonces el hecho de que Jesucristo entró en este mundo sin riqueza y honor, teniendo su propia gloria y santidad, significa que no deberíamos tropezar en su humildad y paciencia. Ya que él no reinó en el esplendor sensual, tampoco él hizo invenciones intelectuales. Si la vida de Cristo fue de una orden tan diferente, ¿por qué entonces escandalizarse por su modestia? Porque el orden moral es infinitamente diferente de los niveles sensuales o intelectuales de la humanidad. Ya que cada uno es cualitativamente diferente, cada uno debe seguir teniendo su modo apropiado de saber.

Pero la miseria del hombre consiste en que él está perdido, y no puede encontrar los modos apropiados de saber simplemente por el uso de su intelecto. En efecto, Pascal estuvo sorprendido de encontrar tan pocos en su propio día que realmente investigaran la naturaleza del hombre. Quizás eso estaba bien, cuando vio que el hombre fue atrapado en la tensión dialéctica, "una caña pensante" cuya nobleza radica en su intelecto, y no obstante su búsqueda de la verdad era vana y por lo tanto su búsqueda de la felicidad fue frustrada. Deseamos la verdad, Pascal discutió, pero nunca podemos estar seguros que la hemos alcanzado. Necesitamos la felicidad, pero otra vez nunca podemos estar seguros que la hemos alcanzado. Entonces la razón es saboteada de todos los lados, y sus fundamentos son inciertos. De la misma manera, deseamos la justicia, pero no tenemos ningún conocimiento verdadero de ella. Él vio entonces que la miseria era la clave a la vida del hombre. "La vanidad de vanidades" es como el escritor de Eclesiastés describe la condición humana. Somos desgraciados, sin embargo también vemos nuestra grandeza, y ver nuestra miseria es hacernos más desgraciados.

El hombre con Dios, sin embargo, puede tener fe, y Pascal vio que la fe ve más allá de las limitaciones de la razón. La fe puede ver la inutilidad de la mera filosofía, sea platónica, epicúrea, o estoica. Para el cristiano, la fe ve y describe el apuro humano como nada más puede hacerlo. La explicación cristiana del pecado, de la dualidad del hombre, toma en cuenta al hombre como ninguna filosofía puede. Nosotros somos afrontados con la afirmación cristiana y debemos aceptarla o rechazarla. Cuando vemos que el racionalismo mismo es una forma de amor propio, en efecto rebelión contra Dios, entonces tenemos una perspectiva totalmente nueva sobre la razón caída del hombre. La Escritura declara dos grandes verdades: el hombre está caído, pero él ha sido redimido.

En el centro de estas afirmaciones radica la afirmación adicional de Jesucristo de ser el Redentor de la especie humana. Esta es una doctrina que explica tanto el apuro del hombre como su posible redención. Esta es una doctrina que armoniza bien con la experiencia personal. Porque hasta la vista de Dios, tanto escondida como revelada, nos recuerda constantemente nuestra ambigüedad, caída pero aún capaz de redención.

La Sagrada Escritura señala al Mesías, como hasta las escrituras rabínicas lo hacen. El evangelio cristiano tiene una historia larga y continua. Los profetas predijeron su venida hace muchas eras. Este contraste con otras religiones —la continuidad histórica de la acción de Dios en la historia— impresionó a Pascal profundamente. El Nuevo Testamento está en continuidad con la promesa del Antiguo Testamento, y afirma que el Mesías ha venido. Jesucristo mismo aclaró las implicaciones escondidas del Antiguo Testamento. Recibirlo y creer en Él requiere la conversión, y aquí Pascal se detiene, ya que él claramente vio que mientras la creencia es razonable, es más que razonable. La fe personal en Jesucristo es un don de Dios. Requiere un salto, lo que él llama "una apuesta," que la vida demostrará ser verdadera.

Después de aceptar la fe con nuestras mentes, debemos tomar entonces el paso final de volcar nuestra voluntad a Dios, y disciplinarnos para construir nuevos hábitos. Esperamos y dependemos de la gracia de Dios para hacerlo así. Pascal concluye con esta etapa final en su apología, la necesidad de conversión. Ya que si la incredulidad es irrazonable, no significa que la creencia es simplemente razonable y nada más. Si nuestra voluntad e imaginación se volvieran hacia Dios, veríamos cosas de manera diferente del racionalista que nunca ha vencido la obstinación. La razón puede preparar el terreno, pero tarde o temprano cada individuo debe afrontar el hecho de la cruz. Dar este salto en la fe sólo puede ser dado por Dios. De otra manera nos justificaríamos simplemente por nuestra propia aceptación intelectual de la fe. Entonces aquí es donde debemos aceptar humildemente y responder a la gracia de Dios.

LA EDICIÓN DE LOS
PENSAMIENTOS DE PASCAL

Pascal anotó sus pensamientos cuando le vinieron, posponiendo hasta más tarde su arreglo. De manera que cuando él murió en 1662, sus ejecutores encontraron sus casi mil fragmentos raros, como su sobrino escribió más tarde: "Sin orden ni progresión de pensamiento". Aun cuando Pascal conocía los trabajos de otros apologistas cristianos, notablemente Agustín, a quien él está particularmente en deuda. Pascal también escribió como un apologista. En efecto, Pascal nos pide juzgar su apología, no por su pensamiento original, sino por la nueva manera en la cual sus pensamientos fueron ordenados, algo que su muerte inoportuna nunca iba a permitir completar.

He intentado en esta antología tanto seleccionar de los *Pensamientos* como volver a arreglar los materiales en una manera que reconstruiría la apología de acuerdo con las líneas indicadas por Pascal mismo. Estoy en deuda con muchos eruditos que han argumentado el asunto del arreglo del material de Pascal, notablemente L. Lafuma y Anthony Pug que han reclasificado los *Pensamientos* de acuerdo con dos manuscritos del siglo diecisiete[8]. La publicación original de 1670 no intentó reconstruir la apología según las líneas indicadas por el propio Pascal.

Los redactores de los siglos dieciocho y diecinueve no hicieron ningún intento de discernir un orden más cercano a la intención original de Pascal. En la última generación, la evidencia ha demostrado que el propio Pascal archivó los materiales en veintiocho secciones o *liasses*. Los numerales arábigos a la izquierda del texto son la lista de nuestra propia selección de los *Pensamientos*. Puesto que hay numerosas ediciones y secuencias de varios editores, los números en el lado derecho de la página representan dos de los más importantes, a saber, Luis Lafuma en su edición de 1962, mostrada a la izquierda del anaquel[9], y la edición más antigua de L. Brunschvicg de 1904, a la derecha del anaquel[10].

EL SUFRIMIENTO DE PASCAL

Es apropiado concluir esta antología con la oración de Pascal pidiendo a Dios que use su enfermedad como una bendición. Él luchó durante toda su vida[11]. Primero, él luchó contra la violencia de su propia vida interior. Esa fue la razón por la que al comienzo fue atraído hacia la actitud estoica de Motaigne y sus predecesores. Él también tuvo que luchar contra el espíritu del mundo y de sus seducciones de fascinación para un intelectual ambicioso como él.

Él luchó además contra el rasgo tenaz de ser un Pascal, de simultáneamente amar y pelear con su hermana menor Jacqueline. La necesidad de olvidar, de rendir su propio orgullo, radica profundamente en Pascal. Pascal tuvo que percatarse, como todo cristiano devoto tiene que aprender tarde o temprano, que el significado de la vida no yace en nosotros, sino sólo en Cristo. Crecer en humildad es necesario para crecer en Cristo. Dice Jacqueline de su hermano: "Lo miré crecer poco a poco de modo que ya no lo conocía más". Tal es el efecto de la conversión por el evangelio de Jesucristo.

"La sumisión total a Jesucristo y a mi director" fue una nueva economía del alma para Pascal, pero él la aceptó. En sus *Pensamientos* escribió: "La piedad cristiana destruye el ego humano, mientras la cortesía humana lo oculta y suprime" (361). Para Pascal, la renuncia al matrimonio, la propiedad, el dinero, el intelecto, la soberanía satisfecha de la propia obstinación de alguien, eran todos necesarios. Él se colocó para dirección espiritual y amistad de alma con la comunidad en Port-Royal, aunque fuera una comunidad sospechosa hacia las capacidades intelectuales de un genio como Pascal. Nunca podía entender este lado de Pascal; en cuanto a esto él permaneció solo. Sin una madre, sin una casa, sin una comunidad que lo entendiera, él siguió siendo un hombre solitario y sufrido. Solo, no obstante no solo, Pascal vivió en la Sagrada Escritura, en la oración, y en la introspección ante Dios. "Si estoy solo, o a la vista de otros, en toda mi obra estoy a la vista de Dios que debe juzgarlos, y a quien he dedicado todas ellas" (931–550).

Después de que su padre murió, Pascal escribió una carta en la cual él habla de la necesidad esencial de ver todas las cosas, si de vida o muerte, en la persona de Jesucristo nuestro Mediador.

Si miramos por este medio (es decir Jesucristo), no encontraremos nada en nosotros excepto verdaderas miserias o placeres repulsivos. Pero si consideramos todas las cosas en Jesucristo, encontraremos que todo es de consuelo, satisfacción, y edificación. Déjenos luego ver la muerte en Jesucristo; no sin Jesucristo. Sin Jesucristo es terrible, es repugnante, es un terror de lo que es natural. En Jesucristo es totalmente diferente. Es afable, santo, y la alegría del creyente. Todo, hasta la muerte misma es considerada dulce en Jesucristo. Fue para esto que él sufrió. Él murió para santificar la muerte y el sufrimiento por nosotros.

Más tarde, probablemente en 1660, cuando Pascal había sufrido una recaída en sus períodos de enfermedad, él oró para poder "sufrir como cristiano". Por esto él significó que no estaría exento del dolor, ni sería abandonado sin el consuelo del Espíritu de Dios: "¡Ah, que nunca pueda sentir el dolor sin el consuelo! ¡Pero que pueda sentir el dolor y el consuelo juntos!... Enfermo como estoy, que te pueda glorificar en mis sufrimientos." Pascal sólo deseaba ser lleno con la gloria que Cristo había adquirido por sus sufrimientos y en el cual Cristo ahora continúa "viviendo con el Padre y el Espíritu Santo por los siglos."

Los últimos seis meses en la vida de Pascal estuvieron llenos de sufrimiento físico intenso. Él había vendido todo, hasta su biblioteca (aparte de su Biblia, las obras de Agustín[12], y algunos libros apreciados). Él vivió profundamente en la Sagrada Escritura, sobre todo en el Salmo 119, que lo transportó en éxtasis más allá de él.

Él deseó ser llevado a morir en un hospicio junto a los moribundos, y él deseó también celebrar la eucaristía. Ambas peticiones le fueron negadas. En sus momentos finales, le permitieron recibir la eucaristía, y después de veinticuatro horas de sufrimiento violento adicional, murió durante la noche del 19 de agosto de 1662.

Quizás ningunas palabras expresan con más elocuencia el objetivo de sus escritos: "El corazón tiene sus razones, que la razón no puede entender." Como él expone en otra parte:

> El entendimiento tiene un método propio que es por principios y demostraciones. El corazón tiene un método totalmente diferente. No nos probamos discerniendo el amor por un recuento sistemático de las causas del amor; en efecto, esto sería ridículo. Jesucristo y San Pablo han usado mucho más a menudo este método del corazón, que es el del amor, que el del entendimiento. Porque su propósito principal no era tanto informar como inflamar. Agustín hace lo mismo.

Esto también, es por qué podemos hablar de Pascal como *la mente de fuego*, inflamada por el amor de Cristo.

El texto de esta antología está basado en una comparación de los textos en francés de L. Brunschvicg y J. Mesnard con los textos en inglés de John Warrington y A. J. Krailsheimer en los *Pensamientos*. La secuencia es seguida de acuerdo con la composición del texto de Anthony R. Pugh. Para las Cartas Provinciales he seguido *Pascal: Oevres Complètes* (París: Seui, 1963) junto con una edición de 1889 en inglés, publicada por Griff Farran, Okeden y Welsh (Londres y Sydney). La oración de Pascal es tomada de *Pensamientos sobre la Religión... de Blas Pascal* (Oxford y Londres, 1851).

Estoy agradecido a mi buen amigo Os Guinness, que ha introducido esta antología. Como Pascal, él es un crítico profético de nuestros tiempos y ejemplifica el rigor de pensamiento necesario para la crítica de si tenemos mentes cristianas en nuestra propia sociedad. Estoy también endeudado con la señora Jean Nordlund y la señora Valerie Milne por su ayuda en la mecanografía del manuscrito.

—James M. Houston

1 Roger Hazelton, Blaise Pascal, The Genius of his Thought (Philadelphia: Westminster Press, 1974), p. 16.

2 Ibid., p. 23.

3 Romano Guardini, Pascal for Our Time (New York: Herder and Herder, 1966), p. 24.

4 Ibid., pp. 28-44.

5 Probablemente un 80% de sus Pensamientos fueron recolectado durante estos años. Véase Philippe Sellier,Les Pensées de Pascal (Paris: Mercure de France, 1976), p. 7.

6 Hugh M. Davidson, The Origins of Certainty, Means and Meanings in Pascal;s Pensées (Chicago: University of Chicago Press, 1979), pp. 1-35.

7 Citado por Hazelton, p. 117.

8 Anthony R. Pugh, The Composition of Pascal's Apologia (Toronto: University of Toronto Press, 1984).

9 Esto ha sido empleado por John Warrington en su traducción al inglés, Blaise Pascal, Pensées, Everyman's Library (London: J. M. Dent & Sons Ltd., 1967).

10 La edición de Brunschvicg tiene notaciones hechas en la edición de Penguin Classics, traducido por A. J. Krailsheimer, Blaise Pascal: Pensées (Harmondworth, Middlesex, England).

11 Véase Guardini, pp. 173-225.

12 Tal vez de todos los escritores cristianos, fue Agustín quien más influenció a Pascal. Véase P. Sellier, Pascal et saint Augustine (Paris: A. Colin, 1970.

CRONOLOGÍA DE LA VIDA Y TIEMPOS DE PASCAL (1623–1662)	Vida y Obra	Acontecimientos Históricos de Pascal
1623	Nacido en Clermont-Ferrand, el 19 de junio.	Muerte de Papa Gregory XV. Alianza entre Francia, Col, y Venecia.
1627	Muerte de su madre.	
1631	La familia se mueve a París, su padre, Etienne, designado a un puesto de gobierno.	Juegos de Corneille, Mairet, Balzac mostrado en París.
1635	Blaise comienza a mostrar su precocidad en la ciencia.	Formación de academia científica por P. Mersenne, uno de los primeros en Europa.
1640	La familia de Pascal se mueve a Normandía. Etienne designado Comisario Fiscal. Primera publicación de Pascal, "Ensayo sobre Conos."	Reforma monetaria en Francia.
1642	La primera tentativa de Pascal de hacer una calculadora (sigue hasta 1652).	Fin de la Guerra Civil Inglesa. Muerte del cardenal y estadista francés Richelieu.
1646	La Familia de Pascal se compromete con la fe cristiana.	
1647	Vuelta de Pascal a París por motivos de salud.	
1648	Blas y su hermana Jacqueline comienzan a relacionarse con la comunidad Port-Royal.	El tratado de Westfalia termina la Guerra de los Treinta Años. Rebelión de París contra Luis XIV.
1651	La familia busca refugio en Clermont-Ferrand.	
1649	Muerte de su padre, el 24 de septiembre.	Lucha entre el Parlamento francés y el monarca. Ascenso de Turenne.
1652	Jacqueline entra en la comunidad de Port-Royal, el 4 de enero. Blas comienza las notas sobre los *Pensamientos*.	Luis XIV vuelve a tomar París.
1654	Blas experimenta su conversión a Cristo, el 23 de noviembre.	Reconciliación entre Mazarin y Cromwell.
1655	Primera permanencia en Port-Royal, y conduce a duc de Roannez a Cristo.	
1656	Escribe la primera *Carta Provincial*, el 23 de enero. Las restantes 17 cartas siguen hasta el 24 de marzo de 1657. Él confronta *Les Pensees*. Su sobrina Marguerite milagrosamente sanó, el 24 de marzo.	Partición de Polonia entre Suecia y Brandenburg.
1657	Forma *Elementos de la Geometría* para los estudiantes de Port-Royal, y el próximo año comienza la correspondencia con los matemáticos principales de Europa, Carcavi, Hugheus, Latouere.	Alianza francés-inglesa.
1658	Convoca una conferencia para explicar su *Pensees* o la *Apología de la Religión Cristiana*.	Creación de la Academia de Ciencia en París.
1659	Pascal seriamente enfermo hasta junio de 1660. Probablemente compuso su oración durante este tiempo (ver la oración de Pascal).	Matrimonio de Luis XIV con Marie-Therese y Restauración inglesa. Los obispos católicos censuran a los jansenistas.
1662	Muerte de Pascal, el 19 de agosto.	Acto inglés de Uniformidad contra Puritanos.
1668	Persecución de Port-Royal.	

EDICIONES DE LOS *PENSAMIENTOS*

1669–70 Comité de familia y amigos corrige y suprime algunos *Pensamientos* y le llama "la edición Port-Royal."

1776 Nueva edición de Condorcet para incluir todos los *Pensamientos* y los vuelve a ensamblar más lógicamente.

1842 Descubrimiento de dos textos en la biblioteca de la Sorbona 73 conduce a la edición del texto de Faugere. Muchas otras ediciones siguen en
1873, 1879, 1896–1897.

1897 Leon Brunschvicg se beneficia de todas las ediciones anteriores con su estándar uno, dividiendo *los Pensamientos* en catorce subdivisiones.

1952 Luis Lafuma añade más notas de Pascal a su edición de *los pensamientos*, publicada en inglés, 1960.

1980 Investigación de Anthony R. Pugh, para revisar la *Composición de la Apologia de Pascal*, Prensa de la Universidad de Toronto, 1984.

INTRODUCCIÓN

Como la gente típica, la mayor parte de nosotros somos propensos a la maldición de "homo-circa-datum", el término apropiado de Daniel Boorstin para la ilusión de que mientras más cerca estamos de la información total, más cerca estamos de la sabiduría. De sus muchas consecuencias, una de las más fatuas es que parecemos saber todo sobre las últimas veinticuatro horas, pero casi nada sobre los pasados veinticuatro años, sin mencionar los veinticuatro siglos pasados.

Esta miopía forma parte de nuestra cultura de los "últimos hombres", ya que como Nietzsche previó en su *Así hablaba Zaratustra*, la mayor parte de las personas son incapaces de responder "a la muerte de Dios" haciéndose vencedores heroicos o "superhombres". Al perder el contacto con la trascendencia, ellos perderían finalmente hasta la capacidad para despreciarse, y terminar confundiendo no solamente cielo con felicidad, sino felicidad con salud.

La descripción de Nietzsche es casi una parodia hacia la edad de corredores y personas que están a dieta en la cual vivimos. La salud ha sustituido tanto el cielo como la ética. El atletismo es la nueva forma de ascetismo. El pensamiento positivo es apreciado por encima de la reflexión y la meditación. La experiencia humana con todas sus complejidades ricas, trágicas, e irónicas es reducida al brillo del bienestar físico. Y se nos prometen al conocimiento de uno mismo y el dominio de uno mismo por medio de hacer dieta y ejercicio. "Uno tiene un poco de placer por el día y un poco de placer por la noche," comentó Nietzsche, "pero uno tiene un respeto para la salud. 'Hemos inventado la felicidad,' dicen los últimos hombres, y ellos parpadean."

En resumen, una enfermedad de nuestra edad es que tenemos cuerpos adecuados, pero mentes flácidas y almas vacías. De este modo, como un dormilón soñoliento que se echa a dormir después de una comida y está poco dispuesto a despertarse para contestar el teléfono, nos encontramos reticentes para prestar atención al desafío para elevarnos por encima de nuestra época.

Para aquellos que desean realmente elevarse por encima de sus tiempos o sostenerse fuera de sus culturas, hay tres caminos seguros. En orden ascendente, ellos son viajes, historia, y directo conocimiento de Dios, y hay pocas vidas y testimonios que son de más ayuda con los dos más profundos de estos que la de Blas Pascal.

Como Nietzsche, Pascal vivió una vida de audacia intelectual solitaria, muriendo joven y padeciendo constante dolor físico. Como Nietzsche, Pascal era consciente de la náusea "del abismo", aunque él le llamara la "infinidad" y llamara su consecuencia más profunda "vanidad" más bien que "la ingravidez".

Pero allí terminan las semejanzas. Nietzsche se proclamó el anticristo y subió las altas montañas para anunciar al Superhombre "y ver el abismo, pero con orgullo." Pascal, por contraste, usó el seudónimo "Luis de Montalte" (Luis de la Montaña), pero estaba más consciente "de las altas montañas" como el lugar donde Satanás tentó a Jesús, y él se vio, tanto en corazón como pluma, como el campeón de Cristo "y un amigo de la verdad." Para Nietzsche, era la profundidad de Dios agonizante y ser nada lo que redujo al hombre sin Dios a la ingravidez. Para Pascal, era la profundidad de la muerte de Dios y ser nada lo que reduce al hombre sin Dios a la vanidad.

He encontrado entonces a Pascal, el segundo sólo después de Agustín como un santo héroe cuya vida es una inspiración y desafío así como un antídoto drástico al discipulado de finales del siglo veinte.

¿Pero cuál ha sido el secreto de la inspiración de Pascal? Para mí al menos, no radica en los superlativos que le preceden. Es verdad que como un genio matemático, inventor, y padre de la computadora moderna él es uno de los pensadores humanos más grandes de todo el tiempo. Es verdad que como un compañero contemporáneo y confidente de tales líderes de la Ilustración como Descartes y la reina Cristina de Suecia, él era realmente un pensador del Renacimiento, experimentado en matemáticas, física, filosofía, y teología. Es verdad que él era uno de los estilistas de prosa más grandes en la lengua francesa, que escribió lo que los escritores franceses como Voltaire han aclamado como la mayor obra maestra en la prosa francesa.

Pero a la mayor parte de nosotros, estos son logros que pueden ser aclamados, pero no son de mucha ayuda para nosotros. Ellos están mucho más allá de nosotros que cualquier pensamiento de emulación conduce a un momento de vanidad y una vida de desesperación. Por suerte, la verdadera inspiración de Pascal radica en otra parte. Desde muchos puntos de vista, sus logros no vinieron fácilmente. Ellos estaban en contra de su carácter y de sus tiempos. Pero lo que encendió y abanicó en un resplandor el potencial profundo de su carácter y dones era algo abierto a todos nosotros; él llegó a conocer a Dios tan profundamente que llegó a ser un hombre consumido por el fuego divino.

En resumen, el testimonio de Pascal a través de los siglos es de un breve estallido intenso de llama de una vida que calienta nuestros corazones, reaviva nuestra fe, y riega mil chispas de la verdad en el pensamiento oscurecido de nuestros tiempos.

Permítame disponer algunos motivos por qué he encontrado la vida y los escritos de Blas Pascal tan instructivos, y por qué creo que ellos merecen un auditorio mucho mayor en círculos cristianos hoy. Pero primero, una advertencia: Pascal es un santo héroe, pero uno severo. Tal como los discípulos siguieron a Jesús, pero su fidelidad se convirtió en temor cuando ellos vieron la determinación de su cara puesta hacia Jerusalén, entonces —para lo mejor o lo peor— hay elementos en la historia de Pascal que nos atraen más cerca, pero nunca muy cerca. Lo admiramos, pero a veces sólo distantemente y a veces nada.

El genio de Pascal tiene un lado humano que compensa el sobrehumano. Le gustaron las travesuras infantiles. Como muchos de nosotros, él era excesivamente malo en la correspondencia y, como algunos de nosotros, él era por un tiempo excesivamente aficionado a conducir rápido (carro). Él tomó el gran orgullo de idear el primer ómnibus de París, y por lo tanto su primer sistema público de transporte. Pero todas estas cosas, junto con su amor profundo por su familia y su devoción a la gente pobre, son compensadas a veces por el camino sobre el cual Dios lo condujo y algunas prácticas que él eligió a lo largo del camino. Yo, por uno, no elegiría, ni su copa de dolor, ni su temprana muerte a la edad treinta y ocho años. Tampoco la mayor parte de nosotros estarán de acuerdo con las formas y longitudes tomadas por su devoción ascética. Decidir quitar toda la tapicería de su cuarto y dejar todas las salsas, guisados, fruta, y cualquier cosa qué estimularía su apetito es una cosa. Pero reprochar a su hermana por hacer cariños a sus niños y "dejar" literalmente a sus amigos, o verlos sólo si él llevaba puesto un cinturón de acero incrustado con puntos agudos, es totalmente otra. Los lectores más modernos de este libro carecerán de cualquier concepto práctico "de la mortificación de la carne," pero si lo recuperamos, nuestra facilidad teológica sería hacia "el ascetismo interior" que fluyó de la Reforma más bien que el ascetismo externo que le precedió.

27

Pascal, entonces, está tan lejos como es posible estar de la "celebridad renacida de hoy" en cuyo brillo brillamos y continuamos sin alterar. Su vida y pensamiento presentan una realidad palpable; tercamente, dolorosamente, y maravillosamente verdadera. Ellos tienen el efecto de sorprendernos y ponernos en duda en niveles profundos dentro de nosotros.

Ha sido mi privilegio de leer a Pascal casi cada año durante casi treinta años, y hay cuatro motivos por qué sigo volviendo sin nunca tener un pensamiento de ranciedad.

Primero, *Pascal debe ser admirado y seguido como un creyente pensador para quien la adoración es primaria.* Mucho ha sido hecho de su piedad profunda y las prácticas que él usó. Su ascetismo fue realizado en el secreto, y así también su oración, lectura de Biblia, y limosnas. Según su familia, él literalmente sabía la Biblia de memoria.

Pero lo que pone a Pascal aparte es el secreto detrás de la piedad y las prácticas, como dispuesto en "el Monumento" de "la noche de fuego," incluido a principios de esta colección. Durante la tarde del lunes, 23 de noviembre de 1654, cuando él tenía treinta y un años y acababa de experimentar un encuentro cercano con la muerte en un accidente conductor, él tuvo un encuentro profundo con Dios que cambió el curso de su vida. Durando de las 10:30 de la noche hasta las 12:30 de la mañana, la experiencia estiró y agotó el idioma y él sólo podría titularla en una palabra: Fuego. Pero la experiencia era tan preciosa y fundamental para él que él cosió el registro de pergamino de ello en el forro de su doblete; y por los restantes ocho años hizo esfuerzos de coserlo en cada nuevo doblete que compró.

A veces esta experiencia ha sido llamada "la segunda conversión de Pascal," después de la primera en Rouen en 1646 cuando él tenía veinticuatro años. Pero claramente este fue el momento cuando él fue encendido en llamas por el fuego divino que lo consumió por los últimos años de su vida.

¿Podemos entender totalmente lo que Pascal experimentó? ¿Deberíamos esperar duplicarlo exactamente en nuestras propias vidas? Enérgicamente no. ¿Pero nos atrevemos a contemplar las mentes heladas de innumerables pensadores cristianos hoy y no anhelar por un poco de temor perceptible del Señor? ¿Un poco de conocimiento que funcione de las dimensiones espirituales de la guerra intelectual? ¿Alguna pasión irreprimible que delata el hecho de una experiencia directa, inmediata, e incuestionable de Dios? En una edad cuando las actitudes al conocimiento son estiradas entre técnicos y fanáticos, entre trafagones de conocimiento y eunucos del conocimiento, la mente cristiana distintiva: aguda, objetiva, y crítica, pero comprometida y adorante, es demasiado rara.

Segundo, Pascal debe ser admirado y seguido solo por el valor de su trabajo de toda la vida. En primer lugar, no podemos dejar de ser golpeados por todo lo que él podría haber sido y tenido. El amor de amistades, cultura, placeres, y todos los privilegios de una vida abundante estaban a la disposición de Pascal, así como los contactos brillantes y perspectivas deslumbrantes abiertas por su genio y renombre; para no hablar de la oferta de la mano de una señorita que dijo ser "lo mejor en el reino por riqueza, nacimiento, y persona." Para tener tales regalos, amigos, y oportunidades en la edad "del Rey de Sol de Francia" (Luis XIV) presentaron un punto de vista de oro de la cual pocos se habrían desviado. Pero, como Francisco de Asís antes, Pascal lo hizo, y con alegría.

Además, cuando Pascal cambió de sus matemáticas a la defensa general de la fe y de Port-Royal, su propia comunidad especial en particular, él dio vuelta tanto de lo que estaba de moda a lo ridiculizado como del éxito al fracaso. La defensa de Pascal de los jansenistas en las Cartas Provinciales fue brillantemente hábil y muy eficaz en el influjo en la opinión pública. Pero después de dos penosos años, él perdió la batalla. La combinación de Papa, rey, y jesuitas era demasiado fuerte. Las cartas fueron proscritas, una traducción quemada públicamente, había una autorización para su detención, y hasta su amado convento de Port-Royal debía ser derribado piedra por piedra y el cementerio desenterrado, conforme a las órdenes de Luis XIV.

Como más tarde hicieron con Isaac Newton cuando él se volvió a la teología de la física, muchos escépticos estaban listos con su desprecio. "Mi amigo," se mofó Voltaire con Condorcet, "nunca se cansan de decir que desde el accidente [conductor] sobre el Puente de Neuilly, el cerebro de Pascal ¡fue dañado!"

El valor solo de Pascal puede ser visto encima de todo en su larga batalla con la enfermedad y la conciencia creciente de su temprana muerte. Desesperadamente enfermo como un bebé y enfermizo como un niño, Pascal luchó contra la enfermedad toda su vida. "Él a veces nos decía," registró su hermana Gilberte, "que desde la edad de dieciocho él no ha pasado un solo día sin dolor." Su propia obediencia alegre a la voluntad de Dios brilla por su "oración que pide a Dios que use la enfermedad en su vida apropiadamente," incluida al final de esta colección. Pero el patetismo del valor de Pascal y sus tentaciones es capturado por el comentario de Gilberte: "Dios, que le había dado la inteligencia precisa para un logro tan magnífico, no le dio la salud suficiente para traerlo a la finalización."

La nuestra es una generación para la cual el conocimiento es una llave para el poder, la educación un pasaporte a la riqueza y la realización, y el pensamiento cristiano y la erudición son a menudo parecidos a un camaleón en su adaptación a su entorno. La vida de Pascal está de pie a través de nuestra peregrinación como un testigo no barnizado de valor, vocación, y una posibilidad más alta para todos nosotros.

Tercero, *Pascal debe ser admirado y seguido por el valor y el equilibrio de su pensamiento*. Cuando leemos a Pascal, encontramos que no solamente son sus propias ideas profundas y frescas, ellas tienen un poder extraño de provocar dentro de nosotros más ideas y aún más conexiones. El efecto es destruir viejos surcos y desmontar modelos polvorientos hasta que nuestras mentes capturen algo de la intensidad fértil de su propio.

¿Qué debe haber sido vivir con tal rayo láser de una mente o trabajar bajo tal torrente de pensamientos y perspicacias? Para mí, dos rasgos de su pensamiento se destacan. Uno es la originalidad de sus puntos individuales (como sus descripciones brillantes "de la diversión" humana y su análisis pre sociológico del impacto de la sociedad sobre la verdad). El otro es el alcance panorámico de su visión de la verdad cristiana y en particular el equilibrio audaz de sus declaraciones de ella.

Los proyectos intelectuales hoy se parecen a casitas de campo, no catedrales. En su pequeña comodidad ellos arreglan en la seguridad lo que carecen en grandeza. Pascal, por contraste, a pesar de saber que sus días de maestro estaban numerados, demuestra tanto en sus diseños dibujados como en un poco de trabajo que completa realmente una afinidad rara no solamente con los maestros como Lincoln, Salisbury, y Chartres, sino con sus homólogos en ideas como Agustín.

Eso no quiere decir que Pascal era un constructor de sistema de la orden de un Aristóteles y un Aquino. Para él, los sistemas de pensamiento humanos son una diversión más de la verdad. El escepticismo era uno de sus instrumentos favoritos y las verdaderas preguntas que él encaró no eran abstractas o teóricas, como existenciales y concretas. Nacido del conocimiento directo de sus propios dilemas, su perspicacia en el corazón humano directamente confronta el apuro elemental de toda la existencia humana.

La aptitud distintiva de Pascal para el equilibrio es también rara hoy. Indudablemente es completamente suyo propio, aunque pueda haber sido, en parte, desarrollado contra el telón de alternativas falsas ofrecidas en su día. Debió parecer que su destino siempre fue atrapado en medio: entre los ortodoxos y los escépticos, entre los católicos y los protestantes, entre el rey y sus partidarios galicanos y el Papa y sus ultra montanistas, entre los jesuitas y los libertinos, entre Montaigne y Epicteto, entre el convento y el bar, y entre la capilla y el laboratorio.

La respuesta de Pascal a estar entre los extremos contrarios no es una tregua cobarde o la mera división de las diferencias. Explotando tales relaciones tensas a su plenitud, él dispone la existencia humana misma en los términos de sus relaciones tensas aún más profundas, por ejemplo, seres humanos, que no son ni ángel, ni bestia, son atrapados entre lo finito y lo infinito, entre miseria y grandeza, entre la razón y el corazón, entre razón y la autoridad.

Para Pascal, estos dualismos no son últimos, pero son la verdad de un mundo caído, y él los usa brillantemente para formar una técnica que a veces llamaba "la dialéctica de las contradicciones." Repetidamente él demuele argumentos disponiéndolos en términos de contraposiciones polares que se anulan el uno al otro cuando su lógica es presionada hasta el final. Entonces de repente, él muestra que las contradicciones pueden ser reconciliadas sólo introduciendo una tercera verdad, que contiene las verdades a medias de los extremos defectuosos. El evangelio solo, por ejemplo, explica tanto la miseria del hombre como su grandeza. Esta tercera verdad, la verdad cristiana, no es una síntesis nacida de las faltas de la tesis y la antítesis. Más bien precede a las otras posiciones y es la base de ellas, cuyas carencias crecen directamente de su ignorancia o rechazo de su verdad plena.

Así el dualismo significa que los seres humanos son "agarrados" en el apuro más bien que ser capaces de su propia salvación. Pero para Pascal, su "entrampamiento" no conduce, como el punto de vista existencialista de "abatimiento" en el siglo veinte, hacia el absurdo. Se hace una sacudida más allá de la razón y autosuficiencia humana que abre al pecador inquisitivo para mirar más allá de él a Dios.

Finalmente, *Pascal debe ser admirado y seguido por su dedicación suprema a defender a Dios y su verdad.* Conociendo a Dios tan profundamente, su deseo profundo es darlo a conocer, y el resultado es su compromiso dedicado a la apologética, o el arte de la persuasión cristiana.

La apologética cristiana está en crisis hoy. Corte suelto de su ajuste evangelista y misionero, se ha visto atrapada entre las tendencias contrarias de un amplio movimiento conservador ("¡no persuadan, proclamen!") y un amplio movimiento liberal ("¡no discutan, dialoguen!"). En el proceso, la apologética ha sido o extensamente mal entendida (como una apología abyecta) o definida estrechamente (en un papel puramente defensivo) y críticamente estrechado (a ciertos tipos de argumento y ciertos niveles de desarrollo educativo). Su preocupación y capacidad para persuadir a la verdadera gente han sido casi perdidas.

Nadie que procure recuperar el objetivo y el poder de la apologética debería pasar por alto a Pascal. No solamente es él de forma refrescante diferente de los acercamientos ineficaces que pasaron por apologética en su día como en el nuestro, pero él es uno de los persuasores más brillantes en la historia humana. La existencia de Dios era por mucho demasiado importante para ser dejada a las pruebas poco convincentes, razonamientos complicados, y argumentos engañosos de teólogos y filósofos. Pedía un nuevo acercamiento formado por el carácter del objetivo (persuasión, o "apertura de mente") así como la naturaleza del instrumento (el no creyente, o la mente cerrada).

Varios rasgos de la apologética de Pascal son dignos de notar, bastante aparte de sus argumentos actuales y su nuevo estilo famoso. En primer lugar, su sentido de humildad es notable y pertinente a toda su persuasión. La apologética, como la filosofía, puede ser remontada a la temprana competencias "agonizantes" ("competencias intelectuales"), y también muchos apologistas muestran una facilidad egotista, el constrante "esfuerzo por ganar" que C. S. Lewis admitió en él.

Pascal, por contraste, se hizo excepcionalmente humilde en cuanto a esto, aunque su precocidad como un muchacho lo dejó con una arrogancia natural que él sabía era su pecado principal. ¡Él rechazó siempre tener su retrato pintado, o tener un epitafio sobre su lápida sepulcral y, para la sorpresa de sus amigos, él no mostró (en las palabras de su hermana) "¡pasión alguna por la reputación!" o sacar provecho de su esplendor matemático! Pascal agarraba en sus manos cuando él murió un pedazo de papel que a menudo se le vio leyendo. Este leía, en parte: "es injusto que alguien debería atarse él mismo a mí, aunque fuera con placer y voluntariamente. Yo decepcionaría a alguien en quien causara tal deseo, y no tengo lo que los satisfaría. ¿No estoy listo a morir? Así el objeto de su accesorio morirá."

Pero esta humildad, que estaba en contraste agudo con su contemporáneo, Descartes era más que una virtud. Formó su apologética prácticamente. Como Søren Kierkegaard más tarde, Pascal sabía bien que el negocio principal del pecador no estaba con él, sino con Dios. De este modo, como apologista, él debe salirse del camino lo más que sea posible, actuando (en los términos "del danés meditabundo") como una comadrona o un promotor de teatro más bien que como un protagonista que se impone. De ahí lo indirecto deliberado de los argumentos de ambos. De otra manera, defender la verdad es demasiado fácilmente degradado en conquistar con la verdad.

Otro rasgo de definición de la apologética de Pascal es su compromiso valeroso de ello como un proyecto estratégico. La gente a menudo olvida que *los Pensamientos* están incompletos; ellos son sólo los esbozos del arquitecto para su *Apología de la religión cristiana*, una defensa monumental de la fe cristiana que es seductoramente inacabada. Primero concebida para "ocho mentes fuertes de Poitou que no creían en Dios," fueron dibujados en el esquema general y luego apuntados en la velocidad candente después de ser formados completamente —como los libros de Aleksandr Solzhenitsyn en los campos de trabajo— en la mente.

Entonces todo lo que tenemos son fragmentos, atados juntos en varios bultos, cuya forma final sólo podemos adivinar. Posiblemente, si él no hubiese estado enfermo, Pascal no habría escrito nada hasta que el trabajo entero estuviera completo, así que los *Pensamientos* que tenemos son "trozos y pedazos" registrados a pesar de la enfermedad enervante y muerte inminente. Otra vez, la audacia de Pascal inequívoca: Su *Apología* fue planeada e impulsada *por la fe*.

Los críticos a veces dicen que los argumentos de Pascal no convencen a nadie hoy. Ellos olvidan que miles más son atraídos y convencidos por los "trozos y pedazos" de Pascal hoy que cuando *los Pensamientos* fueron primero publicados, muchos más, de hecho, que los que alguna vez son atraídos por las pruebas tradicionales. Pero lo que es más importante, ellos olvidan que mientras Pascal ha ganado una petición casi universal, él no creía en pruebas eternas, sino en "la apertura" de argumentos persuasivos formados para la gente particular, tiempos, y sitios. Nos toca a nosotros hoy descubrir de nuevo su tradición "hecha de la necedad" y volverla a aplicar en el servicio del mismo Dios de Abraham, Isaac, y Jacob, enérgicamente "no de los filósofos o de los cultos", pero Él Que Es. En resumen, el Dios de fuego.

Una vez, cuando Winston Churchill se quedaba con amigos en el sur de Francia, él se sentó durante una tarde fría y miró fijamente en la chimenea. Los troncos de pino escupían y silbaban mientras se quemaron. Entonces su voz familiar gruñó: "Sé por qué los troncos escupen. Sé lo que es ser consumido."

Los hombres y las mujeres consumen y son consumidos por muchas cosas, algunas que sólo los encogen y degradan. En la gran persona y la gran causa, independientemente de lo que los consume puede hacerse una obsesión magnífica y un destino heroico. Pero con Pascal, como con los mayores de los santos de Cristo, vemos lo último; un ser humano en llamas con la gloria de Dios como si fuera consumido con el fuego divino. Desde luego, sólo debemos seguir a Pascal en cuanto él siguió a Cristo. Pero hacer solamente eso es alcanzar tarde o temprano el lugar donde nuestros zapatos deben quitarse, ya que nosotros mismos estamos sobre tierra santa.

Os Guinness

EL TESTIMONIO DE PASCAL DE SU CONVERSIÓN

LA MEMORÍA SE REQUIERE PARA TODO ACTO DE LA RAZÓN (651-369).

El MONUMENTO

Sobre un pedazo de pergamino Pascal registró la experiencia decisiva de 1654 cuando él fue convertido. Este testimonio fue encontrado cosido en su ropa después de su muerte. Parece que él lo llevó con él en todo momento.

Año de gracia 1654

El lunes 23 de noviembre, fiesta de san Clemente, papa y mártir, y de otros en el martirologio. Víspera de san Crisogonio, mártir y otros.

Aproximadamente desde las diez y media de la noche hasta aproximadamente media hora después de la medianoche.

FUEGO

"Dios de Abraham, Dios de Isaac, Dios de Jacob" (Éxodo 3:6), no de filósofos y eruditos.

Certidumbre, alegría sentida, paz.

Dios de Jesucristo,

Dios de Jesucristo,

"Mi Dios y el Dios de ustedes" (Juan 20:17)

"Tu Dios será mi Dios" (Rut 1:16)

El mundo olvidado, todo excepto Dios.

Él sólo puede ser hallado por el camino que ha sido

enseñado en los Evangelios.

Grandeza del alma humana.

"Padre justo, aunque el mundo no te conoce,
yo sí te conozco" (Juan 17:25).

Gozo, gozo, gozo, lágrimas de gozo.

Me he separado de Él.

"Me han abandonado a mí, fuente de agua viva" (Jeremías 2:13).

"Dios mío, ¿por qué me has desamparado?"

(Compare Mateo 27:46).

¡Nunca permitas que sea cortado de Él!

"Y esta es la vida eterna: que te conozcan a ti, el único Dios
verdadero, y a Jesucristo, a quien tú has enviado" (Juan 17:3).

Jesucristo.

Jesucristo.

Estoy separado de Él; ya que lo he rechazado,
lo he negado, lo he crucificado.

Que yo nunca sea separado de Él.

Él puede ser sólo guardado por los caminos
enseñados en el evangelio.

Renuncia completa y dulce.

Sumisión total a Jesucristo y a mi director.

Alegría eterna a cambio de los esfuerzos de un día sobre tierra.

"No descuidaré su palabra" (Salmo 119:16).

Amén (913–29, 61).

❖ LOS PENSAMIENTOS ❖

SELECCIONADO Y EDITADO COMO

UNA APOLOGÉTICA CRISTIANA

PARTE
I

LA MISERIA DEL HOMBRE SIN DIOS

CAPÍTULO

I

INTRODUCCIÓN

I. Antes de que examinemos las pruebas de la verdad del cristianismo, tengo que indicar una inconsistencia de aquellos que son descuidados sobre la verdad. Aún es vital a ellos, porque afecta íntimamente sus vidas. De todos sus errores de cálculo, este es el que más descaradamente muestra su locura ciega. Es este: Esta vida presente es momentánea, pero el estado de muerte es eterno. ¡Cuán terriblemente importante es vivir, entonces, a la luz de lo eterno, ya que esto por último afecta todo lo que hacemos o pensamos! Ya que nada es más obvio que esta observación, es absurdo comportarse de manera diferente.

Visto de este ángulo, que absurdo es que la gente pase por la vida sin hacer caso de su destino final. En cambio, ellos son conducidos como se sienten inclinados y como a ellos les complace, irreflexivos y descuidados, como si pudieran borrar la eternidad y disfrutar de alguna felicidad simplemente reprimiendo sus pensamientos. Pero la muerte es verdadera, ya que ella nos amenaza en cada momento del tiempo, mientras la eternidad es también verdadera, y es de hecho una amenaza de destrucción final y miseria.

Esto crea la perspectiva de consecuencias terribles; en efecto, es la perspectiva de la condenación eterna. Pero la gente no se molesta siquiera en averiguar si la eternidad es simplemente un cuento de unas viejas mujeres. Aunque esto los mire fijamente en la cara, ellos no se preocupan siquiera por averiguar si los argumentos para ello son válidos. Ellos no tienen ni idea si deberían o no rechazar enfrentar esta pregunta. ¡Qué modo tan espantoso de comportarse! (12–195).

LOS PENSAMIENTOS

2. ¡Cuán difícil es someterse a la opinión de alguien más sin preocuparse acerca de la necesidad de hacerlo! Es natural para nosotros reaccionar de manera contraria; pienso que algo es feo cuando usted piensa que es hermoso. O sea, pensar solamente lo opuesto de lo que usted quiere que yo piense. Quizás entonces, es mejor no decir nada en absoluto, de modo que alguien más pueda pensar más objetivamente por sí mismo y a la luz de su propio contexto apropiado. Entonces al menos usted no ha interferido, a menos que su mismo silencio pueda ser también interpretado, o su mismo gesto, o tono de la voz, puede ser también visto como una forma de interferencia personal. Cuán difícil es no trastornar el juicio de alguien más; o para expresar esto de otro modo, ¡qué raro es que la opinión personal pueda ser vista firmemente y consecuentemente! (1–105).

3. Por lo general, somos más firmemente convencidos por motivos que hemos descubierto por nosotros, que por aquellos que nos son dados por otros (6–10).

4. Siempre que queramos ser útiles para convencer a alguien que está equivocado, y así corregirlo, también tenemos que ver las cosas desde su punto de vista. Porque quizás él tiene razón como él lo ve, pero él puede tener que ver también las cosas desde un punto de vista diferente. Quizás está en la naturaleza de las cosas que nosotros los humanos nunca podemos ver las cosas desde cada ángulo posible, y entonces no podemos ver las cosas completamente. Pero esto no debería trastornarnos si nos damos cuenta que esto yace detrás de la corrección todo sabia. Al mismo tiempo, desde el propio punto de vista de alguien, la percepción sensoria puede ser válida (5–9).

5. No debemos perder la vista del hecho que pensamos automáticamente como máquinas, así como haciéndolo con inteligencia. Por eso la confirmación de cosas racionalmente no es la única facultad que tenemos. En efecto, es demasiado poco lo que realmente "demostramos". Porque las pruebas sólo convencen la mente. Pero los hábitos nos proveen de pruebas más eficaces y extendidas, modificando la mente, sin que siquiera seamos conscientes de ello. Por ejemplo, ¿cómo podemos "demostrar" que moriremos, o que habrá un mañana? Con todo ¿qué podría ser más obvio? ¡Es el hábito que realmente tiende a convencernos, y en efecto, nos hace cristianos, o hasta turcos, o paganos, o comerciantes, soldados, o cualquier otra cosa! En todos estos, tenemos que actuar sobre un poco de fe que yace más allá de donde la "prueba desnuda" nos tomará, aunque el ejercicio de la fe sea más conscientemente hecho por los cristianos. Entonces tenemos que confiar sobre la fe cuando la mente es convencida de la dirección en la cual la verdad yace, o influir en la mente cuando la verdad parece eludirnos. Exageraríamos las cosas si insistiéramos en tener pruebas para todo lo que hicimos, todo el tiempo.

El hábito, por lo tanto, es una expresión más simple de la fe, que es voluntaria, no artificial, no argumentada, mientras que nos predispone para creer, y favorece de tal modo nuestras creencias, que nuestras almas naturalmente consiente. Hay algo mal con nosotros si tenemos que ser convencidos todo el tiempo. En cambio, tenemos que equilibrar convicciones específicas con una actitud habitual de aceptación. Como el salmista lo expresa: "Inclina mi corazón hacia tus estatutos" (Salmo 119:36). En contraste, la razón delibera más despacio ya que considera alternativas. Entonces puede ir también a dormir, o vagar distraída, cuando sus principios no están siendo aplicados. Pero el sentimiento no actúa así. Porque actúa más espontáneamente y siempre está listo a actuar. Entonces deberíamos confiar en nuestros sentimientos, ya que al no hacerlo así nuestra fe vacilará (7–252).

6. En lo que escribo, no quiero que alguien piense que digo algo nuevo. Es sólo el arreglo de mi material lo que puede ser nuevo. Ya que se parece a un juego de tenis, donde ambos jugamos con la misma pelota, pero uno de nosotros la usa para aprovechar mejor. Entonces me gustaría que se dijera que uso simplemente palabras gastadas en un nuevo marco. Ya que cuando los pensamientos familiares son reorganizados, ellos simplemente presentan un modo diferente de comunicar la verdad. Así también, podemos usar nuestras palabras (1–22).

CAPÍTULO

2

LA CONDICIÓN NATURAL DEL HOMBRE

7. No hay nada que podemos ver sobre la tierra que no muestra o la miseria del hombre o la misericordia de Dios. Uno ve la impotencia del hombre sin Dios, o la fuerza del hombre con Dios (43–562).

8. La condición del hombre es de inconsistencia, de aburrimiento, y de ansiedad (61–127).

9. La sensibilidad del hombre frente a futilidades, y su insensibilidad ante asuntos de importancia principal, revela que él tiene un desorden extraño (20–198).

10. Aquellos que sabían y han hablado con más eficacia sobre la miseria del hombre son Salomón y Job. Uno es el más feliz de los hombres, el otro el más miserable. Uno sabe por experiencia la vanidad del placer, y el otro sabe la realidad de sufrir (403–174).

11. El libro de Eclesiastés muestra como el hombre sin Dios es completamente ignorante e ineludiblemente miserable. Ya que alguien es infeliz si su voluntad es atrapada en la inutilidad. Él quiere ser feliz y tener la seguridad de un poco de convicción, y sin embargo él es tanto incapaz de saber como del deseo de saber. Él ni siquiera puede dudar (75–389).

12. La gente desprecia la fe cristiana. Ellos la odian y tienen miedo de que pueda ser verdadera. La solución para esto es mostrarles, en primer lugar, que no es irrazonable, que es digna de reverencia y respeto. Entonces muestre que es encantadora, haciendo que los hombres buenos deseen que sea verdadera. Entonces muéstreles que realmente es verdadera. Es digna de reverencia porque realmente entiende la condición humana. Es también atractiva porque promete la calidad verdadera (12–187).

13. El hombre es vano al prestar tanta atención a cosas que no importan realmente. Estas son las opiniones que tienen que ser refutadas. Las personas son todavía vanas aun cuando sus opiniones son sanas, porque no ven la verdad cuando está allí, pero suponen que cosas son verdaderas cuando no lo son. El resultado es que sus opiniones son siempre completamente incorrectas y poco sólidas (93–328).

14. Que la vanidad del mundo sea tan obvia y aún tan poco reconocida por la gente es seguramente una cosa asombrosa. Aún ellos encuentran raro que se les diga que es tonto buscar la grandeza. Seguramente eso es más notable (16–161).

15. La vanidad es ilustrada en la causa y el efecto del amor, como en caso de Cleopatra (46–163).

16. Para entender totalmente la vanidad humana uno tiene que considerar sólo las causas y efectos del amor. La causa puede ser tan trivial que uno apenas puede reconocerlo, y aún esto puede sacudir un Imperio desde sus fundamentos, trastornar a príncipes, ejércitos, hasta el mundo entero. Es un caso de la nariz de Cleopatra. Si hubiese sido más corta, la cara entera de la tierra podría haber sido diferente (413–162).

17. ¡Lo que la vanidad pinta! Gana aplausos simplemente representando cosas, mientras los originales ni siquiera son admirados (40–134).

18. Los hombres son completamente absorbidos en la persecución del interés personal. Pero ellos no pueden justificar su afirmación de ello, porque no tienen nada más que la imaginación humana y ninguna fuerza para hacer su posesión segura. Es la misma cosa con el conocimiento, que la enfermedad puede quitar. Entonces somos igualmente incapaces de tener tanto la verdad como lo que está bien (23–436).

19. Aquellos que se complacen de la perversión dicen a aquellos que viven vidas normales que son *ellos* los que se desvían de lo que es natural. Ellos piensan que siguen una vida natural ellos mismos. Ellos parecen a la gente sobre un barco que piensa que son los que están en tierra los que se alejan. La lengua es relativa en todas partes. Pero necesitamos un punto fijo por el cual juzgar. Entonces el puerto es aquel punto fijo para aquellos que se mueven a bordo del barco. Pero en la moralidad, ¿dónde vamos a encontrar un puerto? (697–383).

20. En el tiempo del dolor, la ciencia física no me consolará por mi ignorancia de la moralidad. Pero un conocimiento de moralidad siempre me consolará por ser deficiente en el conocimiento de la ciencia física (23–67).

21. La imaginación es la facultad dominante en el hombre. Es la amante de error y falsedad, tanto más por no ser tan evidente como tal impostor. Ya que si ella fuera consecuentemente falsa, entonces este sería un criterio infalible para lo que es la verdad. Pero siendo más a menudo engañosa, ella no da ningún signo consecuente de su naturaleza, y así nos confunde con el mismo carácter sobre lo que es verdadero y lo que es falso.

No hablo de tontos, sino de los hombres más sabios. Ya que es entre ellos que la imaginación lleva el poder mayor de convicción. En vano protesta la razón; no puede evaluar las cosas en su valor real.

Esta facultad arrogante, el enemigo de la razón, que le gusta dominar y gobernar a fin de mostrar lo que puede llevar a cabo en todas partes, ha establecido en el hombre una segunda naturaleza. La imaginación posee las mentes de aquellos que son felices como de los que son infelices, sanos y enfermos, ricos y pobres. Hace creer a la gente en la razón, o dudar de ella, o hasta negarla. Suspende el control de los sentidos haciéndolos *sentir*. Tiene tanto a sus tontos como a su sabio. Nada nos frustra más que ver como trae la satisfacción a sus clientes con más plenitud que lo que la razón puede ofrecer. Entonces la gente dotada de una imaginación animada es mucho más ufana que los hombres prudentes pueden ser razonablemente. Los tales ven arrogantemente a otros, discutiendo con audacia y con seguridad, mientras los otros son más temerosos y tímidos; entonces la mirada alegre del primero a menudo les da la ventaja en las mentes de un auditorio. Con tal amor propio estos se imaginan ser sabios delante de las mentes de otros que tienen el mismo sello. Desde luego, la imaginación no puede convertir a tontos en sabios, pero al menos puede hacerlos felices y competitivos con la razón, que sólo puede hacerlos sentirse desgraciados. Uno los cubre de gloria, la otra con la vergüenza.

¿Cómo son fabricadas las reputaciones? ¿Quién es el que da el respeto y la veneración a la gente, o libros, o leyes, o al grande, si no es esta facultad de la imaginación? ¡Qué inadecuadas son todas las riquezas del mundo sin su cooperación!

¿Piensa realmente usted que este juez, cuya edad venerable exige el respeto de la sociedad, es gobernado puramente por una razón noble, o que él decide un caso por sus méritos verdaderos sin algún respeto a aquellas futilidades que afectan sólo la imaginación del imbécil? Véalo cuando él va religiosamente a la iglesia a escuchar un sermón, reforzando el objetivo de su propia razón con el ardor de su caridad. Allí él está, listo a escuchar como un ejemplo para el resto de nosotros. Suponga que el predicador aparece, sin embargo, y resulta que él sufre con una voz ronca y él parece raro, mal afeitado por su barbero y quizás sin lavarse. Le apostaré que el juez no guardará su comportamiento solemne a pesar de cualesquiera maravillosas verdades que el predicador pueda proclamar.

O suponga que el filósofo mayor en el mundo debía encontrarse sobre un tablón que cuelga sobre un precipicio. ¿No piensa usted que aunque su razón le diga que él está seguro, que su imaginación no obtendrá lo mejor de él? Muchos no pueden siquiera soportar el pensamiento sin comenzar a sudar frío. Entonces no propongo continuar enumerando todos los efectos de la imaginación. Ya que cada uno sabe que la vista de gatos o ratas, o aplastar un pedazo de carbón, puede ser bastante para desquiciar la razón de la gente. Incluso el tono de voz puede afectar al más sabio, o cambiar la mera sucesión de palabras en un poema poderoso. El amor o el odio alteran el curso de la justicia. ¿No piensa usted que un abogado que ha sido bien pagado de antemano encontrará la causa de su cliente tanto más justa? ¡Ver cómo su manejo valiente del caso parece tanto más convincente a los jueces que son recogidos por meras apariencias! Es absurdo el grado al cual la razón puede ser sacudida de aquí para allá por cada viento que sopla.

Hay apenas una acción de hombres que no es movida en algún grado por el estímulo de la imaginación. La razón es obligada a ceder terreno, porque los más sabios de los hombres aceptan como sus principios aquellos que la imaginación ha tenido el valor para presentar.

En efecto, alguien que haya decidido ser dirigido sólo por la razón sería claramente considerado como un loco. Habiendo hecho su opción, lo obligarían a trabajar todo el día por sus recompensas, que son reconocidamente de la imaginación. Como él había sido refrescado por el sueño después de todos los esfuerzos de la razón, él tendría que saltar de la cama inmediatamente a fin de seguir la búsqueda de fantasías y presentar a las impresiones que esta amante tiene sobre el mundo. Pero mientras es una de las fuentes principales del error, no es la única. Ya que mientras el hombre tiene toda la razón de buscar una alianza entre estos dos poderes, la paz que viene de la imaginación le da una gran ventaja. Pero con la guerra es mucho más dominante. Mientras la razón nunca tendrá éxito completamente en vencer el poder de la imaginación, lo contrario es bastante común.

Nuestros jueces están bien conscientes del poder secreto de la imaginación. Sus trajes rojos, la piel de armiño de la cual ellos se visten, pareciendo a gatos peludos, los tribunales en los cuales ellos se sientan, la decoración *de la flor de liz*, toda esta parafernalia impresionante ha sido considerada de lo más necesaria. U otra vez, si los doctores no tienen sus sotanas y mulas, con sus trajes y sombreros cuatro veces más grandes, ellos nunca habrían engañado a la gente que no puede oponerse a una demostración tan impresionante. ¡Si los jueces ejercieran la justicia verdadera, y los doctores el arte de la verdadera curación, no habría ninguna necesidad de sombreros cuadrados! En cambio, la majestad de su ciencia sería suficientemente imponente en sí misma. Pero ya que su ciencia es puramente ficticia, ellos tienen que engalanarse con estos ornamentos vanos a fin de incitar la imaginación. Así es como ellos se ganan el respeto. Sólo los soldados no tienen que disfrazarse para la parte que ellos juegan. Ya que ellos se establecen por la fuerza, mientras el resto tienen que echarse aire a sí mismos.

Por eso es que nuestros reyes no han buscado tales disfraces. Ellos no tienen que disfrazarse con la ropa extraordinaria para llegar a parecer monarcas. En cambio ellos son escoltados por guardias y arqueros. Las fuerzas armadas son sus armas y fuerza. Las trompetas y los tambores marchan delante de ellos, mientras las legiones de soldados los rodean de modo que los más valientes entre nosotros tiemblen en su presencia. Ellos no poseen solamente la ropa; ellos tienen el poder desnudo. Entonces uno tendría que tener una cabeza clara en efecto para ver al Sultán turco parecer a cualquier otro hombre cuando él está vestido magníficamente, de pie en su palacio espléndido y rodeado por cuarenta mil guardias. Así nunca podemos ver a un juez con toga y birrete sin formarnos una opinión favorable de su capacidad.

La imaginación así domina todo. Crea la belleza, la justicia, y la felicidad, que son todo lo que importa en el mundo. Quisiera ver que el libro italiano que conozco sólo de nombre y que merece una biblioteca entera: *Acerca de la Opinión Real del Mundo*. Apruebo lo que dice sin necesidad de leerlo, excepto algo malo que pueda contener.

Tales son los efectos, más o menos, de la facultad engañosa, que parece haber sido otorgada sobre nosotros deliberadamente para criar tal error necesario. Pero hay también muchas otras fuentes de error.

Las impresiones pasadas no son las únicas que son capaces de engañarnos. El encanto de la novedad tiene el mismo poder. Entonces tenemos todas las peleas entre hombres que se culpan para ser recogidos por las impresiones falsas de la infancia, o del correr como un loco detrás de las nuevas. ¿Quién guarda un camino medio? Déjele avanzar y muéstrelo. Porque no hay ningún principio, natural aunque pueda estar con nosotros desde la infancia en adelante, que no puede ser desechado como una impresión falsa, como resultado de la educación o de los sentidos.

—Porque —alguien dirá—, usted ha creído desde la infancia que una caja estaba vacía cuando usted no vio nada en ella y entonces usted creyó que el vacío era posible. Es sólo una ilusión promovida sobre los sentidos por el hábito, que la ciencia debe corregir. —Otros dirán—: Como ellos le dijeron en la escuela que no había tal cosa como un vacío, ellos pervirtieron su sentido común que entendía muy claramente de antemano que había. Entonces su creencia tiene que ser corregida volviendo a su impresión original. ¿Quién entonces le ha engañado, los sentidos o su educación?

Otra fuente del error es la enfermedad. Deformará nuestro juicio y nuestros sentidos. Así que si las enfermedades graves los cambian considerablemente, no tengo duda de que las dolencias menores lo harán proporcionalmente.

Además, el interés propio es un maravilloso instrumento para cerrar nuestros ojos a la realidad en la manera más agradable. Al más justo hombre sobre la tierra no se le permite que se siente en el juicio sobre su propia causa. Sé de algunos que, a fin de evitar caer en este interés propio, han ido al extremo opuesto de la injusticia. El medio más seguro de perder un caso perfectamente justo es presentárselo a alguien que sea un pariente cercano.

La justicia y la verdad son dos puntos que son tan delicados que nuestros instrumentos son demasiado burdos para ser usados sobre ellos. Cuando se usan, ellos enturbian el punto y resbalan y se deslizan por todas partes de modo que se concentren tanto en lo falso como en lo verdadero.

El hombre es formado de tal modo que él no tiene ninguna guía confiable de la verdad, pero en cambio tiene muchos que lo dirigen falsamente. Pero la fuente más intrigante de sus errores es la lucha entre los sentidos y la razón (44–82).

22. El hombre es nada más que un sujeto tan naturalmente lleno del error que puede ser sólo erradicado por la gracia. No hay nada que le muestre la verdad, ya que todo lo engaña. Los dos principios supuestos de verdad, la razón y los sentidos, no solamente no son genuinos, también se engañan recíprocamente. Por falsas apariencias los sentidos engañan a la razón. Y tal como ellos engañan el alma, ellos son por su parte engañados por ella. Toma su venganza. Los sentidos son influenciados por las pasiones, que producen impresiones falsas (45–83).

23. La razón como una mente suprema en el mundo no es tan independiente para ser impermeable a cualesquiera distracciones que ocurren. Sólo necesita el primer ruido en su vecindad para distraer su atención. No hay ninguna necesidad de encender un cañón, porque el mero crujir de una veleta o una polea es bastante.

No se sorprenda si su razonamiento no es demasiado sano en aquel momento, porque aun si una mosca zumba en su oído será bastante para trastornar su juicio sano. Si quiere que él sea capaz de encontrar la verdad, luego deshacerse de la distracción que ocupa sus pensamientos y molesta aquella inteligencia fuerte que gobierna sobre ciudades y reinos. ¡Qué dios tan absurdo es la razón! ¡Qué ridícula es ella como un héroe! (48–85).

24. Lo que me sorprende más es encontrar que nadie se sorprendió de su propia debilidad. Ya que la gente actúa de modo similar al seguir sus profesiones, sin pensar si está bien, pero confidente que es bueno. Continuamente decepcionados, ellos son engañados por un sentido absurdo de humildad de creer que son culpables, en vez de ver que esto viene de la misma disciplina que ellos persiguen. Es una cosa buena para la reputación de cinismo que hay tantas personas de esta clase que no son escépticas, mostrar que el hombre es capaz de tener tales opiniones extravagantes de la decencia humana que él permanece ciego a la debilidad innata e inevitable de su condición. Entonces él confía y sigue el curso de la sabiduría natural. Así nada refuerza más el escepticismo que la presencia de no escépticos. Pero si todos eran cínicos, entonces el cinismo sería visto como falso (33–374).

25. La gente es tan inevitablemente loca, que no ser loco debería dar una torcedura loca a la locura (412–414).

26. Nuestro deseo de la estima de los que están alrededor de nosotros es tal que el orgullo nos dominará hasta en medio de todas nuestras miserias y errores. Moriríamos hasta de buena gana, si se prueba que la gente hablará de ello. Piense en toda la vanidad que ejercemos en el juego de azar, la caza, las visitas sociales, y toda la perpetuación falsa de nuestro propio nombre (628–153).

27. La vanidad está tan profundamente arraigada en el corazón de un hombre, que un soldado, un criminal, un cocinero, o un portero alardearán y esperarán tener admiradores. Incluso los filósofos los quieren. Aquellos que escriben contra ello querrán disfrutar del prestigio de haber escrito eso, de modo que ellos también buscan de su auditorio y realmente dicen: "quiero lo mismo, pero esta vez de mis lectores" (627–150).

28. Pero los animales no se admiran el uno al otro como la gente hace. Un caballo no admira a su compañero. No es que ellos no compitan uno contra el otro en una carrera, pero esto no importa, porque de vuelta en el establo el más torpe y de pies menos ligeros no regala por esta razón su avena al otro, como los hombres quieren que otros hagan para ellos. El ejercicio de su agilidad tiene su propia recompensa (685–401).

29. La humanidad no está satisfecha por la vida que tenemos en nosotros, dentro de nuestro propio ser. En cambio, queremos conducir una vida imaginaria en los ojos de otros, y entonces tratamos constantemente de causar impresiones. Nos esforzamos por embellecer y mejorar nuestra imagen, y de ese modo abandonamos el verdadero yo. Así que si somos pacíficos, o generosos, o leales, estamos preocupados de que sea conocido de modo que podamos atar estas virtudes a nuestra existencia imaginaria. En efecto, preferimos separarlos de nuestro verdadero yo para proyectarlos sobre el otro. ¡Alegremente seríamos cobardes si ese fuera el modo que podríamos adquirir una reputación de valentía! ¡Qué obvia es la prueba de nuestro propio vacío que no estamos satisfechos con una sin la otra, y a menudo cambiamos nuestro verdadero yo por el falso yo! Porque alguien que no moriría para salvar su honor sería considerado como un sinvergüenza (806–147).

30. La fama es tan dulce que nos gusta cualquier cosa asociada con ella, hasta la muerte misma (37–158).

31. ¡Incluso si levantamos el talón de nuestro zapato, exclamamos: "¡Qué bien hecho está! ¡Qué zapatero tan hábil!" Y entonces pasamos a indicar de donde vienen nuestras inclinaciones, y hasta la opción que hacemos de carreras. "¡Lo mucho que aquel hombre bebe! ¡Lo poco que aquel hombre bebe!" Es de esta manera que la gente es hecha templada o borrachos, soldados o cobardes (35–117).

32. La cosa más importante en nuestra vida es la opción de nuestra profesión, pero es la posibilidad que lo decide tan a menudo. Ya que es la costumbre la que hace albañiles, o soldados, o techadores. "Él es excelente techador," dicen ellos. Al hablar de soldados, "Ellos son bastante locos," mientras los otros contradirán esto y dirán: "Nada es tan grande como la guerra, y en comparación todo lo demás carece de valor." Entonces es de oír a la gente elogiar nuestras profesiones desde nuestra infancia, y agotando todo los demás, que entonces tomamos nuestras decisiones. Naturalmente nos gusta la virtud y odiamos la locura, entonces las mismas palabras decidirán en qué pensamos como bien o mal al aplicarlas a nosotros. Tan grande es el poder del hábito que, donde fuimos creados naturalmente sólo para ser hombres, en cambio crearemos toda clase de condición o estado. Entonces algunas áreas están llenas de albañiles, mientras las otras están llenas de soldados. La costumbre de la gente crea esta variedad e impone la naturaleza de su uniformidad. Pero a veces la naturaleza se opone y da a los hombres sus instintos a pesar de toda la costumbre, o buena o mala (634–97).

33. La condición del hombre es de inconstancia, aburrimiento, y ansiedad (24–127).

34. No está en la naturaleza del hombre tener una dirección predeterminada. Más bien tiene sus altibajos. Entonces la fiebre nos hará temblar y sudar. Una frialdad es prueba de la altura de una fiebre como la temperatura alta misma. De la misma manera con las invenciones humanas de una generación a otra, y en efecto con todo el bien y mal generalmente en el mundo. Como Horacio dice: "El cambio por lo general complace a los príncipes" *(Odas,* 3.29) (27–354).

35. Los reyes y los príncipes no siempre se sientan sobre sus tronos; a veces ellos juegan y están aburridos de esto, también. La grandeza tiene que ser dejada a un lado a fin de ser apreciada. Porque la continuidad en algo se vuelve aburrido. Entonces es agradable sentir frío de modo que uno pueda disfrutar también sentir calor. La naturaleza actúa de manera progresiva, moviéndose de un lado a otro, viniendo y yendo. La vida oscila. Las mareas del mar entran en ondas, mientras el sol se mueve en su elipse (771–355).

36. Alguien que no ve la vanidad del mundo es vano él mismo. ¿Quién entonces no lo ve excepto la juventud, cuyas vidas son todo ruido, diversiones, y sueños sobre el futuro? Quíteles su diversión y usted los encontrará aburridos al extremo. Entonces ellos sienten su vacío sin reconocerlo racionalmente. Ya que nada puede ser más miserable que estar insoportablemente deprimido tan pronto como uno es reducido a la introspección sin medios de distracción (36–164).

37. Los hombres gastan su tiempo persiguiendo una pelota o una liebre. Tal es el mismo deporte de los reyes (39–141).

38. Una cosa insignificante nos consolará porque una cosa insignificante nos trastorna (43–136).

39. Nunca vivimos sólo en el presente. Recordamos el pasado y pensamos con mucha ilusión en el futuro. Si encontramos demasiada lenta su llegada tratamos de acelerarlo; o recordamos el pasado para hacerlo más lento si corre demasiado rápido. Somos tan imprudentes que vagamos por años que no son nuestro propio y nunca damos un pensamiento a la única cosa que nos pertenece. Somos tan frívolos que pensamos en aquellos que no son nada y sin pensar pasamos por alto una cosa que existe. Es porque el momento presente es por lo general doloroso. Lo reprimimos porque nos hace daño. Y si lo encontramos agradable, sentimos verlo fallecer. Tratamos de apoyarlo pensando en el futuro, y pensar como vamos a planear cosas en un contexto donde no tenemos ningún control, ya que ello es un tiempo que nunca estamos seguros de alcanzar.

Así que examinemos nuestros pensamientos y encontraremos que tendemos a estar ocupados completamente con el pasado o el futuro. Rara vez pensamos en el presente, y cuando lo hacemos así, es sólo para ver que luz puede echar sobre nuestros proyectos para el futuro. Pero el momento presente nunca es nuestro objetivo. El pasado y el presente son nuestros medios, mientras el futuro solo es nuestro objetivo. Con este modo de pensar nunca podemos vivir realmente, pero en cambio vivimos con la esperanza. Ya que planeamos siempre como vamos a ser felices, es inevitable que nunca lo seamos (47–172).

CAPÍTULO
3

LA CONDICIÓN INFELIZ DEL HOMBRE

40. Lo que hace que nosotros seamos volubles es la realización que nuestros placeres presentes son falsos, a la vez que fallamos en darnos cuenta que los placeres ausentes son también vanos (73–110).

41. Somos tales criaturas miserables que sólo podemos disfrutar sensacionalmente ver las cosas equivocarse. Esto puede pasar y realmente pasa a miles de cosas. Alguien que ha encontrado el secreto de la alegría verdadera cuando las cosas van bien, y no está disgustado cuando van mal, entenderá el punto. En cambio, la vida del hombre es un aspecto borroso constante de movimiento (56–181).

42. Aún si nuestra condición era de felicidad verdadera, no tendríamos que distraernos por pensar en ello (70–165).

43. La adulación estropea todo desde nuestra juventud más temprana. "¡Bien dicho! ¡Bien hecho! ¡Qué bueno es él!" Los niños de nuestra comunidad que no son incitados por la envidia y la gloria se vuelven indiferentes (63–151).

44. Entonces hay que conocerse realmente; aun si esto no nos ayuda en el encuentro de la verdad, al menos nos ayuda a controlar nuestra propia vida. Nada es más importante que esto (72–66).

45. Job y Salomón nos dicen que la sociedad no encuentra ningún otro modo de satisfacer su codicia sin hacer el mal a otros (74–454).

46. Es falso suponer que somos dignos de ser amados por otros. Es irrazonable que debiéramos querer esto. Ya que si fuimos nacidos razonables e imparciales, con un conocimiento de nosotros y de otros, no tendríamos esta tendencia hacia nosotros en nuestra propia voluntad. Pero somos nacidos con ello, y por tanto nacimos pervertidos. Todo tiende hacia sí, y es contrario al orden (421a—477).

47. Cada hombre es para él, y con su muerte todo está muerto para él. Por eso cada uno de nosotros tiende a pensar que él es todo para cada uno. No debemos juzgar la naturaleza simplemente desde nuestra propia perspectiva, como en sus propios estándares (668–457).

48. La característica de la naturaleza humana es amarse a sí mismo y considerarse sólo a sí mismo. ¿Pero qué más puede esto hacer? No puede ayudar a su propio amor siendo inconsecuente y miserable. Quiere ser grande y ve que es sólo pequeño. Quiere ser feliz y encuentra que es desgraciado. Quiere ser perfecto y se ve lleno de imperfecciones. Quiere ser el objeto de amor y estima de la gente y ve que sus faltas merecen sólo su aversión y desprecio. Encontrándose en este apuro, reacciona con la pasión más injusta y criminal imaginable. Ya que concibe un odio mortal hasta la verdad que lo reprocharía y lo convencería de sus faltas. Le gustaría eliminar esta verdad, y al ser incapaz de destruirlo, esto lo reprime tanto como puede en el conocimiento de sí y de otros. Entonces toma cada precaución para esconder sus propias faltas de sí y de otros, y no puede resistir tener que señalarlas o hasta notarlas.

Incuestionablemente es un mal estar tan lleno de faltas, pero es un mal todavía mayor estar lleno de ellos y aún no estar dispuesto a reconocerlos, ya que esto resulta en el mal adicional del autoengaño deliberado. No queremos que otros nos engañen. Pero al mismo tiempo no pensamos que sea correcto que ellos piensen bien en ellos más de lo que merecen. Por lo tanto no es correcto que nosotros deberíamos engañarlos o querer que ellos nos estimen más de lo que merecemos.

Así que cuando ellos simplemente muestran que tienen faltas y malos hábitos que compartimos, es obvio que ellos no nos hacen ningún mal, ya que ellos no son responsables de ellos. Realmente ellos nos hacen bien ayudando a exponerlos y así permitirnos escapar de ellos si los vemos. Entonces no deberíamos estar enojados porque ellos nos conocen y desprecian debido a nuestras faltas, porque está bien que ellos nos conozcan por quién realmente somos y nos desprecien si en efecto somos despreciables. Tales sentimientos provienen de un corazón lleno de honradez y justicia. Así que, ¿qué deberíamos decir de nosotros, viendo que está dispuesto de manera bastante diferente? ¿Por qué no es así que tendemos a odiar la verdad y a aquellos que nos la dicen, y nos gusta más bien ser engañados a nuestra propia ventaja, y querer ser estimados por ellos como alguien distinto a lo que realmente somos? Aquí está la prueba de esta tendencia que me horroriza. La Iglesia Católica no nos obliga a revelar nuestros pecados indiscriminadamente a cada uno. Nos permite permanecer escondidos de todos los otros con una excepción, a quien le ofrece revelar nuestro corazón íntimo y mostrarnos como quién realmente somos. Este es el único hombre en el mundo que nos ordena desilusionar. Pone en él la responsabilidad de guardar el secreto inviolable, que significa que él tampoco podría poseer el conocimiento de nosotros que él realmente tiene. ¿Puede algo más ligero y más suave ser imaginado? Aún tal es la corrupción del hombre que hasta esta ley la encuentra áspera. Y este es uno de los motivos principales por qué una parte tan grande de Europa se ha vuelto contra la iglesia.

¡Qué irrazonable e injusto es el corazón del hombre que él debería resentirse hasta de la obligación de comportarse con una persona de un modo justo, y en efecto no hacer esto con todos! ¿Podemos realmente creer que es correcto engañar a otros?

Esta aversión por la verdad ocurre en diferentes niveles, pero existe en todos nosotros en algún grado porque es inseparable del amor propio. Es esta sensibilidad falsa que hace que aquellos que tienen que corregir a otros eligen tales caminos desviados y calificaciones a fin de evitar dar la ofensa. Ellos tienen que minimizar nuestras faltas, pretender disculparlas, y mezclar esto con alabanza y señales de afecto y estima. Incluso entonces, tal medicina todavía sabe amarga al amor propio, que tomará tan poco de ello como posible, y siempre con la repugnancia. A menudo esto tendrá también el resentimiento secreto contra aquellos que lo administraron.

El resultado es que alguien que desea ganar nuestro afecto evitará darnos este servicio, ya que él sabe que no será bien recibido. Tendemos a ser tratados como queremos ser tratados. Ya que odiamos la verdad y la mantenemos aparte de nosotros. En cambio, deseamos ser adulados y entonces somos adulados; nos gusta ser engañados y somos engañados.

Por eso mientras más promoción procuramos tener sobre la escala de la fortuna más lejos nos toma de la verdad, porque la gente se hace cada vez más cautelosa de ofender a aquellos cuya amistad es juzgada la más útil y ven la enemistad como la más peligrosa. Entonces un príncipe podría ser el hazmerreír y aún ser el único que no lo sabe. Esto no es sorprendente. Porque decir la verdad es útil para el que oye, pero dañoso para aquellos que lo dicen, porque ellos incurrirán en tal odio. De modo que aquellos que viven con príncipes prefieren sus propios intereses a los del príncipe que sirven. Ellos no tienen ningún deseo de beneficiarlo dañándose.

La tragedia de esto es sin duda mayor y más común entre aquellos que tienen más éxito en la vida, pero la gente humilde no está exenta tampoco, porque todos tenemos cierto interés en ser aceptados. Entonces la vida humana es nada más que una ilusión perpetua. No hay nada más que engaño mutuo y adulación. Nadie habla de nosotros en nuestra presencia como lo hacen en nuestra ausencia. Las relaciones humanas están sólo basadas sobre este engaño mutuo. Pocas amistades podrían sobrevivir si cada uno supiera lo que su amigo dijo sobre él detrás de su espalda, aunque él hablara sincera y objetivamente.

Por lo tanto el hombre es nada más que disfraz, falsedad, e hipocresía, tanto en cuanto a otros como sobre sí mismo. Él no quiere que se le diga la verdad. Él evita decirla a otros. Todas estas tendencias, tan distantes de la justicia y la razón, están naturalmente arraigadas en su propio corazón (978–100).

49. "El yo es despreciable. Usted lo cubre, Mitton [Daniel Mitton, un jugador mundano y amigo de Pascal], pero esto no significa que es quitado. Usted todavía permanece despreciable."

"No es así, porque siendo servicial a cada uno como somos, no les damos ninguna causa de ofensa."

"Sí, eso es bastante cierto, si la única cosa despreciable sobre el yo fuera el carácter desagradable que nos causa. Pero si lo odio porque está mal, entonces lo hace el centro de todo, y continuaré odiándolo.

"En pocas palabras, el yo tiene dos rasgos: es injusto en sí mismo al hacer el yo el centro de todo, y es un fastidio a otros en que trata de dominarlos, porque cada yo es el enemigo de todos los otros y le gustaría tiranizarlos. Usted se lleva el fastidio, pero no la injusticia.

"De este modo, usted no lo hace atractivo a aquellos que lo odian por ser injustos. Usted sólo lo hace complaciendo a la gente injusta que no lo ve más como su enemigo. Entonces usted sigue siendo injusto, y puede complacer sólo a la gente injusta" (597–455).

50. Mitton sabe bastante bien que la naturaleza humana está corrompida y que los hombres se oponen a la integridad. Pero él no entiende por qué los hombres no pueden superar esto (642–448).

51. Incluso el niño más pobre dirá: "Este es mi perro, este es mi lugar en el sol." Este es el origen y el símbolo de como el hombre usurparía todo (64–295).

52. Entonces la tiranía consiste en el deseo de dominar todo sin tener en cuenta el orden. En varios atributos de la humanidad, como fuerza, belleza, sensibilidad, y piedad, cada uno es el maestro de su propia casa, pero de ninguna parte más. A veces ellos entran en conflicto y el fuerte o el hermoso se esforzarán por dominar, pero esto es absurdo porque su dominio es de clases diferentes. Entonces ellos no entienden el uno al otro y sus mentiras de error en el deseo para gobernar todo. Nada puede hacer este, no hasta la fuerza. El poder bruto no tiene ningún efecto sobre el mundo académico y sólo gobierna acciones externas. Entonces estas tendencias humanas son falsas.

La tiranía significa el deseo de una persona de tener lo que puede ser sólo tenido por otra. Tenemos que pagar peajes diferentes para diferentes clases de mérito. Nos debe gustar lo atractivo, o temer la fuerza, o creer en el conocimiento. Estas cuotas deben ser pagadas. Es un error rechazarlas y está mal exigir cualesquiera otros. Entonces vemos que falsos y tiránicos son algunos de estos argumentos: "Soy hermoso, entonces usted debe temerme. Soy fuerte, entonces usted debe amarme." De la misma manera, es falso y tiránico decir: "Él no es fuerte, entonces no lo respetaré. Él no es inteligente, entonces no lo temeré" (58–332).

53. Las leyes son a menudo irrazonables, así hay una tendencia de querer desprendernos de ellas; pero en el proceso el trasgresor de la ley puede llegar a ser engañado aun más.

Porque ¿qué base tomará él para la economía del mundo que él quiere gobernar? ¿Será el capricho de cada uno? ¡Qué gran confusión habría! ¿Será la justicia? Aún él no sabe lo que esto significa. Ya que si lo supiera, él seguramente nunca habría hecho a un lado esta máxima más comúnmente aceptada de todas las máximas humanas: Cada uno debería seguir las costumbres de su propio país. La justicia verdadera cautivaría todos los pueblos del mundo con su esplendor. Los legisladores no tomarían su modelo de los caprichos y fantasías de persas o de alemanes como un sustituto de la justicia consecuente. Deberíamos ver esto establecido en cada país del mundo, en cada período de la historia, mientras que de hecho vemos que lo que es considerado correcto o incorrecto cambia de color como si el clima cambiara. Tres latitudes trastornan el marco entero de la jurisprudencia y el cambio de un meridiano determina lo que es verdadero. Las leyes básicas se cambian cuando han estado en el código de leyes sólo durante unos años, de modo que hasta la ley tiene sus modas. Es una clase extraordinaria de justicia cuyos límites son marcados por un límite del río donde lo que es verdadero de este lado es falso en el otro.

Se reconoce que la justicia no se halla dentro de estas costumbres, pero reside en leyes naturales comunes a cada nación. Si hubiera solamente una ley que fuera universal, entonces la gente mantendría esto obstinadamente; pero lo absurdo es que los caprichos del hombre tienen tal variedad infinita que no hay ni una sola universal.

Así el latrocinio, el incesto, el infanticidio, el parricida, todos en algún tiempo u otro han sido reconocidos como acciones virtuosas. ¿Entonces puede algo más absurdo que el que un hombre tiene el derecho de matarme porque él vive del otro lado del océano, y que su príncipe ha escogido una pelea conmigo, aunque yo no tenga ninguna relación con él?

Indudablemente hay leyes naturales, pero una vez que esta razón fina nuestra es corrompida, esto corrompe todo. Todo parece ser relativizado por la convención (como Cicerón ha indicado en *de Fin*, 5.21). Es en virtud de decretos del Senado y los votos de las personas que los delitos son cometidos (como Séneca ha mostrado, *Ep*. 95). Tal como una vez solíamos sufrir por nuestros vicios, ahora sufrimos por nuestras leyes (como Tácito ha observado, *Ann.*, 3.25).

La consecuencia de esta confusión es que uno dirá que la esencia de justicia es la autoridad del legislador, mientras el otro discutirá: que sea la conveniencia del soberano, o aún el otro que es la costumbre presente que es la más confiable. ¡Si todo es tan racionalizado! nada tiene valor intrínseco que no se cambiará con el tiempo. La costumbre es toda la equidad simplemente porque es aceptable. Es el fundamento místico de su autoridad. Entonces alguien que vuelve atrás a su principio fundamental sólo lo destruye. Nada es tan defectuoso como aquellas leyes que procuran corregir defectos. Quien las obedece porque son justas obedece una justicia imaginaria, no la esencia de la ley, que es completamente autónoma. Es la ley y nada más. Quienquiera quiere examinar la razón de esto lo encontrará tan trivial y ligero, que a menos que esté acostumbrado con las intrincaciones de la imaginación humana, él estará asombrado que en el curso de un siglo ha adquirido tanta importancia y reverencia.

Es el arte de la subversión y la revolución trastornar la costumbre establecida por volver a sus orígenes a fin de mostrar como ellos carecen de legitimidad y autoridad. Debe haber, ellos discuten, una vuelta a las leyes básicas y originales del estado que la costumbre injusta ha quitado. No hay ningún camino más seguro por lo tanto para perder todo que por hacer esto. Nada puede ser justo cuando *es* pesado por estas balanzas. Sin embargo la gente está demasiado lista para escuchar a tales argumentos, tirando el yugo tan pronto como lo reconocen, y toman la oportunidad de arruinarse ellos y aquellos cuya curiosidad los incita a ver esta costumbre tradicional. Esto explica por qué el más sabio entre los legisladores solía decir que los hombres son a menudo engañados por sus propios ideales. Otro político sabio (Scaevola, citado por Agustín en *la Ciudad de Dios*) dice: "El hombre pide la verdad que lo pondrá en libertad; ¡y se cree que es oportuno que él sea engañado!" (Libro 4.27).

La perversión de la verdad debe ser camuflada porque al principio ocurrió irracionalmente, pero ahora ha llegado a parecer razonable. Debemos ser persuadidos que permanece auténtica y eterna, pero sus orígenes deben ser escondidos de nosotros si no queremos ver que esto se termine (60–294).

54. Es peligroso decir a la gente que las leyes son injustas, porque ellos sólo las obedecen sobre la suposición de que son justas. Por eso se les debe decir que las leyes porque hay leyes, tal como los superiores tienen que ser obedecidos porque ellos son nuestros líderes. Así es como la sedición puede ser prevenida. Ya que si a la gente se le hace entender eso, entonces ellos ven que esta es la definición apropiada de la justicia (66–326).

55. Cuando reflexiono sobre la breve envergadura de mi vida comparada con la eternidad antes y después de ella —"como el recuerdo de un invitado que se queda sólo por un día" (Sabiduría 5.14)— veo el pequeño espacio que ocupo tragado en la inmensidad infinita de esferas sobre las que no sé nada y que no saben nada sobre mí. Me hace temeroso y me asombra verme aquí más bien que allí. Para no hay ninguna razón por la que yo debería estar aquí más bien que allí, ahora más bien que entonces. ¿Quiénes me pone aquí? ¿Por orden y acción de quién fue este tiempo y lugar asignado para mí? (68–205).v

CAPÍTULO

4

EL ABURRIMIENTO DEL HOMBRE

56. La curiosidad es simplemente una forma de vanidad [o como Bernardo de Claraval ha indicado, la curiosidad es el primer grado del orgullo]. Por lo general sólo queremos saber sobre las cosas a fin de ser capaz de hablar de ellas. De otra manera, podríamos aventurarnos sobre un viaje por mar sin hablar alguna vez de ello, simplemente por el placer de ver sin ninguna perspectiva de ser capaz de decir a la gente lo que hemos visto (77–152).

57. Una definición de hombre es de un ser dependiente, que añora la independencia, y que tiene necesidades (78–126).

58. ¡Cuán frustrados estamos cuando tenemos que dejar ocupaciones o búsquedas a las cuales estamos atados! Un hombre puede disfrutar de la vida en casa, pero él sólo tiene que ver a una mujer que lo atrae, o escaparse para unos días de diversión, y usted lo encontrará inestable y miserable por tener que volver a su modo de vivir normal. Esto pasa cada día (79–128).

59. El hombre no encuentra nada tan insoportable como estar en un estado de descanso absoluto, sin ejercer ninguna pasión, estar desempleado, no tener ninguna diversión, y vivir sin ningún esfuerzo. Es entonces cuando él piensa que afronta el vacío, la soledad, un sentido de insuficiencia, sintiendo un sentido de aburrimiento, pesimismo, depresión, frustración, resentimiento, y desesperación (622–131).

CAPÍTULO
5

EL HOMBRE QUE VIVE RACIONALMENTE

60. La gente ordinaria tiene mucho sentido común. Por ejemplo: (1) Ellos deciden ser divertidos, y prefieren la caza sobre la matanza. El aspirante a culto puede desdeñar y reírse de ellos, pensando que son tontos, pero por una razón que no entienden, la gente tiene razón. (2) Ellos juzgan a la gente por su aspecto externo como nacimiento o riqueza. La gente otra vez triunfa mostrando que esas diferencias son irrazonables. Incluso los caníbales se reirán de un niño rey. (3) Ellos se ofenden cuando alguien los golpea, o en estar demasiado inquietados por la fama. Alguien que recibe un golpe sin darse por ofendido es a menudo abrumado con insultos y forzado en la penuria, mientras la ambición es la más deseable debido a otras ventajas que da. (4) Ellos toman posibilidades, como navegar en el mar, o cruzarse a lo largo de un tablón (101–324).

61. La deferencia para otros puede significar que usted se haga a un lado. Este puede parecer ser inútil, sin embargo es bastante correcto, porque es lo mismo que decir: "yo seguramente me incomodaría a su favor si fuera realmente necesario, de hecho ya lo hago porque usted no está." Además, la deferencia sirve para distinguir aquellos que son superiores. Si la deferencia para otros realmente significa solamente permanecer en mi descanso, entonces mostraría la deferencia a cada uno y nadie sería distinguido. Es para poner alguna incomodidad que hacemos las distinciones bastante claras (80–317).

62. La lujuria y el poder son los resortes de todas nuestras acciones. Porque la lujuria conduce a acciones voluntarias y poder a involuntarias (97–334).

63. Si no estamos preparados a tomar riesgos no deberíamos tener nada que ver con la religión. Porque esta, como todo lo demás, parece incierta. Piense en el número de posibilidades que constantemente tomamos cuando tomamos viajes por mar o en la batalla. De esto estoy seguro, que no haremos nada si no tomamos riesgos. Y en efecto, hay más certeza en la religión que hay en nuestra suposición de que viviremos el día de mañana. No tenemos ninguna garantía sobre el mañana. Sin embargo no podemos decir que este es el elemento de incertidumbre en la religión. Puede parecer incierto que es verdadero, ¿pero quién puede atreverse a decir que es seguramente falso? Con todo, trabajamos para mañana y tomamos la posibilidad que nos comportemos con sensatez. Ya que cuando la regla de probabilidad se manifiesta, deberíamos tomar posibilidades.

Agustín vio que tomamos posibilidades en el mar y en la batalla, pero él no vio la regla de probabilidad que demuestra que deberíamos hacerlo así. Montaigne vio que a menudo tropezamos teniendo el pensamiento inadecuado sin tener la razón adecuada en vez de actitudes habituales.

Todos estos vieron los efectos, pero no entendieron las causas. Ellos se parecen a aquellos que tienen ojos, pero que no usan sus mentes. Los efectos pueden ser vistos por los sentidos, pero las causas sólo pueden ser percibidas por la mente. Aunque estos efectos puedan ser también vistos por la mente, la mente puede ser comparada con el que ve causas, tal como los sentidos corporales ven efectos (577–234).

64. ¿Por qué es que un hombre cojo no nos enoja del modo que una mente coja lo hace? ¿No es porque un hombre cojo reconoce que andamos correctamente, mientras una mente coja supone que todos cojeamos? Si no fuera por esta deformación lo compadeceríamos en lugar de enojarnos.

Epicteto va mucho más lejos cuando pregunta: ¿Por qué no nos enfadamos si alguien dice que tenemos un dolor de cabeza, pero nos enfadamos mucho si alguien dice que discutimos tontamente o ilógicamente?

Porque podemos estar bastante seguros que no tenemos ningún dolor de cabeza y no somos cojos, pero no podemos estar tan seguros de que hacemos el argumento correcto o la opción correcta. Ya que nuestra seguridad sólo descansa sobre lo que vemos con ambos ojos, cuando alguien ve algo contradictorio a lo que vemos, nos asustamos e incomodamos. Esto es reforzado cuando otras mil personas hacen burla de nuestra decisión. Ya que estamos atados a preferir nuestra propia perspicacia a la de otros, y es tanto una cosa valiente como difícil de hacer. Pero en el caso de un hombre cojo, nuestros sentidos no producen ninguna contradicción (98, 99a—80, 536b).

65. [Ya que la fuerza tiende a ser la base de la justicia], está bien seguir lo correcto, pero es necesario seguir el poderoso: lo correcto sin la fuerza es inútil, mientras que el poder sin el derecho es tiránico. Lo correcto sin la fuerza es desafiado porque hay gente siempre injusta alrededor. El poder sin la justicia debe ser condenado. La justicia y el poder deben ser por lo tanto combinados de modo que podamos asegurar que lo que es recto es fuerte, o lo que es fuerte es justo.

Lo correcto tiende a ser discutible, mientras el poder es reconocible y no puede ser disputado. Por lo tanto es imposible dar el poder a la justicia, porque el poder ha tendido a rechazar la justicia y declarar que era injusto y ha argumentado en cambio que el propio poder es justo. Al ser así incapaces de convertir a lo correcto en poderoso, hemos convertido el poder en lo correcto (103–298).

66. ¿Por qué es que sólo las reglas universales son la ley de la tierra, aquellos acerca de asuntos cotidianos y las decisiones de la mayoría sobre otros asuntos? Es porque el poder es implicado. Por eso los reyes, que sacan el poder de otra parte, no ceden el paso al voto de la mayoría de sus ministros. La igualdad de bienes es indudablemente justa. Pero ya que el poder no puede ser obligado a obedecer la justicia, se ha ideado la teoría de que el poder es correcto. Incapaz de hacer cumplir la justicia, el poder es justificado, entonces los fuertes tienden a ser asociados con lo justo para causar la paz, que es vista como el bien soberano (81–299).

67. El gobierno mayoritario es considerado el mejor porque es obvio que todos lo ven, y también tiene el poder de hacerse obedecer. Sin embargo, refleja las opiniones a menudo del menos competente.

Idealmente, si hubiésemos sido capaces de colocar el poder en las manos de la justicia, deberíamos haberlo hecho. Pero ya que el poder no permite que nosotros lo manipulemos como nos gustaría —porque es una cualidad palpable,

mientras que la justicia es una cualidad espiritual que podemos usar como nosotros queremos— la justicia ha sido colocada en las manos de poder. Entonces
tendemos a describir como justo lo que nos obligan a obedecer.
De ahí que el derecho de la espada es visto porque la espada confiere un
derecho obvio. De otra manera deberíamos ver la violencia de un lado y justicia
del otro (Final de la duodécima *Carta Provincial*).
Así vemos la injusticia de Fronde, que se establece él mismo en su justicia
fingida contra el poder. De la misma manera en la iglesia, encontramos la justicia
genuina sin alguna violencia (85–878).

68. Entonces ya no tenemos la justicia verdadera. Ya que si la tuviéramos, no deberíamos considerar nuestra sumisión a la costumbre de
nuestro país como la regla de justicia. Incapaces de descubrir lo justo, hemos
encontrado en cambio lo fuerte (86–297).

69. La justicia es comúnmente dada por hecho. Así todas nuestras leyes
establecidas son consideradas como justas sin ser examinadas una
vez que son promulgadas (645–312).

70. Entonces, ¿por qué seguimos a la mayoría? ¿Es porque ellos tienen
razón? No, es porque son más poderosos. ¿Por qué aceptamos leyes
y opiniones basadas en la costumbre? ¿Es porque son más sanas? No, pero ellas
son únicas y no nos dejan ninguna base para la disputa (711–301).

71. [Cuestionar la justicia por lo tanto es caer conforme a la regla de
la fuerza otra vez.] Porque el mayor de los males es la guerra civil.
Esta está obligada a venir donde la gente quiere recompensar el mérito, porque
todos afirmarán hacerlo así. Es un mal menor si por el derecho de nacimiento
la sucesión es transmitida a un tonto. [Uno es obligado por lo tanto a tomar una
tercera posición, donde uno puede ver las fuerzas y debilidades de la opinión
popular] (94–313).

72. La causa y el efecto por lo tanto crean una oscilación constante
entre lo que está a favor y lo que está en contra. Hemos mostrado
que el hombre es tonto debido a la importancia que él atribuye a cosas que no
importan realmente, y todas estas opiniones han sido refutadas.

Hemos pasado a mostrar que todas estas opiniones son sanas, y como todas estas formas de la vanidad tienen la sustancia, la gente no es tan tonta como parecen ser. Esto significa que hemos demolido el punto de vista y, como una consecuencia, hemos demolido su cosmovisión. Pero ahora hemos llegado a un punto en el cual debemos demoler la última proposición, y mostrar que se mantiene como verdad que la gente es tonta, sin importar lo sano que sus opiniones puede parecer ser. No ver la verdad como realmente es significa que la encontraremos en sitios donde no existe, y entonces sus opiniones son siempre poco sólidas y engañosas (93–328).

73. Hay que tener por lo tanto motivos más profundos y juzgar en consecuencia, y aún parecer seguir hablando como una persona ordinaria (91–336).

74. Es por lo tanto verdad decir que todo mundo vive en un estado de ilusión. Aunque las opiniones de la gente sean sanas, ellos no lo son, porque imaginan que la verdad se encuentra en sitios donde no existe. Hay seguramente verdad en sus opiniones, pero no al grado que ellos imaginan. Por ejemplo, es verdad que deberíamos honrar la aristocracia, pero no porque el nacimiento sea una verdadera ventaja (92–335).

75. La gente ordinaria honra a aquellos que son de nacimiento noble. Los medio inteligentes los desprecian, diciendo que el nacimiento es un asunto de posibilidad y no del mérito personal. Los realmente inteligentes los honran, no porque piensan como la gente ordinaria, sino por motivos más profundos. La gente piadosa con más celo que conocimiento los desprecia, sin tener en cuenta la razón, que hace a la gente inteligente honrarlos, porque ellos juzgan a los hombres en el derecho de la piedad. Pero los cristianos verdaderos los honran porque poseen otra forma más alta de perspicacia. Entonces las opiniones se balancearán de acá para allá, de a favor o en contra, según la luz que alguien tenga (90–337).

CAPÍTULO

6

LA GRANDEZA DE LA DIGNIDAD DEL HOMBRE

76. Pero el hombre tiene la grandeza hasta en su lujuria o concupiscencia. Él ha logrado producir un sistema tan notable de ello para formarlo de nuevo como la imagen de la caridad verdadera (118–402).

77. Las causas y los efectos demuestran la grandeza del hombre en su logro para producir tal orden excelente de su misma lujuria (106–403).

78. A pesar de ver todas las miserias que nos afectan y nos agarran por la garganta, tenemos un instinto irreprimible que nos levanta (633–411).

79. Sólo los seres sensibles pueden ser miserables; una casa arruinada no lo es. Sólo el hombre es miserable. "Soy el hombre que ha visto la aflicción" (Lamentaciones 3:1) (437–399).

80. La grandeza del hombre es tan obvia que puede ser deducida hasta de su miseria. Lo que es natural en los animales es visto como miseria en el hombre. De esto podemos reconocer que ya que su naturaleza hoy se parece a la de los animales, él ha caído de un mejor estado, que en otros tiempos era más apropiado para él. ¿Quién no se siente más infeliz no siendo un rey excepto un rey que ha sido depuesto?

¿No pensó la gente que Paulo Emilio era infeliz no siendo más el cónsul? Al contrario, todos ellos pensaron que él había sido afortunado al haber sido el cónsul, porque no es un oficio lo que tiene uno por vida. Sin embargo, la gente pensó que Perseo era desafortunado cuando él ya no era el rey, porque es natural que un rey lo sea toda su vida, y era extraño que él pudiera continuar la vida sin la monarquía. ¿Quién se considera infeliz porque posee sólo una boca? Aún, ¿quién no sería infeliz si tuviera sólo un ojo? A nadie, quizás, le ha pasado alguna vez por su mente el preocuparse por no tener tres ojos. Pero el hombre no tiene consuelo si no tiene el don de la vista (117–409).

81. Todos estos ejemplos de la miseria humana demuestran su grandeza. Es la miseria de un gran señor, la miseria de un rey desposeído (116–398).

82. El pensamiento constituye la grandeza del hombre (759–346).

83. El hombre es hecho obviamente con el fin de pensar. Esta es toda su dignidad y mérito, y es su deber entero pensar como él debería. Ahora la secuencia de pensamiento debe comenzar con nosotros, y con nuestro Autor así como nuestro final. Así que, ¿en qué piensa el mundo? Nunca sobre tales cosas, pero en cambio sobre el baile, tocar la flauta, cantar, escribir versos, acometiendo en el cuadrilátero, y luchando, y hasta hacerse rey, sin pensar lo que significa ser un rey o ser un hombre (620–146).

84. Puedo imaginar fácilmente a un hombre que no tiene manos, pies, o cabeza. Para sólo la experiencia nos enseña que la cabeza es más necesaria que los pies. Pero no puedo imaginar a un hombre que no tiene pensamiento; él sería una piedra o un animal bruto (111–339).

85. El hombre es una caña pensante. No es del espacio que busco mi dignidad, sino del control de mi mente. Yo no tendría más mentalidad por la mera posesión de más tierra. Por medio del espacio el universo me contiene, y en efecto me traga como una mera mota. Pero es por medio del pensamiento que puedo entender el universo (113–348).

86. Entonces la grandeza del hombre viene de saber que él es desgraciado, ya que un árbol no sabe que es desgraciado. Así es desgraciado saber que uno es desgraciado, pero es un signo de nuestra verdadera grandeza saber que somos desgraciados (114–397).

87. La dignidad de todo el hombre consiste en el pensamiento. ¿Pero cuál es este pensamiento? ¡Qué tonto es! El pensamiento es admirable e incomparable en su misma naturaleza. Sin embargo debe tener defectos extraños para haberse hecho el objeto de desprecio, ya que tiene realmente tales faltas que nada puede ser más ridículo. ¡Qué grande es en su naturaleza, pero que vil es por sus faltas! (756–365).

88. El rasgo más despreciable del hombre es su lujuria por la gloria, y aún es solamente esto lo que más claramente demuestra su grandeza. Porque cualquier posesión que él puede poseer sobre la tierra, o independientemente de salud o placer esencial del que él puede disfrutar, él permanece insatisfecho a menos que disfrute de la buena opinión de sus colegas. Tan alto él ve la razón humana que independientemente del privilegio que puede disfrutar sobre la tierra, a menos que él también disfrute de una posición privilegiada en la valoración humana, nunca será feliz. Este es el punto de vista más fino que él puede tener sobre la tierra, y nada lo desalentará de este deseo. Esta es la cualidad más indeleble en el corazón humano.

Aquellos que más desprecian la humanidad y ponen al hombre en el mismo nivel que los animales, todavía quieren ser admirados por sus amigos y que confíen en ellos. Entonces ellos se contradicen por sus propios sentimientos. Porque su naturaleza —que es más fuerte que cualquier cosa— los convence con más eficacia de la grandeza del hombre, aunque su razón pueda convencerlos de la degradación humana (470–404).

89. Nuestra idea de la grandeza del alma del hombre es tan alta, no podemos llevar ser despreciado y no disfrutar de la estima de un sola alma. Toda la felicidad de los hombres radica en tal estima personal (411–400).

90. [No podemos permitirnos ser completamente escépticos.] Es curioso que no podemos definir las cosas sin hacerlas también obscuras. Entonces seguimos hablando de ellas todo el tiempo. Ya que suponemos que cada uno además piensa en ellas del mismo modo que nosotros. Pero esa es una suposición grande, para la cual no tenemos ningunas pruebas. En efecto, observo que aplicamos estas palabras en un contexto particular, y aún cada vez que dos personas ven el mismo objeto y usan hasta las mismas palabras para expresar lo que ellos han visto, ellos lo verán de manera diferente. Tal conformidad del razonamiento sugiere realmente la universalidad de pensamiento, pero careciendo de la fuerza absoluta de la convicción total, ya que sabemos que las mismas conclusiones pueden ser sacadas de suposiciones diferentes.

Esto es bastante para nublar la cuestión, aunque no elimine completamente la luz natural de la razón que nos da la certeza en tantos asuntos. Los platónicos habrían apostado sobre ello, pero esto oscurece la luz y trastorna a los dogmáticos, en beneficio de aquellos escépticos que prefieren aguantar una ambigüedad sobre la realidad y disfrutar de cierta oscuridad dudosa de la cual nuestras dudas no pueden quitar toda la luz, más que nuestra luz natural puede disipar toda la oscuridad (109–392).

91. El instinto y la razón son dos signos de nuestra naturaleza dual (112–344).

92. Con instinto y razón tenemos una incapacidad de demostrar algo que ninguna cantidad del dogmatismo puede vencer. Con todo, tenemos una idea de verdad que ninguna cantidad de escepticismo puede vencer (406–395).

93. Llegamos a saber la verdad, no solamente con la razón, sino también con el corazón. Es por esto que sabemos los primeros principios, y es en vano que la razón pueda tratar de negarlos. Así que los escépticos que tratan de hacer no nada más, trabajan ineficazmente. Sabemos que no soñamos, pero sin embargo somos incapaces de poder demostrarlo racionalmente, nuestra inhabilidad no hace más que exponer la debilidad de nuestra facultad de razonar, y no la incertidumbre de todo nuestro conocimiento. Para el conocimiento de los primeros principios, como espacio, tiempo, el movimiento, el número, es tan confiable como cualquiera derivado por la razón. Es entonces sobre tal conocimiento, que viene del corazón y el instinto, que la razón tiene que depender y basar todo su argumento. El corazón sabe intuitivamente que hay tres dimensiones en el espacio y que los números son infinitos, y la razón pasa a mostrar que no hay dos números cuadrados, uno de los cuales es el doble del otro. Ya que los principios son conocidos por la intuición, mientras que las proposiciones son deducidas, pero todo con certeza aunque de modos que se diferencian. Y es tanto inútil como ridículo que la razón demande las pruebas del corazón de sus primeros principios a fin de estar de acuerdo con ellos, como sería para el corazón demandar de la razón un conocimiento intuitivo de todas sus proposiciones antes de que las acepte.

Sus limitaciones sólo sirven para humillar a la razón, que le gustaría ser el juez de todo, pero no minar nuestra certeza, como si la razón sola fuera capaz de proveernos con la instrucción. Al contrario, ¡Ojalá que Dios hubiese querido que nunca la necesitáramos y que conociéramos todo por la intuición! Pero este regalo nos ha sido negado por naturaleza. Tanto más que sólo nos ha provisto de muy poco conocimiento de esta clase. Todas las otras formas pueden ser sólo adquiridas por razonamiento.

Y esa es la razón por la que aquellos a quien Dios ha dado la fe por medios de intuición son afortunados. Pero a aquellos que no lo tienen, sólo podemos darlo usando la razón mientras esperamos que Dios se los otorgue por perspicacia, sin la cual la fe es simplemente humana e inútil para la salvación (110–282).

CAPÍTULO

7

CONTRADICCIONES HUMANAS

[El hombre por lo tanto es contradictorio en muchos aspectos]

94. Naturalmente, el hombre es crédulo, pero escéptico; tímido, pero valiente (124–125).

95. El hombre tiene desprecio para su propia vida, morirá por nada, y tendrá el odio de hasta su propia vida (123–157).

96. La verdad es a menudo paradójica. Debemos comenzar con esto, de otra manera no podemos entender nada, y todo entonces es teórico. Aun al final de cada verdad que podemos haber alcanzado, debemos agregar que tenemos en cuenta la verdad opuesta (576–567).

97. Considerar la grandeza y la miseria. Ya que la miseria puede ser deducida de la grandeza y la grandeza de la miseria, algunos han enfatizado la miseria porque la han tomado como prueba de la grandeza. Pero ya que otros han enfatizado la miseria tanto más fuertemente porque la han deducido de la grandeza, todo lo que se ha dicho para demostrar la grandeza ha servido sólo para influir en algunas personas a aceptar la miseria, ya que somos tanto más desgraciados porque hemos caído de un estado alto. Otros lo ven en contraste.

Ambos han estado funcionando en un círculo cerrado. Ya que es seguro que mientras que los hombres tienen perspicacia, ellos encuentran tanto grandeza como miseria en el hombre. En resumen, el hombre sabe que él es desgraciado. Por lo tanto él es desgraciado porque él es así. Pero él es también grande porque está consciente de ello (122–416).

98. Mientras más cultos somos, más descubrimos la grandeza y la miseria en el hombre. Con la carrera ordinaria de los hombres, aquellos que son superiores son los filósofos. Ellos pueden sorprender a la gente ordinaria por su perspicacia. Pero los cristianos son aquellos que sorprenderán a los filósofos, desde que sólo la religión da el conocimiento profundo de algo que reconocemos más claramente por ser más iluminados (613–443).

99. Es peligroso dejar a un hombre reconocer demasiado claramente cuánto él tiene en común con los animales sin ayudarle al mismo tiempo a darse cuenta de su grandeza. Es también imprudente dejarle ver su grandeza demasiado claramente sin darse cuenta también de su bajeza. Es aún más peligroso todavía dejarlo en la ignorancia de las dos. Entonces es ventajoso llamar la atención hacia las dos (121–418).

100. Después de mostrar lo bajo y también lo grande que es el hombre, el hombre es capaz de apreciar su valor verdadero. Déjele amarse porque hay dentro de él una naturaleza capaz de lo que es bueno. Pero no lo deje sobre aquel amor amar también las bajezas que hay dentro de él. Déjele despreciarse porque esta capacidad permanece incumplida. Pero esa no es ninguna razón para despreciar su capacidad natural. Deje que se odie y se ame a sí mismo. Ya que él tiene dentro de él la capacidad para saber la verdad y ser feliz, pero él no tiene también dentro de él ninguna verdad que sea perdurable o satisfactoria.

Me gustaría por lo tanto implantar dentro del hombre el deseo de encontrar la verdad, estar listo a seguirla dondequiera que él pueda encontrarla, pero sin pasión. Pero él tiene que darse cuenta hasta qué grado su conocimiento es nublado por sus emociones. Preferiría que él odiara la lujuria en sí misma, la que automáticamente toma sus decisiones por él, de modo que no lo ciegue cuando él toma su decisión, ni lo dificulta una vez que él ha elegido (119–423).

101. Si él se exalta, lo humillo. Si él se humilla, lo exalto. Y seguiré contradiciéndolo hasta que llegue a entender que él es un ser monstruoso que supera toda la comprensión (130–420).

102. La religión verdadera que enseña sobre la grandeza y miseria del hombre inspira el amor propio así como el auto desprecio, el amor y aún también el odio. [Los filósofos, sin embargo, tienden a tomar partido] (450–494).

103. La naturaleza del hombre puede ser considerada de dos modos. Cuando él es visto, de acuerdo a su objetivo, entonces él es grande e incomparable. O si él es visto como el hombre medio, entonces él se parece a un perro o a un caballo que es juzgado por los demás en cuanto a lo bien que puede correr o rechazar a forasteros. Visto en esta perspectiva, el hombre es abyecto y miserable. Cada una de las dos maneras estimula la diversidad de pensamiento y argumento entre filósofos porque cada perspectiva niega la hipótesis del otro.

Uno dirá: "El hombre no nació para este fin, porque todo lo que hace lo niega." El otro dirá: "Él se queda muy corto de su fin cuando actúa tan despreciablemente." [Así que mientras las dudas no pueden ser resueltas por la razón, con todo, la revelación cristiana afirma tener una respuesta] (127–415).

104. Los argumentos principales de los escépticos —excluyo los menores— son que no podemos estar seguros de estos principios aparte de la fe y la revelación, excepto por alguna intuición natural. Ahora esta intuición natural no nos da ninguna prueba convincente de que son verdaderos. Permanecemos inciertos, aparte de la fe, en cuanto a si el hombre fue creado por un Dios bueno, un demonio malo, o solamente por casualidad. Así que permanecemos inciertos si estos principios innatos son verdaderos, falsos, o inciertos. Porque la respuesta debe depender de nuestro origen.

Además, aparte de la fe, nadie sabe por cierto si él está despierto o dormido, ya que mientras estamos dormidos estamos firmemente convencidos que estamos tan completamente despiertos como estamos ahora. Soñamos que vemos espacio, formas, y movimientos. Sentimos que el tiempo pasa cuando lo medimos. De hecho, nos comportamos exactamente del mismo modo como hacemos cuando estamos despiertos. La mitad de nuestra vida, sobre nuestra propia admisión, la pasamos dormidos en lo cual no tenemos ni idea de la verdad, porque todos nuestros sentimientos son meras ilusiones. En efecto, ¿quién sabe si la otra mitad de la vida, cuando pensamos que estamos despiertos, no es otra forma de sueño que es poco diferente de la primera de la cual despertamos cuando pensamos que estamos dormidos? Quién puede dudar que si soñáramos en la compañía de otros y nuestros sueños resultaran estar de acuerdo, que es bastante común, y entonces si estuviéramos solos cuando despertamos, ¿no debemos pensar que las cosas se han vuelto al revés? Estos son los argumentos de ambos lados. Omito explicar menores, como los argumentos de los escépticos contra impresiones dejadas por hábito, educación, costumbre local, etcétera, que pueden ser eliminados por el soplo más leve del escepticismo. Usted sólo tiene que ver sus libros, si no es suficientemente persuadido más tarde o más temprano.

Diré algo ahora sobre el único punto fuerte de los dogmáticos, que es que cuando hablamos de buena fe y con sinceridad, no podemos dudar de los principios naturales. Los escépticos tienen sólo una objeción a esto. La incertidumbre de nuestros orígenes, incluso la de nuestra naturaleza, significa que los dogmáticos han estado procurando tratar con eso desde que el mundo comenzó. Así hay conflicto constante entre los hombres, en el cual nos obligan a tomar partido, con los dogmáticos o con los escépticos. Alguien que imagina que puede permanecer neutral encontrará que se ha vuelto el escéptico por excelencia. La neutralidad es un rasgo fundamental de su camarilla. Alguien que no está contra ellos es su aliado fuerte, y es allí donde su ventaja aparece. Ellos no son ni siquiera para ellos, ya que permanecen neutrales, indiferentes, suspendiendo el juicio sobre todo, incluso sobre ellos mismos.

¿Qué, entonces, hará el hombre en tal situación? ¿Dudará él de todo? ¿Dudará él si él está despierto cuándo alguien lo pellizca o hasta lo quema? ¿Dudará en efecto de si él duda? ¿Dudará de si él existe? Es imposible seguir adelante de ese modo, y entonces mantengo que un escéptico absoluto nunca ha existido. Ya que la naturaleza sostiene la razón indefensa y le impide salirse tan desordenadamente del centro.

Al contrario, ¿declarará él que posee la verdad, cuando en la presión más leve falla en demostrar su afirmación y es obligado a someterse? ¡Qué tipo de monstruo es el hombre! ¡Qué novedad es él, qué absurdo, cuán caótico y qué masa de contradicciones, y sin embargo, qué gran prodigio! Él es el juez de todas las cosas, y sin embargo sigue siendo un gusano débil. Él es un depósito de verdad, pero aún se hunde en tal duda y error. ¡Él es la gloria y la espuma del universo!

¿Quién desenmarañará tal enredo? Está seguramente más allá de los poderes del dogmatismo y el escepticismo hacerlo así, en efecto más allá de toda la filosofía humana. Porque el hombre supera al hombre. Déjenos por lo tanto conceder a los escépticos lo que ellos proclamaban tan a menudo, que la verdad yace dentro de nuestra comprensión, y aún no es nuestra presa. No habita en la tierra, pero tiene su casa en el cielo. Radica en el pecho de Dios, y entonces sólo se puede conocer en tanto que a él le complace revelarla. Así que permítanos aprender sobre nuestra naturaleza verdadera de la verdad increada y encarnada.

Si buscamos la verdad por la razón, no evitaremos a una de estas tres posiciones. Usted no puede ser un escéptico o un platónico sin suprimir la naturaleza. Usted no puede ser un dogmático sin darle la espalda a la razón. Pero la naturaleza confunde a los escépticos y a los platónicos, mientras la razón confunde a los dogmáticos. ¿Qué entonces pasará con usted que procura descubrir su naturaleza verdadera por su propia razón natural? Usted no puede evitar una de estas tres posiciones, y aún sobrevivir en cualquiera de ellas.

Entonces conozca, hombre orgulloso, qué paradoja es usted para usted mismo. ¡Sé humilde, razón impotente! ¡Guarda silencio, naturaleza débil! Aprenda de su maestro su condición verdadera, que usted no sabe. En efecto, ¡escuche a Dios! Ya que en la última instancia, si el hombre nunca hubiera sido corrompido, en su inocencia él habría estado seguro en su disfrute tanto de la verdad como de la felicidad. Si el hombre siempre hubiera sido corrupto, él no tuviera ninguna idea de la verdad o de la bendición. Pero las miserias infelices que somos, y lo más si no hubiera ningún elemento de grandeza en nosotros, tenemos una visión de felicidad que somos incapaces de alcanzar. Somos conscientes de la realidad de la verdad, y en cambio poseemos sólo la sombra. De igual manera somos incapaces de la ignorancia completa o del conocimiento seguro, y así es obvio que una vez poseímos un grado alto de grandeza, pero lamentablemente hemos caído de ella. Además, es una cosa asombrosa que el misterio más remoto de nuestro entendimiento, el misterio de la transmisión del pecado, es algo sin el cual no podemos tener conocimiento sobre nosotros.

Porque indudablemente no hay nada que sobresalta más nuestra razón que decir que el pecado del primer hombre era la causa de la culpa de aquellos que están ahora tan lejos del pecado original que parecen incapaces de compartirlo. Esta transmisión del pecado nos parece no solamente imposible, sino también muy injusta. ¿Porque qué podría ser más contrario de las reglas de nuestro lamentable punto de vista de la justicia que la condenación eterna de un niño que es incapaz de la voluntad para pecar, y estar implicado en un acto en el cual él parece haber tenido tan poca parte, como en efecto fue cometido miles de años antes de que él existiera? Seguramente nada nos sacude más bruscamente que esta doctrina, y aún sin este misterio —que es lo más incomprensible de todo— seguimos siendo un misterio para nosotros. El nudo enredado de nuestra propia condición fue torcido y dio vuelta en aquel abismo. Así es más difícil para un hombre concebirse él mismo sin este misterio que lo que es vivir sin la conciencia de ello.

Esto muestra que Dios, en su deseo de hacer las dificultades de nuestra existencia ininteligibles para nosotros, escondió el nudo tan alto, o quizás deberíamos decir tan abajo, que somos incapaces de alcanzarlo. Por consiguiente, no es por la acción orgullosa de nuestra razón, sino por su sumisión humilde que realmente podemos conocernos. Tales fundamentos firmemente establecidos sobre la autoridad inviolable de la religión verdadera nos permiten entender que hay dos verdades fundamentales de la fe. Una es que el hombre en el estado de su creación original, o en el estado de la gracia, es exaltado encima de toda la naturaleza, hecho como Dios, y compartiendo en su divinidad. La otra es que en su estado caído y de pecado, el hombre ha perdido este primer estado y se ha vuelto como los animales. Estas dos proposiciones son igualmente sanas como seguras.

La Escritura claramente afirma esto cuando declara en varios sitios: "en el género humano me deleitaba" (Proverbios 8:31); "derramaré mi espíritu sobre toda carne" (Joel 2:28); "ustedes son dioses" (Salmo 82:6), diciendo en otros sitios: "toda carne es como hierba" (Isaías 40:6); "no perduran los mortales; al igual que las bestias, perecen" (Salmo 49:12); "pensé también con respecto a los hombres" (Eclesiastés 3:18).

De esto parece bastante claro que es por la gracia que el hombre es hecho a la imagen de Dios y participa de su semejanza, mientras sin la gracia él se parece a las bestias del campo (131–434).

CAPÍTULO

8

DISTRACCIONES HUMANAS

105. Soy consciente que yo podría nunca haber existido, porque mi yo consiste en mi pensamiento. Mi yo por lo tanto, que piensa, nunca hubiese sido si mi madre hubiera sido asesinada antes de que yo cobrara vida. Así que no soy un ser necesario. No soy eterno o infinito. Pero veo que hay en la naturaleza un Ser necesario, que es eterno e infinito (135–469).

106. A pesar de todas estas miserias el hombre quiere ser feliz, y sólo ser feliz, y no puede menos de querer ser feliz. ¿Pero cómo puede él ir sobre esto? Sería mejor si él pudiera hacerse inmortal, pero ya que él no puede hacer esto, él ha decidido dejar de pensar en ello (134–168).

107. Al ser incapaces de curar la muerte, la miseria, e ignorancia, los hombres han decidido que a fin de ser felices, ellos deben reprimir el pensamiento sobre tales cosas (133–169).

108. Si el hombre fuera realmente feliz sería en el inconsciente donde su mayor felicidad residiría, como los santos y Dios. Sí, ¿pero un hombre no es feliz que puede encontrar deleite en el entretenimiento que lo divierte? No, porque ellos vienen de otro lugar, y de forasteros. Esto significa que el hombre es dependiente y siempre obligado a ser expuesto a mil y un accidentes que inevitablemente le causarán angustia (132–170).

109. A veces, cuando comienzo a pensar en varias de las actividades de los hombres, los peligros y problemas que ellos enfrentan en el tribunal, o en tiempo de guerra —las cuales son la fuente de tantas peleas y violencia, aventuras salvajes y a menudo malas también— a menudo he sentido que la sola causa de la infelicidad del hombre es que él no sabe cómo estar tranquilamente en su propio cuarto. Porque un hombre que es bastante rico para todas las necesidades de la vida nunca se preocuparía en marcharse de casa para ir al mar, o sitiar alguna fortaleza, si él pudiera decidir quedarse en casa y disfrutar de su ocio allí. Los hombres nunca gastarían tanto para una comisión de ejército si ellos pudieran permitirse vivir en la ciudad toda su vida. Ellos sólo se vuelven para mirar alrededor buscando personas con quienes hablar, o competir contra ellos en el juego de azar, porque no tienen ningún placer al quedarse en casa.

Pero cuando pensé en ello más profundamente, cuando yo había llegado a una explicación de todas nuestras desgracias, y procuré descubrir la razón por qué, me encontré con una razón muy fuerte. Es que la desgracia natural de nuestra mortalidad y debilidad es tan miserable que nada puede consolarnos cuando realmente pensamos en ello.

Entonces imagine cualquier situación que le guste, y luego deténgase en todas las cosas buenas de las que es posible disfrutar, y seguramente la realeza sigue siendo la cosa más fina en el mundo. Aún si usted puede imaginar a tal hombre que ocupa todas estas cosas, pero se le deja sin alguna diversión de modo que él tuviera que pensar en él y su condición, entonces usted encontrará que la satisfacción tibia que él saca de todo ello simplemente no es bastante para evitar que vaya. En cambio, lo obligarán a pensar en las circunstancias que amenazan su oficio, las rebeliones que pueden ocurrir, y la muerte y enfermedad, que son inevitables. Por lo tanto él es infeliz, privado de su diversión supuesta, y tanto más infeliz que hasta los más humildes de sus súbditos quienes al menos pueden disfrutar de deportes y aficiones.

La única cosa buena para el hombre, por lo tanto, es ser divertido de modo que él deje de pensar en sus circunstancias. El negocio guardará su mente de ello. Quizás habrá alguna búsqueda nueva y agradable que lo mantenga ocupado, como juego de azar, cacería, o algún espectáculo. En resumen será lo que llaman distracción.

Por eso el juego y la sociedad femenina, la guerra y la posición alta, son todos tan populares. No es que ellos realmente traigan la felicidad, o que alguien imagine que la felicidad verdadera viene del dinero que se gana en las mesas o las liebres que cazan. Nadie aceptaría tal presente. Lo que la gente quiere no es una vida suave y fácil, que nos deja con tiempo en nuestras manos para pensar sobre nuestra parte infeliz, o preocuparse de los peligros de guerra, o de las cargas de un oficio alto.

En la actividad tenemos un narcótico que nos impide pensar y ocupar nuestras mentes en estas cosas. Por eso preferimos la caza a la matanza. Por eso los hombres son tan aficionados al ruido y al ajetreo. Por eso la prisión puede ser un castigo tan terrible. Por eso los placeres de la soledad son considerados incomprensibles. Por eso lo mejor para un rey consiste en que la gente gaste su tiempo tratando de entretenerlo y proporcionarle una ronda interminable de placer para él. Porque un rey es rodeado por la gente cuya sola preocupación es mantener al rey divertido e impedirle que piense en él. Porque aunque él sea un rey, él es infeliz el momento en que comienza a pensar sobre él.

Por eso los hombres han tratado de pensar en modos de hacerse felices. Aquellos que filosofan sobre ello mantienen que la gente es irrazonable al gastar todo el día persiguiendo una liebre que ellos nunca comprarían. Pero eso tiene poco de entendimiento de nuestra naturaleza. Ya que no es la liebre la que nos salva de pensar en la muerte y las miserias que nos hacen tan consternados. La caza hace esto. El consejo dado a Pirro a esforzarse para meditar relajadamente, él encontró demasiado difícil hacerlo.

Decirle a un hombre que descanse es lo mismo que decirle que viva felizmente. Significa aconsejarlo a disfrutar de un estado en el cual él es completamente feliz y que él puede meditar en el ocio sin encontrar algo que lo angustiará. Aquellos que dan esta clase de consejo no entienden la naturaleza humana.

Por lo tanto, aquellos que están naturalmente conscientes de lo que ellos evitan, evitan el descanso como la plaga. Ellos harían cualquier cosa para mantenerse ocupados, Es un error culparlos. Ya que no está que ellos quieran el entusiasmo si sólo lo quieren para distraerse. El problema es que ellos lo quieren sobre el entendimiento de que una vez que ellos obtienen las cosas materiales que buscan, ellos no dejarían de ser realmente felices. Es en cuanto a esto que podemos acusarlos de inutilidad. Esto sólo va a mostrar que tanto los críticos como aquellos criticados en realidad no entienden la naturaleza verdadera del hombre.

Si, sin embargo, cuando los hombres son criticados por perseguir con tanta avidez lo que nunca puede satisfacerlos, su respuesta verdadera debería ser que ellos simplemente quieren la acción violenta, empecinada que tomará sus mentes de ellos, y por eso ellos eligen un objeto encantador y atractivo que se los atraerá con entusiasmo. A este comentario sus adversarios no tienen ninguna respuesta. No les ocurre que es sólo la búsqueda y no la matanza lo que realmente procuran. ¿Qué entonces de la vanidad, el placer de jactancia, o de avanzar? Con éste, debemos pensar donde usted pone sus pies. El señor campesino creerá sinceramente que la caza es un gran y real deporte, pero esta no es la opinión de sus cazadores. Ellos imaginan que si han asegurado una cierta cita ellos disfrutarían descansando después. Pero ellos no se dan cuenta de la naturaleza insaciable de la codicia. Ellos sinceramente piensan que quieren descanso cuando todo lo que realmente quieren es la actividad.

Ellos tienen un instinto secreto que los lleva a buscar la distracción y la ocupación externa, y este es el resultado de su sentido constante de la miseria. Ellos tienen otro instinto, que viene de la grandeza de nuestra naturaleza original. Les dice que la única felicidad verdadera se encuentra en el descanso y no en la emoción. Estos dos instintos contradictorios dan ocasión a la confusión en las profundidades de su alma, llevándolos a buscar descanso por medio de la actividad. Entonces ellos siempre imaginan que la satisfacción que les falta les vendrá una vez que hayan vencido ciertas dificultades obvias. Esto abrirá entonces la puerta para dar la bienvenida al descanso.

Esta es la forma en que el conjunto de nuestra vida se desliza. Buscamos el reposo luchando contra ciertos obstáculos, y una vez que son vencidos encontramos que el descanso es insoportable debido al aburrimiento que genera. Tenemos que escaparnos de todo ello, y entonces vamos mendigando nueva emoción. No podemos imaginar una condición que es agradable sin diversión y ruido. Suponemos que cada condición es agradable en que podemos disfrutar de alguna clase de distracción. ¡Pero piense qué tipo de felicidad es esa que consiste simplemente en ser distraído de pensar en nosotros!

Pensaremos o en el presente o en miserias amenazadas, y aun si nos encontráramos suficientemente protegidos, el aburrimiento por su propia voluntad surgiría de las profundidades de nuestros corazones, donde tiene sus raíces naturales, y luego llenará la mente de su veneno.

Así el hombre es tan infeliz que por la misma naturaleza de su temperamento él estaría aburrido aun si él no tuviera ninguna causa para el aburrimiento. Él es tan vano que, aunque él tenía mil y una buenas razones para estar aburrido, la cosa más leve, como un juego de billar o golpear una pelota, es suficiente para separar su mente de ellos.

"Pero," usted dirá, "cuál es el objeto de todo ello", solamente que mañana él pueda alardear a sus amigos que él ha jugado mejor que alguien más. Otra gente se sentará sudando en sus estudios para convencer a eruditos que ellos no han solucionado el problema de álgebra que nadie antes de ellos había sido capaz de solucionar. Muchos otros se expondrán a gran peligro a fin de ser capaces de jactarse más tarde de alguna posición que ellos capturaron, y que en mi opinión es simplemente estúpido.

Finalmente, otros se desgastarán estudiando minuciosamente tales temas, no a fin de hacerse más sabios, pero simplemente mostrar lo que saben. Estos son los más tontos de todos, ya que son inconscientes de su propia insensatez; podemos suponer que los demás dejarían de hacerse los necios si se dieran cuenta de su locura.

Así pasa la vida sin estar aburrido porque él apuesta un poco cada día. Déle cada mañana el dinero que él podría ganar ese día, pero a condición de que no juegue, y usted lo hará bastante infeliz. Se podría decir que él sólo se preocupa por la diversión del juego de azar y no de sus ganancias. Pero hágalo jugar entonces por nada; su interés no será estimulado, él se aburrirá, entonces no es solamente el entretenimiento lo que él quiere. En efecto, un entretenimiento poco entusiasta sin algo de emoción lo aburrirá. Él debe estar emocionado, él debe engañarse con el pensamiento de que sería feliz ganar lo que no querría como un regalo si esto significara dejar el juego de azar. Él debe crear algún objetivo para sus pasiones y luego despertar su deseo, ira, miedo, para este objeto que él ha construido, como niños que tienen miedo de una cara que ellos mismos habían ennegrecido

¿Cómo es que un hombre que puede haber perdido a su único hijo hace unos meses, y que es abrumado por pleitos y otras disputas, no está preocupado por ellos esta mañana y no les dedica más un pensamiento? No se sorprenda; él está completamente absorto en tratar de decidir por qué camino el juego vendrá que sus perros de caza han estado persiguiendo con tanto ahínco durante las seis horas pasadas. Es todo lo que él necesita. No importa lo miserable que sea, si él puede ser persuadido a tomar alguna diversión, él será feliz mientras que esto dura. Y no importa lo feliz que un hombre pueda ser, si él carece de distracción y no tiene ninguna pasión que lo absorba o un pasatiempo para mantener el aburrimiento lejos, él estará pronto deprimido e infeliz. Sin la distracción, no hay ninguna alegría; con distracciones no hay ninguna tristeza. Es esto lo que crea la felicidad de la gente de alta categoría, porque ellos tienen varia gente para distraerlos y tener la capacidad de mantenerse entretenidos.

No se equivoque con esta conclusión. Porque, ¿qué buscan los inspectores de impuestos, cancilleres, o los presidentes del tribunal, sino disfrutar de una posición en la cual mucha gente venga a ellos cada día de todas partes, y no los deja en paz durante una sola hora día para darles tiempo para pensar sobre ellos? Cuando ellos están en la desgracia y se destierran a sus casas de campo, donde ellos tienen mucho dinero y criados al servicio de su necesidad, ellos pronto se vuelven solitarios y miserables, porque no hay nadie a mano que les impida pensar en ellos (136–139).

110. La distracción es la única cosa que nos consuela por nuestras miserias. Sin embargo es la mayor de nuestras miserias. Por encima de todo, es lo que nos impide pensar en nosotros y así nos conduce imperceptiblemente a la destrucción. Pero para esto deberíamos estar aburridos, y el aburrimiento nos llevaría a buscar algunos medios más confiables de escape, pero la distracción pasa nuestro tiempo y nos trae imperceptiblemente a nuestra muerte (414–171).

CAPÍTULO
9

LA BÚSQUEDA DE LOS FILÓSOFOS DE LA FELICIDAD

111. [Comencemos con los estoicos.] En la búsqueda del verdadero bien, el hombre ordinario en la calle supone que su bien consiste en el dinero u otras formas de riqueza, o al menos disfrutar de la distracción. Pero los filósofos han mostrado lo vano que todo esto es, y lo han definido lo mejor que han podido (626–462).

112. (Al hablar de filósofos que como deístas tienen a Dios sin Cristo.) Tal para creer que Dios solo es digno de ser amado y admirado, y ellos mismos han deseado ser amados y admirados por los hombres. Pero ellos no se dan cuenta de su propia corrupción. Si sus corazones estuvieran llenos de un deseo de amar y adorar a Dios y encontrar que su principio se deleita con Él, les deja sentirse contento con ellos. Pero si ellos encuentran que es repugnante, si su única inclinación es ganar la estima de la gente, si su idea de la perfección es hacer simplemente pensar a los hombres que la verdadera felicidad se encuentra en agradarlos, entonces declaro que esta forma perfección es horrorosa. Por qué, ellos han venido para conocer a Dios, y su único deseo ha sido, no que los hombres deberían amarlo, ¡pero que ellos deberían pararse en seco en ellos! Ellos han querido ser el objeto de la felicidad que los hombres buscan (142–463).

113. ¡Lo que los estoicos proponen es tan difícil y tan vano! Los estoicos afirman que todos aquellos que no alcanzan el grado más alto de sabiduría son tan tontos y viciosos como aquellos que están de pie en cinco centímetros de agua (144–360).

114. Estos grandes acróbatas mentales en los cuales el alma de vez en cuando ilumina no son cosas sobre las cuales se puede morar. Sólo brinca allí por un momento, y no se sienta siempre sobre el trono (829–351).

115. ¡Es bueno gritar a un hombre que ni siquiera sabe que él debiera hacer su propio camino a Dios! Y es bueno decir a un hombre que no se conoce él mismo (141–509).

116. Estamos llenos de cosas que nos sacan de nosotros. Nuestro instinto nos hace sentir que debemos buscar nuestra felicidad fuera de nosotros. Nuestras inclinaciones nos llevan hasta en ausencia de cualquier estímulo deliberado a estimularlos. Entonces los objetos externos son una tentación para nosotros, y nos seducen aun cuando no pensamos en ellos. Los filósofos gastan su tiempo cuando dicen: "Vuelvan en ustedes; allí encontrarán la vida buena." Ya que no les creemos. Y aquellos que les creen realmente son los más vacíos y tímidos de todos (143–464).

117. Incluso si Epicteto había visto el camino claramente, él sólo podría decir a los hombres: "Usted está sobre el sendero equivocado." Él muestra que hay otro, pero él no nos conduce allí. Porque el camino derecho es conocer la voluntad de Dios. Sólo Cristo nos conduce a él, "el Camino, la Verdad" (Juan 14:6). Tres formas de lujuria han creado tres juegos, y todo lo que los filósofos han hecho es seguir una de estas tres clases de lujuria (145–461).

118. [Estoicos y epicúreos, cada único da la mitad del cuadro.] los estoicos dicen: "Vuelvan en ustedes; porque es allí donde usted encontrará la paz." Esto no es solamente verdadero. Los demás dicen: "Salgan de ustedes; busque la felicidad en alguna distracción." Y eso tampoco es verdadero. Somos una presa a la enfermedad. La felicidad no está, ni fuera, ni dentro de nosotros. Está en Dios, tanto fuera como dentro de nosotros (407–465).

119. Este dilema de la razón contra las pasiones ha hecho que aquellos que quieren la paz mental se dividan en dos grupos. Unos quieren renunciar a las pasiones y hacerse dioses, mientras los demás quieren renunciar a la razón y hacerse bestias brutas [como Des Barreaux, 1602–1673, un libertino infame]. Pero ningún lado ha tenido éxito, y la razón siempre sigue renunciando a la bajeza y la injusticia de las pasiones. Entonces esto molesta la paz de aquellos que se rinden a ellas. Ya que las pasiones están siempre vivas en aquellos que quieren renunciar a ellas (410–413).

120. El hombre no es ni ángel, ni bestia, y es lamentablemente el caso que alguien intentando actuar como un ángel termina como una bestia (678–358).

121. Tanto más peligroso es su error porque cada uno sigue su propia verdad. Su error no está simplemente en seguir la falsedad, pero en dejar de seguir la otra verdad (443–863).

122. Si el hombre no fuera hecho para Dios, ¿por qué entonces sólo es feliz con Dios? Si el hombre fue hecho para Dios, ¿por qué está tan opuesto a Dios? [399–438).

123. Los filósofos no han prescrito sentimientos proporcionales a las dos condiciones del hombre. Ellos han inspirado estímulos de grandeza, pero esta no es la condición del hombre. Ellos han inspirado estímulos de humillación, y esta no es la condición del hombre. La humildad debe ser apuntada no naturalmente, pero por la penitencia, no como un estado durable, sino como una etapa hacia la grandeza. Debe haber estímulos de la grandeza, que es provocada no por el mérito, sino por la gracia, y que después de que la etapa de humillación ha sido pasada (398–525).

124. Ninguna otra [religión] se ha percatado que el hombre es la parte más exaltada de las criaturas. Unos, que han reconocido totalmente como es la verdadera grandeza del hombre, todavía tienen puntos de vista pesimistas que son naturales al hombre debido a su ingratitud y carencia de valor. Otros han estado bien conscientes de lo verdadera que es la indignidad del hombre, y así han tratado el sentido de su grandeza con burla, que es también natural que el hombre haga. Pero unos dicen, "Levante sus ojos a Dios. Considere a Él a quien usted se parece, y quien lo ha hecho de modo que usted pueda adorarlo. Usted puede ser hecho como Él. La sabiduría hará esto si usted decide seguirlo." "Levanten sus cabezas, Oh hombres libres," dice Epicteto. Otros dicen al hombre: "Mire abajo, gusano miserable que usted es, y vea a los animales que son sus verdaderos compañeros." ¿Qué pasará con el hombre? ¿Será él como Dios o se parecerá él a las bestias del campo? ¡Qué separación tan espantosa hay entre los dos! ¿En qué nos convertiremos entonces? ¿Quién no se percata que el hombre ha vagado extraviado, que él ha caído de su lugar legítimo, y que él busca su camino de regreso con inquietud, y que aún él no puede encontrarlo? ¿Quién le mostrará el camino? Los hombres más grandes han fallado en hacerlo (430–431).

125. El hombre no reconoce el lugar que él debería llenar. Él se ha perdido obviamente. Él ha caído del estado verdadero, y no puede encontrarlo otra vez. Entonces él busca en todas partes con inquietud, pero en vano, en medio de la mayor oscuridad (400–427).v

CAPÍTULO
10

LA BÚSQUEDA DEL BIEN SOBERANO

126. En el debate de los filósofos sobre el bien soberano del hombre, Séneca dice: "Puede usted estar contento con usted y las cosas buenas que son innatas en usted" (*Ep.*, 20.8). Pero hay contradicción en su consejo, porque ellos finalmente aconsejan el suicidio. ¡Qué irónico pensar que feliz es la vida que tiramos, como deshacernos de lo que molesta! (147–361).

127. Para los filósofos hay aproximadamente 280 clases diferentes del bien soberano (479–746).

128. Es obvio que el bien soberano es algo que deberíamos buscar más seriamente, pero cuando nos volvemos a aquellos que tienen las mentes más poderosas y penetrantes, encontramos que ellos no están de acuerdo. Uno dice que el bien soberano consiste en la virtud, el otro en el placer sensual, y otro en seguir la naturaleza, otro en verdad. "Feliz es el hombre que puede conocer los motivos de las cosas" (Virgilio, *Georgics*, 2.490). Otro argumenta que radica en la ignorancia completa, otro en la pereza, otros sugieren que debiéramos oponernos a apariencias, otro discute que nunca debiéramos sentirnos sorprendidos. "No ser sorprendido por nada es casi el único modo de encontrar felicidad y mantenerla" (Horacio, *Ep.*, 1.6.1). Los escépticos en su largo estudio lleno de incertidumbre no arriban a ninguna conclusión. Otros aún más sabios dicen que no puede ser encontrada, ni siquiera deseándolo. ¡Entonces esa es una buena respuesta!

Si preguntamos si esta filosofía fina ha llegado a alguna conclusión significativa después de los esfuerzos de todos los filósofos, quizás una conclusión es que el alma llegará a conocerse. Así que escuchemos lo que los maestros predominantes del mundo piensan sobre el tema. ¿Han sido más afortunados ellos en encontrarlo? ¿Qué han descubierto ellos sobre el origen del alma, su duración, y su destino? ¿Es el alma un tema demasiado grande para sus perspicacias débiles? El hecho es que ellos no han llegado aún a ninguna conclusión significativa. Si la razón es razonable, entonces será bastante razonable para confesar que no ha logrado descubrir algo significativo. Pero lejos de desesperarse por ser incapaz de hacerlo, ella es tan penetrante como siempre para continuar buscando, confiada en que ella tiene el poder necesario para esta conquista final. Es sólo examinando el efecto de los poderes que la razón tiene que seremos capaces de arribar a una conclusión si realmente tiene el entendimiento para ser capaz de alcanzar la verdad (76–73).

129. [La búsqueda es infructuosa.] Porque deseamos la verdad y nos encontramos con nada más que incertidumbre. Buscamos la felicidad y encontramos sólo la miseria y la muerte. Somos incapaces de abstenernos del deseo de la verdad y la felicidad. Y somos incapaces de tener certeza o felicidad. Hemos sido castigados teniendo este deseo, para que nos demos cuenta a que distancia hemos caído (401–407).

130. Con todo, está bien estar cansado y frustrado con la búsqueda infructuosa de lo bueno, de modo que uno pueda extender la mano al Redentor (631–422).

131. El hombre sin fe no puede saber ni la realidad de lo bueno o de la justicia. Todos buscan la felicidad sin excepción. Aunque ellos usen medios diferentes, todos ellos se esfuerzan hacia este objetivo. Por eso unos van a la guerra y algunos hacen otras cosas. Entonces este es el motivo para cada hecho del hombre, incluso aquellos que se cuelgan.

Aún muchos años nadie sin fe ha alcanzado alguna vez el objetivo al cual todos se esfuerzan continuamente. Todos se quejan —príncipes, súbditos, nobles, plebeyos, viejos, jóvenes, fuertes, débiles, cultos, ignorantes, sanos, enfermos en todas las naciones— todo el tiempo en todos los años y en todas las circunstancias.

Seguramente un examen como este que ha continuado sin pausa o cambio durante mucho tiempo realmente debería convencernos que somos realmente bastante incapaces de alcanzar el bien por nuestros propios esfuerzos. Pero el ejemplo nos enseña poco. No hay dos que sean exactamente lo mismo, y es lo que nos hace esperar que nuestros esfuerzos no sean decepcionados esta vez como lo fueron en ocasiones anteriores. Mientras el presente nunca nos satisface, la experiencia nos engaña y nos conducirá de una desgracia a otra hasta que la muerte venga como el final último y eterno.

¿Pero qué indican toda esta agitación e impotencia, salvo que el hombre estuvo una vez en la felicidad verdadera, que lo ha abandonado ahora? Por eso él en vano busca, pero no encuentra nada que lo ayude, aparte de ver un abismo infinito que puede ser sólo lleno por Uno quién es infinito e inmutable. En otras palabras, sólo puede ser lleno por Dios mismo.

Porque Dios solo es el verdadero bien del hombre, y ya que el hombre lo ha rechazado es extraño que nada se haya encontrado en toda la creación que pueda tomar su lugar. Las estrellas, el cielo, el mundo, los elementos, plantas, coles, puerros, animales, insectos, terneros, serpientes, fiebre, enfermedad, guerra, hambre, vicio, adulterio, incesto. Ya que él perdió su bien verdadero, el hombre es capaz de verlo en cualquier objeto, hasta para su propia destrucción, aunque sea tan diferente de lo que Dios ordenó para él.

Unos buscan su bien en la autoridad, unos en la erudición y el conocimiento, unos en el placer. Otros que han llegado más cerca han encontrado imposible que este bien universal, deseado por todos los hombres, debería ser atado a cualquier objeto que puede ser poseído por un individuo. En cambio a menudo causa a sus poseedores más pena que placer. Ellos se han dado cuenta que el verdadero bien es algo para ser poseído por todos sin pérdida o envidia, y que nadie debería ser capaz de perderlo contra su voluntad. Ellos razonan que este deseo es natural al hombre, ya que toda la humanidad inevitablemente lo desea y no puede estar sin ello (148–428).

PARTE
2

LA INICIATIVA HUMANA DEL RAZONAMIENTO

CAPÍTULO

II

INTRODUCCIÓN: SOBRE LA NATURALEZA CONTRADICTORIA DEL HOMBRE

[Probablemente notas de una conferencia dada en Port-Royal]

132. La grandeza y la miseria del hombre son tan evidentes. La religión verdadera debe enseñarnos que hay en el hombre algún principio fundamental de su grandeza, así como algún principio grande, profundamente arraigado de su miseria. Porque la religión verdadera para buscar realmente nuestra naturaleza en las profundidades, debe explicar tales extraordinarias contradicciones. Para asegurar al hombre la alegría, debe mostrarle que Dios existe a quien estamos obligados a amar. Debe demostrar que nuestra felicidad verdadera debe ser encontrada en Él, y que nuestra fuente fundamental de miseria es ser cortados de Él. Esto debe explicar también la gran oscuridad que nos impide conocerlo y amarlo, y así muestra que cuando dejamos de amar a Dios a causa de la lujuria, estamos llenos de injusticia. Debe explicar los motivos de nuestra oposición a Dios que es contraria a nuestro propio bienestar. Debe mostrarnos la cura para nuestra impotencia y los medios de obtener esta cura. De modo que miremos y examinemos todas las religiones del mundo sobre esta cuestión, y ver si cualquier otra aparte de la fe cristiana puede satisfacer estas condiciones.

¿Lo encontraremos en los filósofos, que no nos ofrecen nada más para nuestro bien excepto aquellas formas de bien que yacen dentro de nosotros? ¿Han encontrado ellos la cura para nuestros males? ¿Es la cura la presunción de un hombre que se coloca al mismo nivel que Dios? ¿Aquellos que nos reducirían al nivel de animales, o los musulmanes que nos ofrecen los placeres del mundo como nuestro único bien, hasta en la eternidad, han encontrado una cura para nuestros apetitos sensuales? ¿Qué religión nos enseñará cómo tratar y curar nuestro orgullo y lujuria? En resumen ¿qué religión nos enseñará nuestro verdadero bien, nuestros deberes, las debilidades que nos desvían de ellos, la causa de aquellas debilidades, los remedios que pueden curarlos, y los medios de obtener tal tratamiento? Todas las otras religiones han fallado al tratar de hacerlo. Así que veamos lo que la sabiduría de Dios hará.

Como la sabiduría dice: "No esperen, oh hombres, verdad o consuelo de los hombres. Ya que soy yo quien los ha hecho, y solo yo puedo decirles quiénes son. Pero ustedes no están más ahora en el estado en el cual los creé. Ya que creé al hombre para que fuera santo, inocente, y perfecto. Lo llené de la luz de la inteligencia. Le mostré mi gloria y mis maravillas. El ojo del hombre entonces vio a la majestad de Dios. Él no fue entonces rodeado por la oscuridad que ahora lo ciega, tampoco él era la víctima de mortalidad y miseria que ahora lo aflige.

"Pero él no era capaz de soportar tanta gloria sin caer en la presunción. Él quiso ser su propio centro y ser independiente de mi ayuda. Entonces él se retiró de mi reino; y cuando él supuso ser mi igual, deseando encontrar su felicidad sólo en él, lo abandoné a sus propios dispositivos. Apelando a las criaturas que habían sido colocadas debajo de él para que se rebelaran contra él, los convertí en sus enemigos. Así que hoy el hombre se ha vuelto como las bestias, y él se ha alejado tanto de mí que apenas retiene una imagen confusa de su Creador. ¡Tal es el grado al cual su conocimiento verdadero ha sido extinguido o atenuado! Sus sentidos, que son independientes de la razón y a menudo sus maestros, lo han arrebatado en la búsqueda de placer.

"Todas las criaturas son ahora una fuente de tentación o aflicción para él. Como sus tiranos, ellos lo reducen por la fuerza o lo seducen por la suavidad, que es de hecho una forma mucho más terrible y destructiva de esclavitud.

"Es el estado de la humanidad hoy. Él retiene un deseo débil de la bendición, que es la herencia de su primera naturaleza. Pero él es sumergido en las miserias de su ceguera y lujuria, que se ha vuelto su segunda naturaleza."

De este principio que le explico, usted puede reconocer la causa de tantas contradicciones que han confundido a la humanidad tan profundamente, y que ha partido sus explicaciones en tantas escuelas diferentes de pensamiento. Observe ahora todos los impulsos de la grandeza y de la gloria, que la experiencia de tantas miserias no puede sofocar, y ver si ellos no son causados por otra naturaleza.

"Oh humanidad, es en vano que busquen dentro de ustedes la cura para sus propias miserias. Toda su perspicacia sólo les conduce al conocimiento que no está en ustedes el descubrir la verdad o la bondad. Los filósofos hicieron estas promesas, pero no han podido cumplirlas. Ya que ellos no saben cuál es su bien verdadero, ni cuál es su estado verdadero. ¿Cómo podrían ellos proporcionar curas para males que no reconocieron o diagnosticaron? Ya que sus enfermedades principales son el orgullo, que los separa de Dios; la sensualidad, que lo mantiene apegado a las cosas terrenales; y todo lo que ellos han hecho es mantener al menos una de estas enfermedades fomentada. Si ellos le han dado a Dios para su objeto, es sólo para consentir a su orgullo. Ellos le han hecho pensar que usted es como Él y se parece a Dios en su naturaleza. Y aquellos que vieron la vanidad de tal pretensión le han arrojado a ese otro abismo, haciéndole creer que su naturaleza se parece a la de las bestias del campo, y le ha conducido a buscar su bien en la lujuria, que es la parte de los animales.

"Este no es el modo de curarle de su injusticia, que los sabios han dejado de reconocer. Sólo puedo hacerle entender quién es usted. No exijo de usted credulidad."

Adán, Jesucristo.

Si usted es uno con Dios, es sólo por la gracia y no por la naturaleza. Si usted ha sido humillado, es por la penitencia y no por la naturaleza. De ahí esta capacidad dual. Usted no está en el estado en el cual fue creado. Ya que estas dos condiciones han sido reveladas una vez, es imposible que usted no las reconozca.

Siga sus impulsos. Véase usted mismo y vea si no encuentra las características vivas de estas dos naturalezas dentro de usted. ¿Deben tantas contradicciones ser encontradas en un sujeto simple? ¿Incomprensible? Todo lo que es incomprensible sin embargo sigue existiendo. El número infinito, y el espacio infinito igualan lo finito.

"Es increíble que Dios debiera unirse a nosotros."

Esta opinión se saca simplemente al darnos cuenta de nuestra propia naturaleza baja. Pero si usted la cree sinceramente, sígala tan lejos como yo, y dése cuenta que somos de hecho tan viles que somos incapaces de descubrir por nosotros si la misericordia de Dios puede no hacernos capaces de conocerlo. ¡Ya que me gustaría saber por qué derecho este animal, que reconoce su propia debilidad, tiene el derecho de medir la misericordia de Dios y mantenerlo dentro de los límites sugeridos por sus propias fantasías!

Él tiene tan poco conocimiento de lo que Dios es, que él no sabe lo que él es. Profundamente desequilibrado como él está por la condición de su propia naturaleza, él tiene la audacia de declarar que Dios no puede hacerlo capaz de tener comunión con Él.

Pero me gustaría preguntarle si Dios espera algo más de él, salvo que él debería amar a Dios y conocerlo. ¿Por qué piensa él que Dios es incapaz de darse a conocer, y ser el objeto de amor, ya que el hombre en su naturaleza es capaz de amar y conocer? No cabe duda de que él conoce al menos su propia existencia, y que él tiene la capacidad para amar. Por lo tanto, si él vislumbra en la oscuridad en la cual él es sumergido, y si él puede encontrar un objeto de amor entre las cosas del mundo, ¿por qué, si Dios revela alguna luz tenue de lo que Él es, no debería él ser capaz de conocer y amar a Dios en una manera que le complace a Dios comunicarse con nosotros? Aunque esto pueda parecer estar basado en una humildad aparente, indudablemente hay presunción insoportable en esta clase de argumento que no es, ni sincero, ni razonable a menos que nos obligue a admitir que ya que no sabemos por nosotros quiénes somos, podemos aprenderlo sólo de Dios.

"No tengo la intención de que me crea y se rinda a mí sin una razón. No puedo reclamar el derecho de forzarle en esta posición. Tampoco afirmo explicar los motivos de todo. Es sólo a fin de reconciliar estas contradicciones que deseo mostrarle claramente, por medio de pruebas convincentes, las señales de la divinidad dentro de mí, que le convencerán quién soy, y establezco mi autoridad por milagros y pruebas que usted no puede rechazar. Entonces usted creerá las cosas que enseño, y usted no encontrará ninguna otra razón para rechazarlas, salvo que no puede saber por usted mismo si son verdaderas o no."

Ha sido la voluntad de Dios redimir a los hombres y abrir el camino de salvación para aquellos que lo buscan. Pero los hombres se han mostrado indignos de ello, de modo que es correcto que Dios niegue a algunos, debido a su dureza de corazón, lo que Él concede a otros por una misericordia a la cual ellos no tienen derecho. Si Él hubiera deseado vencer la obstinación del más endurecido entre ellos, Dios podría haberlo hecho así revelándose tan claramente a ellos que no habrían sido capaces de dudar de su existencia, como de hecho Él aparecerá en los últimos días en tal resplandor del relámpago, y con una naturaleza tan apocalíptica, que el mismo muerto se levantará y el más ciego lo verá por ellos.

Pero este no es el modo que Dios ha decidido aparecer en la humildad de su llegada. Como, ya que tantos se han hecho indignos de su misericordia, Él deseó privarlos del bien que ellos no desearon. No era por lo tanto correcto que Él apareciera delante de ellos en una manera que era obviamente divina y destinada a convencer absolutamente a toda la humanidad. Tampoco era correcto que su llegada debería estar tan oculta que Él no podía ser reconocido siquiera por aquellos que sinceramente lo buscaron. Pero Él deseó hacerse absolutamente reconocible a tales personas. En cambio, deseando aparecer abiertamente a aquellos que lo buscan con todo su corazón, y aún escondido de aquellos que lo rechazan con todo su corazón, Dios ha dado señales de Él, que son visibles a aquellos que lo buscan, y no pueden ser vistas por aquellos que no lo buscan.

"Hay bastante luz para aquellos que desean sólo ver, y oscuridad para aquellos de una disposición contraria" (149–130).

133. Condeno igualmente a aquellos que deciden elogiar al hombre, aquellos que lo condenan, y aquellos que viven para ellos. Puedo aprobar sólo a aquellos que buscan a Dios con gemidos (405–421).

134. Hay sólo tres clases de personas: Aquellos que han encontrado a Dios y lo sirven; aquellos que están ocupados buscando a Dios, pero no lo han encontrado aún; y aquellos que gastan sus vidas sin buscarlo o sin encontrase con Él. Los primeros son razonables y felices; los últimos son tontos e infelices; y el grupo de en medio es el de aquellos que son infelices, pero razonables (160–257).

135. Porque la condición de incrédulos los hace tan infelices, comencemos compadeciéndolos. Ellos no deberían ser injuriados a menos que esto les haga bien, pero por lo general esto sólo les hace daño (162–189).

136. ¿Compadecerse de ateos que buscan, ya que ellos no son suficientemente infelices? Pero condene contra aquellos que se jactan de ello (156–190).

137. Los ateos deberían decir cosas que sean absolutamente claras. Sin embargo, no está absolutamente claro que el alma es sólo materia (161–221).

138. El impío que afirma seguir sólo la razón tiene que ser excepcionalmente racional. ¿Qué entonces dicen ellos? "¿No ve usted," dicen ellos, "que las bestias viven y mueren tal como los hombres hacen, o como los turcos y también los cristianos hacen? Ellos tienen sus ceremonias, sus profetas, sus doctores, sus santos, su vida religiosa, como el resto de nosotros." ¿Es esto contrario de la Escritura? ¿No dice simplemente eso?

Si usted es descuidado sobre saber la verdad, allí usted puede dejarlo en paz. Pero si usted desea con todo su corazón conocerla, esto no es bastante. Véalo detalladamente. No hacemos esto por investigación filosófica, pero cuando todo está en juego. Y aún, después de una investigación superficial de esta clase, salimos y nos divertimos.

Así que permítanos investigar de esta religión, si ella no explica esta oscuridad; quizás nos enseñará a todos sobre ello (150–226).

139. Al menos déjeles entender la naturaleza de esta religión que ellos atacan, antes de que comiencen el ataque. Si esta religión alardeara que tenía un punto de vista claro de Dios, poseyéndolo sin velos, sería una objeción eficaz decir que no hay nada que ellos pueden descubrir sobre la tierra que les da tales pruebas para este punto de vista. Pero al contrario, esta religión dice que los hombres están en la oscuridad y viven alejados de Dios, y que Él se ha escondido de ellos. En efecto, este es el mismo nombre que Él da de sí mismo en la Escritura: *Deus absconditus* [Isaías 45:15, "Dios que se oculta"].

En resumen, la fe verdadera procura igualmente mantener dos posiciones. Primero, afirma que Dios ha designado pruebas visibles en la iglesia de modo que Él pueda ser claramente visto por aquellos que sinceramente lo buscan. Segundo, afirma que Dios oculta pruebas de tal modo que Él será sólo visto por aquellos que lo buscan con todo su corazón. ¿Qué ventaja entonces es al indiferente, que protesta que la verdad no es evidente en ninguna parte? Porque de hecho, una de las objeciones que ellos tienen contra la iglesia, que hay tal oscuridad, es en efecto una de las realidades de la fe. Así que en vez de demostrar que está mal, simplemente confirma la fe.

Si ellos realmente quisieran atacar la verdad con eficacia, ellos tendrían que convencernos que se habían esforzado para encontrarla en todas partes, hasta en lo que la iglesia tiene que ofrecer para su instrucción, pero sin ningún éxito. Si ellos hablaran así, entonces ellos atacarían en efecto una de las afirmaciones del cristianismo. Pero espero mostrar aquí que ninguna persona razonable puede discutir de esta manera. En efecto, tengo el valor de decir que nadie ha hecho eso alguna vez. Ya que sabemos perfectamente bien como funciona la gente que sostiene estos puntos de vista. Ellos están convencidos que han pasado por mucho problema para obtener la información cuando ellos han gastado simplemente unas horas leyendo algunos libros de la Biblia, y han preguntado quizás a algún eclesiástico con preguntas sobre verdades de la fe. Entonces salen y alardean que ellos han buscado en vano leyendo libros y al hablar con hombres sobre ello. De hecho, yo debería decirles lo que yo decía a menudo: Tal negligencia de la verdad es insoportable. No es un asunto aquí de un mero interés insignificante de algún forastero que apunta este comportamiento; es una cuestión de nosotros y de todo lo que tenemos.

Porque la inmortalidad del alma tiene tal importancia vital y nos afecta tan profundamente que debemos haber perdido nuestro ingenio si ya no nos preocupamos de ello. Todas nuestras acciones y pensamientos seguirán caminos muy diferentes, según si hay esperanza de la bendición eterna. Ya que ese es el único modo posible de actuar sabiamente y con discernimiento, si debe decidir nuestro curso de acción sobre este punto. Porque esta debería ser nuestra preocupación última.

Así nuestro interés primario y nuestra primera obligación debe ser buscar la explicación sobre esta materia, de la cual el curso entero de nuestro destino depende. Por eso, entre aquellos que son escépticos, trazo una diferencia importante entre aquellos que se esfuerzan con toda su fuerza por adquirir esto, y aquellos que viven sin preocuparse o sin siquiera pensar en ello.

Puedo sentir sólo compasión por aquellos que sinceramente se angustian por sus dudas, y quienes lo consideran como su mayor desgracia. Estos no evitan ningún esfuerzo para escapar de la situación, pero en cambio hacen de su búsqueda su negocio principal y más serio. Pero siento de manera muy diferente hacia aquellos que viven sus vidas sin dar un pensamiento al final de la vida, y quiénes son escépticos por la luz que ellos tienen, pero en cambio descuidan mirar en otra parte. Estos no deciden una opinión producto de la reflexión madura, pero simplemente aceptan las opiniones de la simplicidad crédula o aquellos, que, aunque obscurecido, poseen realmente un fundamento sólido y firme. Su abandono en una cuestión que debería preocuparles activamente —porque trata con su destino eterno y todo lo que ellos tienen— me llena de más irritación que la compasión. En efecto, me asombra y horroriza.

Me parece vergonzoso. No digo esto por sentimiento piadoso. Al contrario, quiero decir que la gente debería sentir así de los principios básicos de interés humano y amor propio. No pide nada más que lo que es aparente al menos entendido entre nosotros.

No tenemos que ser altruistas para darnos cuenta que no hay ninguna satisfacción verdadera y sólida para ser tenida en este mundo. Ya que todos nuestros placeres son mera vanidad, mientras nuestras desgracias son infinitas. La muerte nos persigue cada momento. En un espacio de sólo unos años seremos inevitablemente traídos cara a cara con la realidad de la eternidad, que para aquellos que la han descuidado será la condenación eterna sin perspectiva de felicidad.

No hay nada más verdadero que esto, ni más terrible. Podemos procurar poner una cara tan valiente como podemos, pero lo que queda guardado al final de la carrera más exitosa en el mundo es sólo esto. Deje a la gente pensar lo que les gusta, pero el único bien en esta vida yace en la esperanza de otra vida. Sólo somos felices en la medida en la cual la esperamos, porque no habrá ninguna desgracia a aquellos que tienen la completa seguridad de la vida eterna. Pero no habrá ninguna felicidad para aquellos que no tienen ningún conocimiento de ello.

Claramente es una gran desgracia estar en tal estado de duda. Pero es al menos un deber indispensable de buscar y preguntarse cuando estamos en tal estado. Es el hombre que duda y que sin embargo no busca quien es el más miserable y el más equivocado. Si, además, él se siente satisfecho sobre lo que abiertamente profesa, y hasta lo ve como una fuente de complacencia y satisfacción, que él descaradamente profesa, entonces no puedo encontrar términos que describan a tal criatura.

¿Qué puede dar ocasión a tales sentimientos? ¿Qué razón está allí para alegrarse cuando no podemos ver nada sino miseria absoluta? ¿Qué razón está allí para que la vanidad sea sumergida en una oscuridad tan impenetrable? ¿Cómo los argumentos como este pueden ocurrir a alguna persona razonable?

"No sé quién me colocó en este mundo, ni lo que el mundo es, ni lo que soy. Soy profundamente ignorante sobre todo. No sé qué es mi cuerpo, cuales son mis sentidos, lo que mi alma es, o el mismo órgano que piensa lo que digo, que reflexiona sobre todo así como sobre sí, y no se conoce nada mejor que lo que conoce sobre algo más. Sólo veo los espacios aterradores del universo que me encarcelan, y me encuentro plantado en una esquina diminuta de esta extensión enorme sin saber por qué he sido colocado aquí más bien que allí. Tampoco sé por qué esta breve envergadura de la vida me ha sido asignada en este punto más bien que en el otro en toda la eternidad del tiempo que me ha precedido, y de todo lo que vendrá después de mí. Veo sólo la infinidad sobre todos los lados, encerrándome como un átomo o como la sombra de un momento breve. Todo lo que sé es que pronto moriré, pero sobre lo que soy el más ignorante es esta misma muerte de la cual no hay ninguna forma de huir.

"Tal como no sé de donde vine, entonces no sé a donde voy. Todo lo que sé es que cuando deje este mundo caeré siempre en el olvido, o en las manos de Dios enojado, sin saber cual de los dos será mi parte para la eternidad. Tal es mi estado de ánimo, lleno de debilidad e incertidumbre. La única conclusión que puedo sacar de todo es que debo pasar mis días sin pensar en tratar de averiguar lo que va a pasarme. Quizás puedo encontrar un poco de perspicacia en mis propias dudas, pero no quiero estar preocupado. No quiero siquiera mover un dedo para averiguarlo. En cambio, iré sin el miedo de la previsión y permitiré que sea llevado inútilmente a mi muerte, incierto de mi futuro estado para toda la eternidad."

¿Quién en el mundo querría tener a un amigo que discute como este? ¿Quién se volvería a él para confortarlo en la adversidad? En efecto, ¿de qué uso podría posiblemente él ser a alguien en la vida?

Pero es una cosa gloriosa para la fe verdadera tener a tales hombres irrazonables como sus enemigos. Ya que en vez de ser peligroso a ello, su oposición sólo ayuda a establecer las verdades de la religión. Porque la fe cristiana consiste casi completamente en el establecimiento de estas dos verdades: la corrupción de la naturaleza humana, y su rescate por Jesucristo. Mantengo que si ellos no sirven para demostrar la verdad del rescate por la santidad de sus vidas, al menos muestran admirablemente la corrupción de la naturaleza humana teniendo tales actitudes poco naturales.

Nada tiene más importancia para el hombre que su estado, nada más temeroso que la eternidad. Es poco natural que debiera haber gente que es indiferente a la pérdida de su vida y descuidada del peligro de una eternidad de infelicidad. Ellos reaccionan de manera muy diferente a todo lo demás. Ellos tienen miedo de la menor parte de cosas y sensación que esperan. La misma persona que gasta noches y días en una rabia, en la agonía de desesperación sobre la pérdida de un poco de posición o de afrenta imaginaria a su reputación, es la misma persona que sabe que él perderá todo por la muerte y no muestra, ni preocupación, ni emoción ante esa perspectiva. Es extraordinario ver en el mismo corazón y al mismo tiempo esta preocupación por los asuntos más triviales, y aún la carencia de preocupación por el mayor. Es un hechizo incomprensible, un descuido sobrenatural que señala a pruebas de una fuerza todopoderosa como su causa.

Debe haber una confusión profundamente extraña en el corazón del hombre que él debiera enorgullecerse de un estado que es increíble que alguien tenga. Sin embargo, mi experiencia me ha mostrado que a tantos les gusta esto que sería sorprendente si no supiéramos que la mayoría de ellos disfraza sus sentimientos y no es realmente lo que ellos parecen. Ellos son personas que han oído decir que es un signo de buenos modales mostrar esta actitud. Esto es lo que ellos llaman la sacudida del yugo, y lo que ellos tratan de imitar. Pero no sería difícil mostrarles el error que cometen al tratar de crear una buena impresión por tales métodos. Seguramente este no es el modo de hacerlo, quiero decir entre la gente cuyo juicio es sano y quienes saben que el único camino al éxito es parecer decente, leal, juicioso, y capaz de ayudar a otros (porque la humanidad es por naturaleza sólo amable con aquellos que pueden ser de utilidad para ellos).

¿Qué ventaja tenemos de oír a alguien decir que él se ha quitado el yugo, que él no cree que haya Dios que vigila sus acciones, que él mismo se considera como el único juez de su comportamiento, y que él piensa que él es sólo responsable ante él? ¿Imagina él que diciendo todo esto él nos da alguna confianza en él sobre el futuro? ¿Probablemente esperaremos el consuelo, el consejo, y la ayuda de él en las situaciones difíciles de la vida? ¿Imagina tal gente que ellos nos han animado diciéndonos que ellos piensan que nuestra alma es sólo un soplo de viento o humo, y todavía más diciéndonos eso de manera arrogante, satisfecha? ¿Es ello algo de lo que uno pueda alegrarse? ¿No es más bien algo para ser admitido tristemente, como si fuera la cosa más trágica en el mundo entero?

Si ellos pensaran seriamente en ello, verían que esto crea la peor impresión posible, ya que ello es tan contrario del sentido común, tan incompatible con los estándares de decencia, quitada de cada modo de la forma buena que ellos buscan, que ellos con mayor probabilidad reformarían en vez de corromper a aquellos que podrían ser inclinados a seguir su ejemplo. De hecho, si usted los obliga a explicar sus sentimientos y a explicar sus motivos de dudar de la verdad de fe, ellos argumentarán tan flojamente que ellos le convencerán de la opinión contraria. Es lo que alguien adecuadamente les dijo en una ocasión: "Si usted continúa hablando detenidamente así," comentó él, "usted me convertirá a la posición contraria." Y él tuvo toda la razón, porque ¿quién no se horrorizaría en la misma idea de compartir los sentimientos de tales personas desagradables?

Así, aquellos que sólo pretenden parecer de ese modo serían poco aconsejables que reprimieran sus propios sentimientos naturales simplemente a fin de convertirse en la gente más tonta. Si ellos son fastidiados dentro de su íntimo al no ver más claramente, ellos no deberían tratar de fingir lo contrario. Ellos no tienen que avergonzarse de tal admisión. La única cosa vergonzosa es no tener ningún sentido de vergüenza. Porque no hay ningún signo más seguro de la debilidad de la mente que el fracaso de reconocer la miseria del hombre sin Dios. Nada delata más bruscamente a un espíritu malo que no querer que las promesas eternas sean verdaderas. Nada es más cobarde que ser descarado sobre ello ante Dios. Así que dejemos su impiedad a aquellos que son tan mal educados; déjeles ser al menos la gente decente si ellos no pueden ser cristianos. En resumen, procure que reconozcan que hay sólo dos clases de personas que podemos llamar razonable: Aquellos que sirven a Dios con todo su corazón porque lo han encontrado, y aquellos que lo buscan con todo su corazón porque no lo han encontrado.

Aquellos que pasan por la vida sin conocer o buscar a Dios obviamente sienten que ellos son de tan pequeño valor que no merecen que otras personas se preocupen por ellos; y se necesita toda la caridad de la fe que ellos desprecian para no despreciarlos al punto de abandonarlos a su propia locura. La fe verdadera impone sobre nosotros una obligación de siempre preocuparnos por ellos, mientras ellos viven, y mientras ellos son capaces de recibir la gracia y la aclaración, y creer que pronto ellos pueden estar más llenos de fe que nosotros, y que nosotros al contrario podemos ser golpeados por la misma ceguera que la de ellos ahora. Entonces debemos hacer por ellos lo que desearíamos que se hiciera por nosotros en su lugar. Les pedimos que se preocupen por ellos, y tomar al menos unas medidas en dirección de la luz. Déjeles dedicarse a la lectura de unas horas del tiempo que ellos gastan infructuosamente en otras cosas. Sin importar lo indecisos que ellos aborden esta tarea, quizás ellos golpearán sobre algo, y al menos no perderán mucho tiempo. Espero que aquellos que emprenden esta investigación con verdadera sinceridad y un deseo genuino de encontrar la verdad sean recompensados grandemente. Pueden ser convencidos por las pruebas de tan divina religión, que he reunido aquí, siguiendo más o menos este orden (427–194).

[El tema de este discurso es glosado en los aforismos siguientes que Pascal también escribió:]

140.

El alma es mortal o inmortal. Esto debería hacer toda la diferencia en la ética, pero los filósofos han preparado sus sistemas de ética independiente de esta pregunta. Ellos discuten mientras matan el tiempo. Ellos hablan de Platón para dirigir a la gente hacia el cristianismo en cambio (612–219).

141.

La última escena del juego es sangrienta, sin importar lo bien que haya sido el resto. Ellos lanzan la tierra sobre su cabeza, y es terminado siempre (165–210).

142.

Imagine varios presos en la celda de los condenados a muerte, algunos de los cuales son asesinados cada día a la vista de los demás. Los restantes ven que su condición es como la de sus compañeros, y viéndose el uno al otro con pena y desesperación, esperan su turno. Este es un cuadro de la condición humana (434–199).

143.

Antes de que hablemos de las pruebas para la fe cristiana, encuentro necesario indicar lo mal que están aquellos que viven sin preocuparse por buscar la verdad cuando es algo de tal importancia para ellos y les afecta tan íntimamente. De todos sus errores, indudablemente es este el que más expone su locura y ceguera, y donde ellos pueden ser más fácilmente confundidos por el primer uso del sentido común y sus propios instintos naturales. Es obvio que esta vida es sólo un instante de tiempo, mientras el estado de muerte es eterno, independientemente de lo que su naturaleza pueda ser, y así todas nuestras acciones y pensamientos deben seguir de manera muy diferente según el estado de esta eternidad. Entonces es obvio que el único modo posible de actuar sabiamente es decidir nuestro curso de acción a la luz de esto, que en efecto debería ser nuestra preocupación última.

No hay nada más obvio que esto, y sigue lógicamente, que la gente se comporta razonablemente si ellos hacen esto. Juzguemos entonces sobre esta base aquellos que viven sin un pensamiento sobre el final de la vida, simplemente yendo a la deriva dondequiera que sus inclinaciones y placeres puedan tomarlos, sin pensamiento o ansiedad. Ellos lo hacen así, como si pudieran deshacerse de la eternidad simplemente por no pensar en ella, y simplemente por preocuparse por la felicidad inmediata.

Pero la eternidad existe realmente, y también la muerte. Estas realidades nos amenazan en cada momento y hacen inevitable que debiéramos afrontarlos, con la alternativa inevitable y espantosa de ser o eternamente condenado y miserable, sin saber cual de estas dos formas de la eternidad nos encontrará siempre.

Las consecuencias son sin duda terribles. Ellos arriesgan una eternidad de condenación, aún ellos lo desechan como si no mereciera el problema de pensar en ello, o que es algo increíble, aunque tenga una base sólida, aunque oculta. Como ellos no saben si es verdadero o falso, o si las pruebas son fuertes o débiles, ellos desechan las pruebas que yacen ante sus ojos, rechazando mirar, y decidir permanecer en un estado de ignorancia. Es como si ellos deliberadamente deciden caer en esta calamidad esperando las pruebas después de la muerte. Ellos lo hacen tan abiertamente y con orgullo. ¿No debiéramos nosotros que seriamente pensamos en esto ser horrorizados en tal comportamiento?

Relajarse en tal ignorancia es una cosa extraordinaria, y aquellos que gastan sus vidas de esa manera deben darse cuenta que tonto y absurdo es al señalarles esto, de modo que se sientan avergonzados viendo su propia locura. Así es como los hombres discuten cuando deciden vivir sin saber quiénes son y sin buscar aclaración. Ellos inmediatamente dicen: "No sé" (428–195).

144. Cuándo un heredero encuentra las escrituras de su casa, ¿dirá él que quizás son falsas y no merecen que se moleste en investigar? (823–217).

145. La sensibilidad del hombre frente a pequeñas cosas, y su insensibilidad a las cosas más importantes, es seguramente prueba de un desorden extraño [(632–198).

146. Ser tan insensible para despreciar los asuntos de importancia, y volverse insensible al punto que es el más vital para nosotros, es absurdo [(383–197).

147. Las opiniones de Copérnico no tienen que ser examinadas más estrechamente. Pero de lo que hablamos afecta nuestra vida entera, en saber si el alma es mortal o inmortal (164–218).

148. En el caso de que un preso en el calabozo —no sabiendo si se había dictado sentencia sobre él, y con sólo una hora para averiguarlo— sabe que hay tiempo suficiente para hacer revocar su sentencia. No sería natural que él gastara aquella hora malgastando su tiempo jugando, indiferente en cuanto a si la sentencia había sido dictada. Entonces está seguramente más allá de toda la naturaleza que el hombre es indiferente a cómo las cosas están siendo pesadas en las manos de Dios. Es no solamente el celo de aquellos que lo buscan que demuestra la existencia de Dios, sino también la ceguera de aquellos que no lo buscan (163–200).

149. Aquellos que son miserables para encontrarse sin fe nos muestran que Dios no los ha aclarado. Pero los demás nos muestran que hay un Dios que los ciega (596–202).

150. El ateísmo revela realmente la fuerza de la mente, pero sólo hasta cierto punto (157–225).

CAPÍTULO

12

LA RAZÓN PUEDE COMENZAR
OTRA VEZ RECONOCIENDO LO QUE
NUNCA PUEDE SABER

151. Infinidad. Nada. Nuestra alma es sacudida en el cuerpo donde encuentra números, tiempo, dimensiones. Razona sobre ellos y les llama natural, o necesario, y no puede creer nada más.

Añadir unidad a lo infinito no lo aumenta de ningún modo, más que un pie añade a una medida infinita. Lo finito es eliminado en la presencia de lo infinito y nada se vuelve puro. Lo mismo sucede con nuestras mentes ante Dios, o nuestra justicia en la presencia de la justicia divina, No hay desproporción mayor entre nuestra justicia y la de Dios como la que hay entre unidad e infinidad. La justicia de Dios debe ser tan enorme como su misericordia. Ahora la justicia mostrada al maldito es menos aplastante y menos espantosa que la misericordia es hacia el salvado. Sabemos que el infinito existe sin conocer su naturaleza, tal como sabemos que es falso que los números sean finitos. Es así también verdadero que hay un número infinito, aunque no sabemos cual es. Es falso que sea par, es falso que sea non, porque añadiendo una unidad su naturaleza no es cambiada. Sin embargo es un número, y cada número es par o non. Es verdad que esto se aplica a todos los números finitos. Así podemos estar seguros que hay Dios sin saber quién Él es.

Conocemos por lo tanto la existencia de la naturaleza, de lo finito, porque somos finitos, y como la naturaleza, consistimos de una extensión en el espacio. Conocemos la existencia del infinito y no conocemos su naturaleza, porque, también, tiene extensión pero a diferencia de nosotros no tiene límites. Pero

115

no sabemos cual es. Del mismo modo podemos estar seguros que Dios que existe, sin saber qué es Él.

¿No hay una verdad sustancial que ve que hay tantas cosas verdaderas que no son la verdad misma? Por lo tanto conocemos la existencia y la naturaleza de lo finito porque somos finitos, y como ello consiste de extensión en el espacio. Conocemos la existencia del infinito y no conocemos su naturaleza, porque posee extensión como nosotros, pero no límites como nosotros tenemos. Pero no conocemos la existencia o la naturaleza de Dios, porque Él no tiene, ni extensión, ni límites. Pero por la fe conocemos que Él existe. Y por la gloria llegaremos a conocer su naturaleza.

He mostrado ya que podemos conocer perfectamente bien la existencia de algo sin conocer su naturaleza. Así que ahora hablemos según nuestra propia perspectiva natural. Si hay Dios, Él está infinitamente más allá de nuestra comprensión, desde que es indivisible y sin límites, Él no tiene nada que ver con nosotros. Somos por lo tanto incapaces de conocer lo que Él es o si Él puede ser. A causa de esto, ¿quién se atreverá a intentar contestar la pregunta sobre Él? Seguramente no podemos ser nosotros, que no tenemos relación con Él.

¿Quién entonces puede culpar a los cristianos por no poder dar razón de sus creencias, ya que ellos profesan la fe en una religión que ellos no pueden explicar sobre bases racionales? Ellos afirman que es locura tratar de exponerla al mundo. ¡Entonces usted se queja que ellos no lo demuestran! Si ellos pudieran demostrarlo, ellos no guardarían su palabra. Es por estar sin prueba que ellos muestran que no carecen de sentido.

"Sí, pero aun si esto perdona a aquellos que presentan tal argumento y los exonera de la crítica de producirlo sin dar motivos, no perdona a aquellos que lo aceptan."

Examinemos el punto y digamos: "Bien, Dios existe, o Él no existe." ¿Pero cuál de las alternativas elegiremos? La razón no puede decidir nada. El caos infinito nos separa. Al final lejano de esta distancia infinita una moneda es lanzada al aire girando que bajará cara o cruz. ¿Cómo apostará usted? La razón no puede determinar cómo elegirá usted, tampoco la razón puede defender su posición de opción.

No acuse por lo tanto a aquellos que han escogido lo falso, simplemente porque usted no sabía nada sobre como fue hecho.

"No," usted puede discutir, "no los culpo por su opción, sino por hacer una elección en absoluto. Ya que el que escoge cara y el que escoge cruz, ambos son culpables del mismo error; los dos están equivocados. Lo correcto que se debe hacer es no es apostar."

"Sí," usted puede discutir, "tenemos que apostar." Porque usted no es un agente libre. Usted está comprometido a elegir una opción. ¿Cuál entonces tomará? Continuar. Ya que usted tiene que elegir, vamos a ver lo que es de menor interés para usted. Porque usted puede perder dos cosas: lo verdadero y lo bueno. Y hay dos cosas que usted pone en juego: su razón y su voluntad, su conocimiento y su felicidad. Por su naturaleza, usted tiene dos cosas de las cuales escapar: error e infelicidad. Ya que usted debe hacer una elección, su razón no es más ofendida eligiendo una más bien que la otra. Es un punto aclarado. ¿Pero y su felicidad? Pesemos las consecuencias implicadas en apostar que Dios existe. Evaluemos las dos situaciones. Si usted gana, gana todo, pero si usted pierde usted no pierde nada. No vacile, entonces, pero haga una apuesta que Él existe." "Esto está bien. Sí, debo hacer una apuesta. Pero quizás jugamos demasiado en ello."

"Venga ahora. Ya que usted tiene una posibilidad igual para ganar o perder, si usted sólo fuera a ganar dos vidas por una, usted podría apostar todavía. Pero si allí hubiera tres para ser ganadas, usted tendría que jugar (ya que usted está ligado a jugar de todos modos), y sería tonto cuando le obligan a apostar no arriesgar su vida a fin de ganar tres vidas en un juego. Pero de hecho hay una eternidad de vida y de felicidad en juego. Si eso es así, y había un número infinito de posibilidades de las cuales sólo una era para usted, usted tendría razón todavía de arriesgar una para ganar dos. Pero usted tomaría la decisión incorrecta si, siendo obligado a apostar, usted rechazara arriesgar una vida contra tres en un juego en el cual de un número infinito de posibilidades, uno es para usted, si el premio debiera ser un infinidad de vida y de felicidad. Ya que en este juego usted puede ganar la vida eterna, la felicidad eterna. Usted tiene una posibilidad de ganar contra un número finito de posibilidades de perder, y lo que usted arriesga no es casi nada. Sin duda eso lo hace. Dondequiera que haya infinidad, y dónde no hay una infinidad de posibilidades de perder contra la posibilidad de ganar, ¿por qué vacilar? Seguramente usted debe apostar todo entonces. Y así, ya que está obligado a jugar, usted debe ser irracional si no arriesga su vida por esta posibilidad infinita de ganar, que probablemente parecería como arriesgar una pérdida de poca importancia.

"Seguramente, de nada sirve decir que es dudoso si usted ganará, que es seguro que usted toma un riesgo, y que la distancia infinita que radica entre la certeza de lo que usted apuesta y la incertidumbre de lo que usted ganará es equivalente al bien finito que seguramente apostamos contra el infinito incierto. Pero no es como eso, ya que cada jugador arriesga algo que está seguro con la esperanza de ganar algo que es incierto. Aún él arriesgará una certeza finita a fin de ganar una incertidumbre finita sin ser irracional. Aquí no hay ninguna distancia enorme entre el riesgo cierto y la ganancia incierta. Eso no es cierto. Hay en efecto una distancia infinita entre la certeza de ganar y la certeza de perder, pero la proporción entre la incertidumbre de la ganancia y la certeza de lo que está siendo arriesgado se relaciona con las posibilidades de ganar o perder. Así que si hay tantas probabilidades en un lado como sobre el otro, usted juega con posibilidades parejas. En ese caso, la certeza de lo que usted apuesta es igual a la incertidumbre de lo que usted puede ganar. De ningún modo es infinitamente distante de ello. Entonces nuestro argumento lleva el peso más importante, cuando nos damos cuenta que las apuestas son finitas en un juego donde hay las mismas posibilidades de ganar y perder, y aún un premio infinito para ganar.

"Si esto es evidente y los hombres son capaces de ver alguna verdad, eso es todo."

"Lo admito realmente y lo confieso, ¿pero no hay allí ningún modo de ver lo que el revés de las tarjetas muestran?"

"Sí, en efecto hay, en las Escrituras."

"Sí, pero mis manos están atadas y mis labios sellados. Me obligan a jugar y no soy libre, ya que ellos no me dejarán ir. He sido hecho de tal modo que no puedo menos que dudar. Así que, ¿qué espera usted que yo haga?"

"Eso es verdad. Pero al menos usted puede darse cuenta que si usted es incapaz de creer, no es debido a la razón, pero debido a sus emociones. Entonces no trate de convencerse multiplicando razones de la existencia de Dios, sino controlando sus emociones. Usted quiere tener fe, pero no sabe el camino. Usted quiere ser curado de la incredulidad, y entonces usted pide el remedio. Aprenda entonces de los ejemplos de aquellos que, como usted, estaban una vez en la esclavitud, pero quienes ahora están preparados a arriesgar su vida entera. Estos son aquellos que saben el modo que a usted le gustaría seguir, y que han sido curados de una enfermedad de la cual usted desea también ser curado. Siga el camino por el cual ellos comenzaron. Ellos simplemente se comportaron como si creyeran, por tomar el agua bendita o haciendo oraciones. Eso le inclinará naturalmente a aceptar y tener la paz."

"Pero eso es de lo que tengo miedo."

"¿Pero por qué? ¿Qué tiene que perder? A fin de demostrarle que esto realmente funciona, esto controlará las emociones, que para usted son un gran escollo.

"Ahora, ¿qué daño le vendrá eligiendo este curso de acción? Usted será fiel, honesto, humilde, agradecido, lleno de buenas obras, un amigo verdadero y genuino. De hecho, usted no se encontrará más hundido por placeres venenosos, como aquellos de la lujuria y el deseo de la fama. ¿Pero no tendrá usted algo más? Le aseguro que usted ganará en esta vida, y que con cada paso usted toma a lo largo de este camino, usted se dará cuenta que usted ha apostado a algo seguro e infinito que no le ha costado nada."

"¡Ah, cómo estas palabras me llenan de alegría y placer!"

Si este argumento le agrada y le parece fuerte, usted debería saber que viene de un hombre que se puso sobre sus rodillas, antes y después de escribirlo, para orar a este infinito, ser indivisible, a quien él ha sometido todo su propio ser, ese Dios puede conceder que usted se presente para su propio bien y para su gloria, y que la fuerza podría ser dada a tal humildad (418–233).

CAPÍTULO

13

SUMISIÓN: EL USO CORRECTO DE LA RAZÓN

152. La sumisión y el uso de la razón son lo que hacen el cristianismo verdadero (167–269).

153. Tenemos que saber cuando dudar, cuando afirmar lo que es seguro, y cuando someterse. Alguien que actúa de otra manera no entiende la fuerza de la razón. Hay unos que rompen todos estos tres principios, bien afirmando que todo puede ser demostrado, porque ellos no saben nada sobre pruebas, o dudan de todo porque ellos no saben cuando someterse, o siempre se someten porque ellos no saben cuando deben usar su juicio.

Escéptico, matemático, cristiano; duda, certeza, sumisión (170–268).

154. La humanidad sufre de dos excesos: excluir la razón, y vivir por nada más que la razón (183–253).

155. Hay pocos verdaderos cristianos, aun respecto a la fe. Hay muchos que creen, pero lo hacen por superstición. Hay muchos que no creen, pero porque son libertinos. Hay pocos en medio. No incluyo en esta lista a aquellos que viven una vida realmente devota, ni a todos aquellos que creen por la intuición del corazón (363–256).

156. Si sometemos todo a la prueba de la razón, nuestra fe no será dejada con nada misterioso o sobrenatural sobre ello. Si impresiona él principio de la razón, nuestra fe será absurda y ridícula (173–273).

157. San Agustín: "La razón nunca se someterá a menos que considerara que había ocasiones cuando tiene que someterse" [*Cartas*, 122.5] Por lo tanto es correcto que la razón debería someterse cuando reconoce que debería hacerlo así (174–270).

158. No hay nada tan consecuente con la razón que el rechazo de la razón [como una explicación última] (182–272).

159. El último paso que la razón debe tomar es reconocer que hay un número infinito de cosas más allá de ella. Es simplemente débil si no llega a captar esta realidad. Si las cosas naturales están más allá de ello, ¿qué podemos decir sobre lo sobrenatural? (188–267).

160. Una de las cosas que confundirán al maldito será el reconocimiento que ellos son condenados por su propia razón, por lo que ellos afirmaron condenar la fe cristiana (176–261).

161. En efecto, la fe nos dice lo que los sentidos no pueden, pero no es contraria a sus conclusiones. Simplemente las supera, sin contradecirlas (185–265).

162. Hay dos modos de persuadir a la gente de las verdades de nuestra fe: Uno es por el poder de la razón, y el otro es por la autoridad carismática del portavoz. No usamos la última, sino la primera. Entonces no decimos: "Usted debe creer porque la Escritura dice que es divina," pero decimos que debe ser creído por tal y tal razón. Aún estos son argumentos débiles, porque la razón puede ser torcida en cualquier dirección (820–561).

163. San Agustín dice: "yo nunca habría sido cristiano, sino por los milagros" (169–812).

164. No habría sido ningún pecado por no haber creído en Jesucristo sin los milagros. "Tengan la bondad de mirarme... ¿Creerían que les mentiría...?" (Job 6:28) (184–811).

165. Cuando vemos la ceguera y la miseria del hombre, cuando consideramos el universo entero en toda su mudez y sobre el hombre sin luz, abandonado a sus propios dispositivos, sin saber quién lo puso allí, lo que él ha venido a hacer, o lo que pasará con él cuando muera, y es tan incapaz de saber algo, estoy abrumado por el miedo. Parezco a un hombre llevado en su sueño y abandonado en alguna isla desierta aterradora. Allí, él se despierta sin saber donde está y sin manera de escapar. Estoy asombrado que la gente no llegue a desesperarse sobre esta condición. Me encuentro rodeado por otros que son hechos como yo, y pregunto: "¿Están ellos mejor informados que yo?" Estoy seguro que no y que estas criaturas perdidas y desgraciadas miran alrededor y se pegan a unos objetos atractivos a los cuales se envician. Pero no puedo formar tales accesorios, y al considerar cuan fuertemente las apariencias sugieren que hay otras cosas además de aquellas que veo, he intentado averiguar si Dios ha dejado algún rastro de Él. Veo un número de fes religiosas en conflicto la una con la otra: excepto una, todas ellas son falsas. Cada una deseosa de reclamar su propia autoridad y amenaza a los incrédulos. No puedo creerlos en esa misma base. Cualquiera puede hacer esto. Cualquiera puede llamarse un profeta, pero veo la fe cristiana, y encuentro que sus profecías no son algo que cualquiera puede hacer (198–693).

166. El silencio eterno de los espacios infinitos [del universo] me llenan de temor (201–206).

167. ¿Por qué se le han establecido límites a mi conocimiento, a mi altura, en efecto a mi vida, haciéndola de cien años más bien que de mil? ¿Cuál fue la razón por la que la creación lo hizo así, eligiendo este medio más bien que aquel de entre todo el infinito, cuando no había ninguna razón aparente de elegir uno más bien que el otro, como ninguno parece más atractivo que el otro? (194–208) [Ver el número 54].

168. *La Desproporción del hombre.* Esto es por lo que nuestro conocimiento instintivo nos tomará. Si es falso, entonces no hay ninguna verdad en el hombre, pero si es verdadero, dará mucha causa para la humillación, ya que le obligan a degradarse de una u otra manera.

Ya que el hombre no puede existir sin creer este conocimiento, antes de continuar a una pregunta más profunda acerca de la naturaleza, quiero que él lo considere seriamente y en el ocio, y que también se vea, y luego juzgue si hay alguna proporción entre él y la naturaleza.

Deje al hombre luego contemplar toda la naturaleza en su grandeza plena y alta; déjele girar su mirada fija lejos de los objetos humildes que lo rodean; en cambio, déjele contemplar el juego deslumbrante de luz como una lámpara eterna para alumbrar el universo. Entonces déjele ver la tierra como un mero punto en comparación con la órbita enorme descrita por el Sol. Déjele reflexionar en el hecho de que esta órbita enorme es ella misma sólo una diminuta mancha comparada con la descrita por las estrellas en su viaje por el universo.

Si nuestra visión debiera pararse allí, sin embargo, deje a la imaginación ir más allá. Se cansará de concebir cosas antes de que la naturaleza se canse de producirlas. Para el mundo entero visible es un átomo imperceptible en el amplio seno de la naturaleza. Ninguna idea puede llegar a darse cuenta de ello. No es nada bueno tratar de inflar nuestras nociones más allá del espacio inimaginable, y aún concebir meros átomos en comparación con la realidad. Ya que la realidad es una esfera infinita cuyo centro está en todas partes y cuya circunferencia no es en ninguna parte. En resumen esta es la indicación sensible mayor de la omnipotencia de Dios que la imaginación humana debería perderse en aquel mismo pensamiento.

Deje al hombre, al volver en sí, considere lo que él es comparado con la realidad de estas cosas. Déjele considerarse como perdido en esta esquina remota del universo. Y de la célula diminuta donde él se aloja, dentro del universo, déjele examinar en su valor verdadero la tierra, sus reinos, las ciudades humanas, y el hombre mismo. ¿Para qué está el hombre cara a cara con tal infinidad?

Pero para ofrecerle otro prodigio, tal como asombroso, yo le pediría examinar las cosas más pequeñas que él conoce. Deje a un ácaro mostrarle en su cuerpo diminuto sin comparación partes más diminutas, piernas con uniones, venas dentro de sus piernas, sangre en aquellas venas, humores en la sangre, gotas en los humores, vapores en las gotas. Déjele dividir estas cosas todavía más hasta que él haya agotado sus poderes de imaginación, y deje que la última cosa a la que él pueda llegar sea el tema de nuestro discurso. Él puede pensar que ha alcanzado el final de lo microscópico en la naturaleza. Aún le mostraré la grandeza infinita de la naturaleza más allá. Le abriré un nuevo abismo. Quiero representarle no solamente el universo visible, pero toda la inmensidad inconcebible de la naturaleza encerrada en este átomo diminuto. Déjele ver allí una infinidad de universos, cada uno con su propio firmamento, sus planetas, su tierra, en las mismas proporciones que está en el mundo visible y sobre los animales de la tierra, y finalmente ácaros, en los cuales él encontrará otra vez los mismos resultados como en el primero. Al encontrar la misma cosa una y otra vez sin final o respiro, él estará perdido en medio de tales maravillas, como sorprendiendo en su escala microscópica como aquellos con amplitud macroscópica.

¿Quién puede dejar de maravillarse que nuestro cuerpo humano, que hace un momento pareció perdido en el universo, él mismo imperceptible en la inmensidad del todo, ahora se destaque como un coloso comparado con la nada que yace más allá de nuestro alcance? Cualquiera que se considera de esta manera será aterrorizado por la vista de él. Viendo su propia masa como dada a él en la naturaleza, apoyándolo entre estos dos abismos de infinidad y nada, él temblará en estas maravillas. Pienso que cuando su curiosidad se cambia al temor, él mirará fijamente en ellos más bien en el silencio que atreverse a investigarlos presumidamente.

Porque después de todo, ¿qué es el hombre en la creación? ¿No es él una mera cifra comparada con el infinito, un todo comparado a la nada, un medio entre el cero y todo, infinitamente lejos de un entendimiento de cualquiera extremo? ¿Quién puede seguir estos procesos asombrosos? El Autor de estas maravillas los entiende, pero nadie más puede.

Al fallar en percibir estas infinidades, los hombres han emprendido pre-cipitadamente investigar la naturaleza como si hubiera alguna proporción entre ella y ellos. Extraño de decir, ellos han tratado de agarrar los principios de las cosas y de ahí continuar a entender el todo. Pero su presunción es tan infinita como el objeto que ellos buscan. Ya que es cierto que usted no puede emprender esto sin presunción infinita o capacidad infinita, en efecto tan infinita como la naturaleza misma.

Cuando conocemos mejor, comenzamos a entender que ya que la natura-leza ha sellado su propia imagen y esto de su Autor sobre todas las cosas, casi todos ellos comparten su doble infinidad. Así vemos que todas las ciencias son infinitas en la variedad de sus investigaciones. Porque, ¿quién duda que las matemáticas, por ejemplo, tengan un infinidad de infinidad de proposiciones para exponer? Ellos son también infinitos en la multiplicidad y la sofisticación de sus principios, ya que alguien puede ver que aquellos que, como se supone, son últimos no se sustentan solos, pero son interdependientes, dependiendo en otros otra vez, y así nunca se puede llegar al final. Todo lo que podemos hacer es tratar con aquellas cosas que parecen finales a nuestra razón, como en cosas materiales llamamos un punto indivisible cuando nuestros sentidos no pueden ver más allá, aunque sea naturalmente capaz de división infinita.

Naturalmente, creemos que somos mucho más capaces de alcanzar al centro de las cosas que de abrazar su circunferencia. De estas dos infinidades de la ciencia, la grandeza es mucho más obvia, y tan sólo un puñado de gente ha afirmado que saben todo. "Voy a hablar sobre todo," solía decir Demócrito.

Pero la pequeñez infinita es mucho menos perceptible. Los filósofos han afirmado mucho más fácilmente haberla alcanzado, y es donde ellos se han equivocado. Este es el origen de títulos familiares como *de los Principios de las Cosas, de los Principios de la Filosofía* [René Descartes, 1644] y otros por el estilo, que son tan pretenciosos de hecho, aunque menos aparentemente, como este más ostensible: *de Todo lo Que Puede Ser Conocido* [Pico della Mirandola, 1486].

Naturalmente pensamos que somos mucho más capaces de alcanzar el centro que de agarrar la circunferencia, porque la extensión visible del mundo es visiblemente mayor que nosotros. Pero ya que somos por nuestra parte mayores que las pequeñas cosas, pensamos que somos más capaces de dominarlos, pero no se requiere menos capacidad para alcanzar la nada que el todo. En cualquier caso, toma una capacidad infinita, y me parece que alguien que entendió el principio último de las cosas podría tener éxito también en saber la infinidad. Ya que uno depende del otro, y uno conduce al otro. Estos extremos se encuentran y se combinan por ir en sentidos contrarios, y ellos se encuentran el uno al otro en Dios y en Él solo.

De modo que es bueno darnos cuenta de nuestras limitaciones. Somos algo y no somos todo. Ya que se oculta de nosotros el conocimiento de los primeros principios cuya fuente proviene de la nada, y la pequeñez de lo que somos oculta la infinidad de nuestra vista. Nuestra inteligencia ocupa la misma categoría en el orden de intelecto como lo ocupa nuestro cuerpo dentro de la variedad entera de la naturaleza. Confinados como estamos en todos los modos, esta condición media entre dos figuras de extremos en todas nuestras facultades. Nuestros sentidos no perciben nada extremo; demasiado ruido nos ensordece, demasiada luz nos deslumbra; cuando estamos demasiado lejos o muy cerca no podemos ver correctamente. De la misma manera, un argumento es obscurecido siendo demasiado largo o demasiado corto. Demasiada verdad nos aturde. (Conozco a algunos que no pueden entender que 4 por 0 queda 0.) Los primeros principios son demasiado obvios para nosotros. Demasiado placer es un aburrimiento; demasiada armonía en la música es discordante. Demasiada bondad nos enoja, ya que queremos ser capaces de devolver la deuda con algo sobre.

"La bondad es bienvenida el grado de la capacidad de retribuirla. Después de esto, la gratitud sólo se convierte en resentimiento."

No sentimos, ni calor extremo, ni frío extremo. Las cualidades que son excesivas son hostiles para nosotros y no pueden ser percibidas. Dejamos de sentirlas, pero en cambio nos hacen sufrir. Así que la juventud excesiva y la edad excesiva perjudican el pensamiento. De la misma manera sufrimos del conocimiento excesivo o de muy poco aprendizaje. En pocas palabras, los extremos parecen no existir para nosotros, ni nosotros para ellos. O bien, ellos se nos escapan, o nosotros los evitamos.

Tal es nuestra condición verdadera, haciéndonos incapaces del conocimiento seguro o de la ignorancia absoluta. Flotamos sobre una extensión enorme, siempre incierta, siempre a la deriva, volando de un lado a otro. Siempre que supongamos que tenemos un punto fijo al cual podemos adherirnos y hacerlo rápido, este sólo se aleja y nos deja. Al seguirlo, elude nuestro entendimiento, se escabulle, y huye infinitamente más allá de nosotros. Nada se queda para nosotros. Esta es nuestra condición natural, y sin embargo es tan contraria a nuestras inclinaciones. Tenemos un deseo ardiente de encontrar una base firme, alguna base última, final para construir una torre que se eleva hasta la infinidad. Pero nuestro fundamento entero se parte de par en par y la tierra se hunde en la profundidad del abismo. Así que no busquemos esa seguridad ni esa estabilidad. Nuestra razón será siempre engañada por la inconsistencia de las apariencias. Nada puede fijar el finito entre los dos infinitos que lo encierra y evade.

Una vez que esto es claramente entendido, creo que deberíamos descansar en el estado que se nos ha adjudicado. El estado medio, que es nuestra parte, siempre está lejos de los extremos Así que, ¿qué importa si alguien más tiene ligeramente mejor entendimiento de las cosas? Si lo tiene, y si lleva las cosas un poco más lejos,

¿no está todavía infinitamente lejos del objetivo último? ¿No es la envergadura de nuestra vida igualmente infinitesimal en la eternidad? ¿Qué hacen diez años más de vida para levantar tal envergadura? Ante esta infinidad, todos los finitos son iguales, y no veo ninguna causa para aplicar nuestra imaginación a uno más que al otro. Simplemente compararnos con lo finito es doloroso.

Si el hombre debiera pensar en esto, él vería lo incapaz que es de ir más lejos. ¿Cómo podría una parte posiblemente saber el todo? Aún quizás él aspirará a conocer al menos las partes con las cuales él tiene alguna proporción. Pero todas las partes del universo están tan entrelazadas que pienso que es imposible conocer uno sin el otro, o en efecto sin el todo.

Hay, por ejemplo, una relación entre el hombre y todo lo que él sabe. Él necesita espacio para contenerlo, tiempo para existir en él, movimiento a fin de vivir, elementos para su constitución, calor y alimento para la alimentación, aire para respirar. Él ve la luz; él siente los cuerpos; en resumen todo está relacionado con él. Para entender al hombre, por lo tanto, hay que saber donde él necesita el aire para vivir, y para entender el aire hay que saber como llega a estar relacionado con la vida del hombre, etcétera.

La llama no puede existir sin el aire; así que para conocer a uno, hay que entender el otro. Así todas las cosas son vistas como causadas o causas, dependientes y apoyos, mediato e inmediato, todo mantenido unido por una cadena, encadenamiento que es natural pero imperceptible, uniendo las cosas más distantes y diversas. Entonces considero igualmente imposible de conocer las partes sin conocer el todo, o conocer el todo sin conocer las partes individuales.

La eternidad de las cosas en ellas o en Dios debe seguir asombrando nuestra breve duración de la vida. La inmovilidad fija y constante de la naturaleza, comparada a las fluctuaciones que continúan en nosotros, debe tener el mismo efecto.

Lo que causa nuestra inhabilidad de conocer las cosas de un modo absoluto consiste en que ellas son simples en sí mismas, mientras somos formados de dos naturalezas contrarias de clases diferentes, alma y cuerpo. Ya que es imposible que la parte de nosotros que razona pueda ser nada sino espiritual, y aun si se afirma que somos simplemente corpóreos, esto descartará aun más la posibilidad de que conozcamos las cosas, ya que no hay nada tan inconcebible como la idea de que la materia se conozca a sí misma. Posiblemente, no podemos conocer como esto podría saberse. Así que si somos totalmente materia, no podemos conocer nada en absoluto; y si somos formados de mente y materia, no podemos conocer perfectamente cosas que son simples, o espirituales o corpóreas.

Por eso casi todos los filósofos confunden las ideas con las cosas, al hablar de cosas materiales en términos de espíritu, y de cosas espirituales en términos de la materia. Ya que ellos con audacia afirman que los cuerpos tienen una tendencia a caer, o que ellos aspiran hacia su centro, o que ellos evitan la destrucción, o que ellos evitan un vacío, o que ellos tienen inclinaciones, simpatías, antipatías, todos los cuales pertenecen al reino espiritual. Pero cuando ellos hablan de las mentes, las consideran como en un lugar, y le atribuyen movimiento de un lugar a otro, que son cosas que pertenecen sólo a cuerpos. En vez de recibir ideas de estas cosas en su pureza, los coloreamos con nuestras propias cualidades y las sellamos con nuestro propio ser compuesto de todas las cosas simples en las que pensamos.

¿Quién no pensaría, al vernos componer todo de mente y materia, que tal mezcla es absolutamente inteligible para nosotros? Pero es la misma cosa que entendemos menos. El hombre es para él la mayor maravilla en la naturaleza, ya que él no puede concebir lo que es el cuerpo, todavía menos qué es la mente, y aún menos como un cuerpo puede ser unido con un alma. Esta es su dificultad suprema, y sin embargo es su propio ser. "El modo en que las mentes están relacionadas con cuerpos está más allá del entendimiento del hombre, y sin embargo esto es lo que el hombre es" [Agustín, *la Ciudad de Dios*, 21.10] (199–72).

169. El hombre es simplemente una caña, la cosa más débil en la naturaleza, pero él es una caña pensante. No hay ninguna necesidad que el universo entero tome las armas para aplastarlo; un vapor, una gota de agua, es suficiente para matarlo. Pero, aunque el universo fuera a aplastarlo, el hombre sería todavía más noble que su destructor, porque él sabe que él muere, sabe que el universo tiene ventaja sobre él. Pero el universo no sabe nada de esto.

Así toda nuestra dignidad consiste en el pensamiento. Es en el pensamiento que debemos depender para nuestra recuperación, no sobre espacio y tiempo, que nunca podríamos llegar. Luchemos para pensar bien; ese es el principio básico de la vida moral (200–347).

170. ¡Ánimo! No es de usted que debe esperarlo, pero al contrario usted debe esperarlo no esperando nada de usted (202–517).

PARTE 3

LA INICIATIVA DIVINA

CAPÍTULO

14

LA TRANSICIÓN DEL CONOCIMIENTO HUMANO AL CONOCIMIENTO DE DIOS

171. Jesucristo es la única prueba del Dios vivo. Sólo conocemos a Dios por medio de Jesucristo. Sin su mediación no hay ninguna comunicación con Dios. Pero por Jesucristo conocemos a Dios. Todos los que han afirmado conocer a Dios y demostrar su existencia sin Jesucristo lo han hecho sin eficacia. Pero para demostrar a Cristo tenemos las profecías que son pruebas confiables y palpables, y que, al cumplirse y mostrar que son verdaderas por acontecimientos, muestran que estas verdades son ciertas. Por lo tanto ellas demuestran la divinidad de Jesucristo. En Él y por Él, conocemos a Dios. Aparte de Él, y sin la Escritura, sin el pecado original, sin el Mediador necesario que fue prometido y que vino, es imposible demostrar absolutamente que Dios existe, o enseñar la sana doctrina y la moralidad sana. Pero por y en Jesucristo nosotros podemos demostrar la existencia de Dios, y enseñar tanto doctrina como moralidad. Jesucristo por lo tanto es el Dios verdadero de los hombres.

Al mismo tiempo, sin embargo, conocemos nuestra propia miseria, ya que este Dios no es ningún otro que el que es nuestro Redentor de la miseria. Así podemos conocer a Dios correctamente sólo por reconocer nuestras propias iniquidades. En consecuencia, aquellos que han conocido a Dios sin conocer su pecaminosidad han glorificado no a Dios, sino a ellos mismos.

"Ya que Dios, en su sabio designio, dispuso que el mundo no lo conociera mediante la sabiduría humana, tuvo a bien salvar, mediante la sabiduría humana, tuvo a bien salvar, mediante la locura de la predicación a Cristo, a los que creen." (I Corintios I:21) (189–547).

172.

Los hombres blasfeman en ignorancia. Para el cristiano, la fe consiste en dos puntos que son igualmente importantes conocer y aún igualmente peligroso de ser ignorantes sobre ellos. Es misericordioso de Dios que Él nos ha dado pruebas de ambos de estos. Aún los hombres tomarán la oportunidad de suponer que uno de estos puntos no son verdades de las pruebas que deberían conducirlos a concluir la realidad de lo otro. En el pasado, los sabios que declararon que había sólo un Dios fueron perseguidos: los judíos fueron odiados, y los cristianos todavía más. Ellos vieron por la luz de la razón que si hay una religión verdadera sobre la tierra, la conducta de toda la moralidad debe concentrarse sobre ella. La manera que las cosas son hechas debería ser dirigida hacia el establecimiento de la fe y la fabricación de lo supremo. Los hombres deberían sentir como su ser íntimo se conforma a su enseñanza. En resumen, la naturaleza entera del hombre en particular y la conducta entera del mundo en general debería ser el objetivo y el foco de saber.

Pero debido a esto ellos toman la oportunidad de ridiculizar la fe cristiana, simplemente porque ellos saben tan poco de ella. Ellos imaginan que simplemente consiste en adorar a Dios que es considerado grande, fuerte, y eterno, lo que, correctamente hablando, es deísmo, un credo que está tan lejos de la fe cristiana como el ateísmo. Por lo tanto ellos concluyen que esta fe no es verdadera, porque ellos suponen de tantos modos que Dios no se ha revelado a los hombres tan claramente como Él podría haberlo hecho. Por supuesto, déjeles concluir lo que les gusta contra el deísmo; pero sus conclusiones no se aplicarán al cristianismo, que consiste esencialmente en el misterio del Redentor, que unió dos naturalezas en Él, la humana y la divina, a fin de salvar a los hombres de la corrupción del pecado y reconciliarlos con Dios en su persona divina.

La fe cristiana enseña a los hombres estas dos verdades: hay un Dios que los hombres son capaces de conocer, y ellos tienen una naturaleza corrupta que los hace indignos de Él. Es igualmente importante que los hombres conozcan estos dos puntos. Es igualmente peligroso para el hombre conocer a Dios sin conocer su propia pecaminosidad como es para él conocer sobre su pecaminosidad sin conocer al Redentor que puede curarlo. Conocer sólo uno de estos aspectos conduce a la arrogancia de los filósofos, que han conocido a Dios, pero no su propia pecaminosidad, o a la desesperación de los ateos, que conocen su propio estado desgraciado sin conocer a su Redentor.

Así es igualmente necesario que el hombre conozca estas dos cuestiones, entonces es igualmente misericordioso que Dios nos los revele. La fe cristiana comprende a ambos de estos.

Así que examinemos el estado del mundo, y veamos si todo no tiende a establecer estos dos principios principales de esta fe. Jesucristo es el objeto de todas las cosas, el centro sobre el cual todas las cosas se concentran. Quienquiera que lo conoce sabe la razón de todo. Pero aquellos que se pierden lo hacen sólo por una carencia de ver uno de estos dos principios. Porque es absolutamente posible conocer a Dios, pero no nuestra propia condición desgraciada, o conocer nuestra propia miseria, pero no a Dios. No es posible conocer a Cristo sin conocer tanto a Dios como nuestra miseria.

Por eso no trato de demostrar naturalmente la existencia de Dios, o en efecto la Trinidad, o la inmortalidad del alma o algo de esa clase. Esto no es solamente porque no me siento competente de encontrar argumentos naturales que convencerán a ateos obstinados, sino porque tal conocimiento, sin Cristo, es inútil y vacío. Incluso si alguien fuera convencido que las proporciones entre números son verdades inmateriales, eternas, según una primera verdad en la cual subsisten que ellos llaman Dios, yo no pensaría todavía que él haya hecho mucho progreso hacia su salvación.

El Dios cristiano no consiste simplemente en un Dios que es el Autor de verdades matemáticas y el orden de los elementos. Es la noción del pagano y de los epicúreos. Él no es simplemente Dios que extiende su cuidado providente sobre vida y propiedad de modo que a los hombres se les concede una envergadura feliz de años si ellos lo adoran. Esa la actitud de los judíos. Pero el Dios de Abraham, el Dios de Isaac, el Dios de Jacob, el Dios de los cristianos, es Dios de amor y consuelo. Él es un Dios que llena el alma y corazón de aquellos que Él posee. Él es un Dios que los hace conscientes interiormente de su miseria revelando su misericordia infinita. Él es un Dios que se une con ellos en las profundidades de su ser. Él es el que los llena de humildad, alegría, confianza, y amor. En efecto, Él es el que los hace incapaces de tener cualquier otro objeto excepto Él.

Todos aquellos que buscan a Dios aparte de Cristo, y que no van más allá de las observaciones de la naturaleza, o bien no encuentran ninguna luz que los satisfaga o no encuentran ningún modo de conocer y servir a Dios sin un mediador, a menos que sean seducidos por el ateísmo o por el deísmo. Ambos son igualmente detestables a la fe cristiana.

Sin Cristo el mundo no sobreviviría, porque habría sido destruido o sería una especie de infierno. Si el mundo existiera a fin de enseñar a los hombres sobre Dios, su deidad brillaría en todas partes de tal modo que no podía ser negado. Pero como sólo existe por Cristo, y para Cristo, enseñar a los hombres sobre su pecaminosidad y necesidad de redención, todo en esta revelación arde con pruebas de estas dos verdades.

Lo que puede ser visto sobre la tierra no indica, ni la ausencia total de Dios, ni su presencia manifiesta, pero más bien la presencia de un Dios escondido. Todo revela esta impresión. De este modo, el único ser que conoce la naturaleza ¿la conoce sólo para ser desgraciado? El único que la conozca ¿es el único que debe ser infeliz? Él no debe ver nada en absoluto, tampoco él debe ver bastante para suponer que él posee a Dios, pero más bien él debe ver bastante para saber que él ha perdido a Dios. Para saber que alguien ha perdido algo hay que ver y aún no ver, y tal es nuestra condición natural. Independientemente del curso que él adopte no lo abandonaré en paz (449–556).

173. Las pruebas metafísicas para la existencia de Dios están tan remotas del razonamiento humano y tan complicado que hacen una impresión general sobre la gente, y aun si ayudaran realmente, sería sólo para aquel momento durante el cual ellos observaron la demostración. Una hora más tarde ellos tendrían miedo de haber cometido un error. Así que "lo que ellos ganaron por curiosidad lo perdieron por el orgullo" [Agustín, *Sermones*, 141].

Ese es un resultado de conocer a Dios sin Cristo. En otras palabras, de la comunicación sin un mediador, con un Dios que se supone puede ser conocido sin un mediador. Aquellos que han conocido a Dios por un mediador conocen su propia miseria (190–543).

174. No solamente es imposible conocer a Dios sin Cristo, pero es inútil también. Ellos son atraídos más cerca, no más lejos. Ellos no son humillados, pero como se dice: "Mientras mejor uno es, peor se vuelve, si uno asigna su excelencia a sí mismo" [Bernardo de Claraval, *El Cantar de los Cantares*, 84] (191–549).

175. Conocer a Dios sin conocer nuestra propia miseria sólo abona el orgullo. Conocer nuestra propia miseria sin conocer a Dios sólo contribuye a la desesperación. Conocer a Jesucristo proporciona el equilibrio, porque Él nos muestra a Dios y nuestra propia miseria. (192–527).

176. El universo entero enseña al hombre que él es corrupto o redimido. Todo alrededor de él le muestra su grandeza o su miseria. El abandono de Dios puede ser visto en el pagano; la protección de Dios es evidenciada en los judíos (442–560b).

177. Todo alrededor de nosotros muestra la miseria del hombre y la misericordia de Dios, así como la impotencia del hombre sin Dios, y el poder del hombre con Dios (468–562).

178. Me maravillo de la audacia con la cual algunas personas presumen hablar de Dios. Al dar sus pruebas a los incrédulos, por lo general su primer capítulo es demostrar la existencia de Dios a partir de las obras de la naturaleza. Yo no estaría sorprendido sobre este proyecto si ellos dirigieran sus argumentos a creyentes, porque aquellos con la fe viva en sus corazones pueden ver claramente de una vez que todo lo que existe es completamente la obra de Dios a quien ellos adoran. Pero para aquellos en quienes esta luz ha sido extinguida y en quien tratamos de reavivarla, el orgullo de la fe y la gracia, tal gente ve la naturaleza sólo por esta luz y encuentra sólo la oscuridad. A los tales digo que ellos sólo tienen que mirar alrededor, y ellos verán en la menor parte de las cosas a Dios claramente revelado. No les dé ninguna otra prueba de esta manera gran y pesada que el curso de la luna y los planetas. Si tal argumento debiera serles presentado, no es de asombrar que ellos reaccionarían y dirían que las pruebas de nuestra religión son débiles en efecto, y la razón y la experiencia me dicen que nada es más probable que lo traerá en el desprecio en su punto de vista.

Pero así no es como la Escritura habla, con su mejor conocimiento de las cosas de Dios. Al contrario, habla de Dios como un Dios escondido, y porque la naturaleza ha sido corrompida, Él ha abandonado a los hombres a su ceguera. Ellos sólo pueden escaparse de esto por Jesucristo, ya que sin Él toda la comunicación con Dios es cortada. "Nadie conoce al Padre, sino el Hijo y aquel a quien el Hijo quiera revelarlo" (Mateo 11:27).

Esto es lo que la Sagrada Escritura nos dice cuando nos habla en tantos sitios que aquellos que buscan a Dios lo encontrarán. Esta no es la luz natural del sol de mediodía. No argumentamos que aquellos que buscan el sol en mediodía o agua en el mar lo encontrarán y que del mismo modo las pruebas de Dios en la naturaleza son de la misma manera. No es. Más bien dice: "Tú, Dios de Israel, eres un Dios que se oculta" (Isaías 45:15) (181–242).

179. Si es una evidencia de debilidad intentar demostrar a Dios a partir de la naturaleza, no desprecie la Escritura. Si es una evidencia de fuerza reconocer estas contradicciones, entonces respete la Escritura por esto (466–428).

180. Es un hecho notable que ningún escritor dentro del canon ha usado alguna vez la naturaleza para demostrar la existencia de Dios. Todos ellos tratan de ayudar a la gente a creer en Él. Ni David, ni Salomón, ni otros alguna vez dijeron: "No hay ninguna tal cosa como un vacío, por lo tanto Dios existe." Ellos deben haber sido más inteligentes que los más inteligentes de sus sucesores, todos los cuales han usado pruebas de la naturaleza. Esto es lo más significativo (463–243).

CAPÍTULO

15

LA CORRUPCIÓN DE LA NATURALEZA HUMANA

181. Sin Cristo el hombre Sólo puede ser pecador y desgraciado. Con Cristo el hombre es liberado del pecado y la miseria. Ya que en Él es toda nuestra virtud y felicidad. Aparte de Él puede haber sólo vicio, la miseria, el error, la oscuridad, la muerte, y la desesperación (416–546).

182. No solamente conocemos a Dios sólo por Jesucristo, pero nos conocemos sólo por Jesucristo. Conocemos la vida y la muerte sólo por Jesucristo. Aparte de Jesucristo no podemos conocer que el significado de nuestra vida o de nuestra muerte, de Dios o de nosotros. Sin la Escritura, cuyo sólo objeto es proclamar a Cristo, no sabemos nada, y podemos ver nada más que oscuridad y confusión en la naturaleza de Dios y en la naturaleza misma (417–548).

CAPÍTULO

15

LA CORRUPCIÓN DE LA NATURALEZA HUMANA

CAPÍTULO
16

LA FALSEDAD DE OTRAS RELIGIONES

[El cristianismo tiene un entendimiento verdadero de la necesidad del hombre]

183. La naturaleza verdadera del hombre —su virtud verdadera y su verdadera virtud— y la religión verdadera son cosas que no pueden ser conocidas separadamente (393–442).

184. Para que una religión sea verdadera nuestra naturaleza debe ser conocida. Debe reconocer su grandeza y pequeñez, y la razón de ambas. ¿Qué religión sino la fe cristiana ha conocido esto? (215–433).

185. Si hay una única fuente de todo, hay un único final de todo; todo de Dios, y todo para Dios. La religión verdadera debe enseñarnos entonces a adorarlo y amarlo solo a Él. Pero ya que nos encontramos incapaces de adorar lo que no sabemos, y amar cualquier objeto aparte de nosotros, la religión que nos instruye en estos deberes debe revelarnos también esta inhabilidad y mostrarnos el remedio.

El cristianismo nos enseña que por un hombre todo fue perdido, que el vínculo estuvo roto entre Dios y el hombre, y aún por un hombre el vínculo ha sido restaurado. Somos nacidos tan opuestos a este amor de Dios, que es tan esencial para nosotros, que debemos haber nacido culpables o Dios sería injusto (205–489).

186. Todos los hombres naturalmente se odian el uno al otro. Ellos pretenden utilizar el orgullo en el servicio de sus prójimos, pero este es un mero pretexto, una imagen falsa de la caridad, ya que en el corazón de ello es sólo odio (210–451).

187. ¿Sin este conocimiento de Dios cómo podrían los hombres regocijarse por la conciencia interior de su grandeza pasada, o deprimirse a la vista de su debilidad presente? Incapaces de ver la verdad entera, ellos no podían alcanzar la virtud perfecta. Algunos, que consideran la naturaleza como incorrupta, mientras otros como incurable, no han sido capaces de evitar el orgulloso por una parte o la pereza por la otra (que son las dos fuentes de todo vicio), ya que la única alternativa que ellos tienen es someterse por cobardía o huir por el orgullo. Si ellos se dieran cuenta de la excelencia del hombre, serían ignorantes de su corrupción, con la consecuencia de que habrían evitado seguramente la pereza, pero entonces habrían incurrido en el orgullo. De otra manera, si ellos reconocieron que lograron evitar el orgullo, caerían sólo precipitadamente en la desesperación.

Es debido a esto que tenemos varias escuelas de filosofía, como las de los estoicos, epicúreos, los dogmáticos, y los escépticos.

Sólo la fe cristiana ha sido capaz de curar estos dos vicios, no usando uno para deshacerse del otro según la práctica de la sabiduría mundana, sino expulsando a ambos según la simplicidad del evangelio. Ya que enseña lo justo, a quien esto exhorta, hasta al punto de compartir la divinidad misma, que en este estado sublime ellos todavía llevan la fuente de toda corrupción que expone sus vidas a error, miseria, muerte, y pecado. Al mismo tiempo le grita a los más impíos que ellos sean capaces de recibir la gracia de su Redentor. Así la fe cristiana hace que aquellos que justifica teman, y consuela a aquellos que condena, de modo que el miedo y la esperanza sean ambos equilibrados. Porque esta capacidad doble para gracia y pecado que es común a todo, humilla a los hombres infinitamente más que la razón podría hacer alguna vez sola. Pero hace así sin hacer que ellos se desesperen, y los exalta infinitamente más que el orgullo natural podría hacer alguna vez sin hincharles. Esto claramente muestra que el evangelio solo, estando exento de error y vicio, es la única fe que tiene el derecho a enseñar y corregir a la humanidad.

¿Quién entonces puede rechazar creer y adorar una revelación tan divina? ¿Ya que no está más claro que el día que observamos dentro de nosotros señales indelebles de la excelencia, y aún no es igualmente verdadero que constantemente experimentamos los efectos de nuestra condición deplorable? ¿Qué más manifiesta este caos y confusión monstruosa, sino la verdad de estas dos condiciones en una voz demasiado poderosa para negarla? (208–435).

188. Jesucristo es Dios al que podemos acercarnos sin orgullo, y ante quien podemos humillarnos sin desesperación (212–528).

189. Otras religiones, como las de los paganos, son más populares, ya que consisten completamente en actos externos; ellas no son para la gente culta. Una religión puramente intelectual sería más apropiada para el inteligente, pero no sería nada buena para ayudar a la gente común. La fe cristiana sola es adecuada para todos, siendo una mezcla de externo e interno. Levanta a la gente común interiormente a lo espiritual, y humilla el orgulloso en apariencia a lo material. No es completa sin ambos, ya que la gente debe entender el espíritu de la letra, mientras el inteligente debe someter su espíritu a la letra (219–251).

190. Somos en efecto ciegos, a menos que sepamos que estamos llenos de orgullo, ambición, egoísmo, debilidad, miseria, e injusticia. Y si alguien sabe todo esto, y no desea ser salvo, ¿qué podemos decir sobre él? Sólo podemos tener respeto por una religión que conoce las faltas del hombre tan bien. ¿Es sorprendente que una fe que promete tan añorados remedios debería ser verdadera? (595–450).

191. La corruptora influencia de la razón puede ser vista en la costumbre diversa y exagerada. La verdad tuvo que aparecer de modo que el hombre dejara de vivir dentro de él (600–440).

192. La afirmación de Mahoma es en comparación muy débil. Él no tiene ninguna autoridad. Entonces él tuvo que inventar argumentos poderosos ya que ellos no tenían ninguna fuerza aparte de ellos. ¿Qué dice él entonces? ¡Simplemente que debemos creerle! (203–595).

193. *Falsedad de otras religiones.* Ellos no tienen testigos; estas personas sí lo tienen. Pero Dios desafía a las otras fes a que produzcan tales señales (Isaías 43:9–44:8) (204–592).

194. El mundo entero timbra con el testimonio de los Salmos (vea el Salmo 48:4). ¿Quién atestigua a Mahoma? Él mismo. Jesús quiere que sus testigos sean nada. La calidad de testigos es que ellos debieran existir siempre, en todas partes y desgraciado. Porque Jesús es solo (1–596).

195. Jesucristo fue profetizado, Mahoma no. Mahoma asesinó, pero Jesús hizo que sus seguidores fueran asesinados. Mahoma prohibió la lectura, pero los apóstoles lo mandaron. En resumen la diferencia entre ellos es tan grande que si Mahoma siguió el camino del éxito, humanamente hablando, Jesús siguió el de la muerte, humanamente hablando. En vez de suponer que donde Mahoma tuvo éxito, Jesús no podía haber hecho así, debemos decir más bien que puesto que Mahoma tuvo éxito, Jesús tuvo que morir (209–599).

196. No deseo ser el juez de Mahoma por lo que es oscuro en él, a causa de que se puede afirmar que era místico, sino por lo que está claro: por su idea, por ejemplo, del paraíso y tales temas. En estas referencias él es ridículo. Y por eso no es correcto tomar sus oscuridades como misterios, viendo que lo que está claro en él es absurdo.

Este no se aplica a la Escritura. Admitiré que hay oscuridades tan raras como las de Mahoma, pero algunas cosas tienen la maravillosa claridad, acompañada por profecías que han sido obviamente cumplidas. Entonces los dos casos no pueden ser comparados. No debemos confundir y tratar como igual aquellas cosas que se parecen el uno al otro sólo en sus oscuridades, pero no en aquella claridad que requiere que nosotros respetemos aquellas oscuridades (218–598).

CAPÍTULO

17

¿QUÉ HACE A LA RELIGIÓN VERDADERA ATRACTIVA?

197. Jesucristo es para todos, pero Moisés es para un pueblo. Los judíos fueron bendecidos en Abraham: "Bendeciré a los que te bendigan...¡por medio de ti serán bendecidas todas las familias de la tierra!" (Génesis 12:3). "No es gran cosa que seas mi siervo" (Isaías 19:6). "Luz que ilumina a las naciones" (Lucas 2:32).

"Esto no lo ha hecho con ninguna otra nación" (Salmo 147:20), dijo David, al hablar de la ley, pero al hablar de Jesucristo debemos decir: "Del mismo modo, muchas naciones se asombrarán" (Isaías 52:15). Así Jesús es para lo que es universal. La iglesia ofrece su sacrificio sólo a favor del fiel, pero Jesús ofreció el de la cruz para todos los hombres (221–774).

198. "Jesucristo, el Redentor para todo." "Sí, ya que Él ofreció esto como un hombre que redime a todo aquellos que desearon venir a Él. Si unos mueren en su camino, esa es su responsabilidad, pero por su parte, Él les ofreció la redención."

Podría ser argumentado que esto está bien en este ejemplo, donde el que redime y el que previene la muerte es visto como dos personas diferentes. ¡Pero esto no es así de Cristo, que hace ambas cosas! "No, porque Cristo como Redentor quizás no es el Señor de todo, pero en lo que respecta a Él, es el Redentor de todo" (911–781).

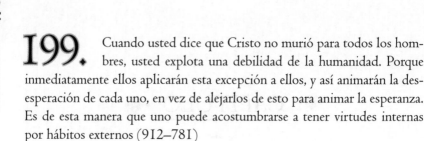

199. Cuando usted dice que Cristo no murió para todos los hombres, usted explota una debilidad de la humanidad. Porque inmediatamente ellos aplicarán esta excepción a ellos, y así animarán la desesperación de cada uno, en vez de alejarlos de esto para animar la esperanza. Es de esta manera que uno puede acostumbrarse a tener virtudes internas por hábitos externos (912–781)

CAPÍTULO

18

FUNDAMENTOS DE LA FE Y RESPUESTAS A OBJECIONES

200. La religión pagana no tiene fundamentos hoy. Se dice que sus fundamentos solían yacer en declaraciones de oráculo. ¿Pero dónde están ahora los libros que hablan sobre esto? ¿Y son ellos de confianza debido al carácter de sus autores? ¿Han sido ellos preservados con cuidado que podemos estar seguros que no se han corrompido? La religión islámica está basada sobre el Corán y Mahoma. ¿Pero era este el profeta que fue profetizado que sería la última esperanza del mundo? ¿Qué signos muestra él que no son mostrados por nadie más que afirme ser un profeta? ¿Qué oráculos afirma él mismo haber realizado? ¿Qué misterio enseña él, según su propia tradición? ¿Qué sistema de moralidad y que forma de felicidad profesa él?

La religión judía debe ser considerada de manera diferente en cuanto a su tradición de los Libros Sagrados y en la tradición popular. Las ideas de la tradición popular de moralidad y felicidad son ridículas. Pero sus Libros Sagrados son admirables. De la misma manera su fundación es admirable, porque es el libro más antiguo en el mundo, y el más auténtico. Pero Mahoma trató de conservar su libro prohibiendo a sus seguidores que lo leyeran. Por la misma razón, Moisés ordenó a todos leer el suyo. Es lo mismo con cada religión. Pero nuestra fe es tan divina que otra religión divina simplemente proporciona su fundamento (243–601).

201. La sustancia de la fe consiste en Jesucristo y Adán. La sustancia de moralidad consiste en la concupiscencia y en la gracia (226–523).

147

202. Una fuente de contradicción. Un Dios humillado hasta a la muerte en la cruz. Dos naturalezas en Jesucristo. Dos advenimientos. Dos estados de la naturaleza del hombre. Un Mesías triunfante sobre la muerte por su muerte (241–765).

203. Es incomprensible que Dios debería existir, e inconcebible que Él no debería. Otros misterios son que el alma debería ser unida al cuerpo, y que no deberíamos tener ninguna alma; que el mundo debiera ser creado, y que no debería; que el pecado original debería existir, y que no debería (809–230).

204. Todo lo que es incomprensible no deja, sin embargo, de existir (230–430b).

205. Si argumentamos que el hombre es demasiado mezquino para merecer la comunión con Dios, debemos ser en efecto grandes para hacer tal juicio (231–511).

206. El hombre es indigno de Dios, pero él no es incapaz de ser hecho digno. Es indigno que Dios se una al hombre desgraciado, sin embargo no es indigno que Dios levante al hombre de su miseria (239–510).

207. Los ateos objetan que "no tenemos luz" (244–228).

208. El Dios eterno existe siempre, una vez que Él ha existido (440–559b).

209. Si ningunas pruebas de Dios hubieran existido nunca, una pérdida tan eterna sería ambigua y podría ser usada igualmente bien para explicar la ausencia de cualquier deidad. Sin embargo el hecho de que Dios a veces aparece, pero no siempre, quita toda ambigüedad. Si Dios aparece una vez, Él existe siempre. Así que la única conclusión posible es que hay Dios, pero los hombres son indignos de Él (448–559).

210. Es verdad que al hombre se le enseña su condición por todo lo que le rodea. Pero no debe haber ningún malentendido, ya que no es verdad que todo revela a Dios. Tampoco es verdad que todo oculta a Dios. Pero es verdad que Dios se esconde realmente en efecto de aquellos que lo tientan. Él se revela a aquellos que lo buscan. Ya que mientras los hombres son al mismo tiempo indignos y capaces de Dios, indignos por su corrupción, pero ellos son capaces por su creación original (444–557).

211. ¿Qué debemos concluir de toda nuestra oscuridad, sino la evidencia de nuestra propia indignidad? (445–558).

212. Si no hubiera oscuridad, el hombre no sentiría su propio estado corrupto. Si no hubiera luz, el hombre no podría tener esperanza de una cura. Es por tanto no sólo correcto sino provechoso para nosotros que Dios en parte se hubiera ocultado y en parte revelado. Porque es igualmente peligroso para el hombre conocer a Dios, sin darse cuenta de su propia miseria, como darse cuenta de su miseria sin conocer a Dios (446–586).

213. La conversión del pagano fue posible exclusivamente por la gracia del Mesías. Porque los judíos los habían atacado por tanto tiempo sin éxito alguno. Todo lo que Salomón y el profeta dijo contra ello fue inútil. En efecto, hombres sabios como Platón y Sócrates no pudieron persuadirlos (447–769).

214. Dios está oculto. Pero Él permite que aquellos que lo buscan lo encuentren. Señales evidentes de Él siempre han existido a través de las edades. Tenemos las señales de las profecías, mientras otras edades tienen otras señales. Todas las evidencias tienen coherencia. De modo que si una es verdadera, la otra también. Por tanto cada edad, al tener señales apropiadas para su contexto, también ha reconocido las otras. Por tanto, aquellos que vieron el diluvio creyeron en la creación, y también creyeron en el Mesías que había de venir. Aquellos que vieron a Moisés creyeron en el diluvio y en el cumplimiento de las profecías. Nosotros que vemos las profecías cumplidas deberíamos por tanto creer también en el diluvio y la creación ("*Pensamientos* adicionales", 14).

215. Confiese la verdad de la fe en su misma oscuridad, aun en la pequeña luz que podemos arrojar sobre ella, y en efecto en nuestra indiferencia de ella (439–565).

216. Reconocemos que Dios desea ocultarse. Si hubiera sólo una religión, Dios sería claramente evidenciado. De igual manera, si no hubiera mártires excepto en nuestra propia fe. Pero Dios al estar entonces oculto, cualquier religión que no dice que Dios está oculto no es verdadera, y cualquier religión que no explica por qué es así, en realidad no instruye. Pero la nueva hace todo esto. "Tú... eres un Dios que se oculta" (Isaías 45:15) (242–585).

217. Dios desea mover la voluntad más bien que la mente. El amor perfecto ayudará a la mente y dañará la voluntad. Así que dejemos que su orgullo sea humillado (234–581).

218. Contraste la ceguera de Montaigne con la clarividencia de san Agustín *(Apología de Sebond)*. Hay siempre bastante luz para iluminar al electo y bastante oscuridad para humillarlos. Hay bastante oscuridad para cegar al réprobo y bastante luz para condenarlos y privarlos de cualquier excusa. En el Antiguo Testamento la genealogía de Jesús es mezclada con tantos otros que parecen irrelevantes que parece indistinguible. Si Moisés hubiera registrado sólo a los antepasados de Jesús, habría sido demasiado obvio. Si él no hubiera indicado la genealogía de Jesús, no habría sido lo suficiente obvio. Pero después de todo, alguien que examina estrechamente puede ver que la genealogía de Jesús es fácilmente distinguida por la línea de Tamar, Rut, etcétera.

Aquellos que ordenaron los sacrificios del Antiguo Testamento se dieron cuenta de lo inútil que ellos eran; sin embargo aquellos que declararon que eran inútiles no dejaron de realizarlos. De la misma manera, si Dios hubiera permitido sólo una religión, habría sido demasiado fácilmente reconocida. Pero si miramos más de cerca, es fácil discernir la religión verdadera en medio de toda esta confusión.

Principio: Moisés era un hombre inteligente. Por lo tanto, si él fue gobernado por su inteligencia, él no debe haber puesto por escrito nada que era contrario a la inteligencia.

Así reconocemos que las debilidades más obvias son realmente fuerzas. Vea, por ejemplo, las dos genealogías de Mateo y Lucas. ¿Qué podría estar más claro que reconocer que no podría haber ninguna colaboración? (236–578).

219. En vez de quejarse siempre que Dios se ha escondido, usted debería darle gracias por revelar tanto como él ha hecho de Él. Usted le agradecerá también por no revelarse a sabios que están llenos del orgullo e indignos de conocer a un Dios tan santo.

Hay dos clases de personas que conocen a Dios. Hay aquellos que son humildes de corazón y a quienes agrada su modestia, independientemente del grado de inteligencia alta o baja que ellos puedan tener. Y hay aquellos que son bastante inteligentes para ver la verdad, por más que puedan oponerse a ella (394–288).

220. El mundo es una etapa para el ejercicio de misericordia y juicio. No es como si la humanidad fue creada por las manos de Dios, pero como si ellos eran los enemigos de Dios, concedidos por su gracia suficiente luz para regresar si ellos desean buscar y seguirlo. Sin embargo, ellos también tienen luz suficiente para recibir el castigo si se niegan a buscar o seguirlo (461–584).

221. No entendemos nada de la obra de Dios a menos que aceptemos el principio que Él deseó cegar a unos e iluminar a otros (232–566).

222. Jesús vino para cegar aquellos que tienen la visión clara y dar vista al ciego. Él vino para curar el enfermo y en cambio dejar al sano morir. Él vino para llamar a pecadores al arrepentimiento y justificarlos, y sin embargo llevar al justo a sus pecados. Él vino para llenar al hambriento de cosas buenas y enviar vacío al rico (235–771).

223. Jesús no niega que Él venga de Nazaret, ni que Él es el hijo de José. ¡Esto es a fin de dejar el malo en su ceguera! (233–796).

224. Si Jesús hubiera venido sólo para santificar, el todo de la Sagrada Escritura, y todo lo demás estaría orientado de esa manera, y sería bastante fácil convencer a los incrédulos. Si Jesús hubiera venido sólo a ministrar al ciego, todo su comportamiento habría sido confuso y nosotros no habríamos tenido medios de convencer a los incrédulos. Pero Él vino para ser "un santuario" y una "piedra de tropiezo" como Isaías dice (Isaías 8:14). Así que no podemos convencer a los incrédulos y tampoco ellos pueden convencernos. Pero no los convencemos por aquel mismo hecho, ya que sabemos que todo su comportamiento no demuestra ninguna convicción ni de un modo ni de otro (237–795).

❖ CAPÍTULO ❖

19

SENTIDOS FIGURADOS DE LA LEY DEL ANTIGUO TESTAMENTO

El pensamiento de Pascal es delicadamente y de manera sutil equilibrado entre el uso de las expresiones simbólicas y literales de la verdad. "Si sometemos todo a la razón nuestra religión sería dejada con nada que es misterioso o trascendente," él discute (173–273).

Pero, citando de Agustín, él añade: "'la razón nunca se sometería a menos que juzgara que hay ocasiones cuando debería someterse.' Es correcto, entonces, que la razón debería someterse cuando debería ser sumisa" (174–270). Esta es la razón por qué las expresiones figuradas de la verdad son importantes, como la erudición moderna reconoce una vez más. Entonces Pascal pregunta: "¿Por qué no vino Cristo en la manera obvia en vez de demostrar a quién era Él por predicciones pasadas? ¿Por qué tuvo que profetizarse de manera figurada?" (389–794). Toda la conversación de Dios, a la luz de su naturaleza inefable, debe ser la lengua de la metáfora. "El último acto de la razón es el reconocimiento que hay un número infinito de cosas que superan su comprensión. Es un asunto débil si no reconoce esto. ¿Y si las cosas naturales están más allá de ello, qué debemos decir sobre las realidades sobrenaturales?" (188–267).

Sin embargo, Pascal repararía el equilibrio de pensamiento que, a diferencia del pensamiento griego de "universales," hay también el contenido literal en la verdad de Dios. Porque Dios es el Dios de la historia, Dios de hechos poderosos a favor de Israel, su pueblo elegido. ¡La verdad es especificada, y en su carácter literal, no va en contra de la razón! Como él observa en otras partes, la religión se hace absurda y ridícula si ofendemos los principios de la razón. Entonces ahora reanudamos la propia lengua de Pascal cuando él trata con el carácter figurado del Antiguo Testamento.

225. Deseamos argumentar que el Antiguo Testamento es sólo figurado, y que hablando de bendiciones temporales, los profetas significaron otras clases de bendición.

UNA MENTE ENCENDIDA

Primero, esto sería indigno de Dios. Los dichos de los profetas expresan claramente la promesa de bendiciones temporales, y así argumentar que sus dichos son obscuros y su sentido no será entendido es absurdo. Entonces parece que el sentido escondido, que ellos argumentan no fue abiertamente revelado, explica por qué ellos argumentaron que debe haber otros sacrificios así como otro Redentor. Ellos argumentan que no será entendido antes de que el tiempo se cumpla (ver Jeremías 33).

La segunda prueba es que sus dichos son contradictorios y se anulan el uno al otro. Si suponemos que por las palabras "ley" y "sacrificio" su sentido era simplemente "el dado por Moisés," lo que es una flagrante contradicción. Entonces ellos argumentan que ellos significaron algo más, y a veces se contradicen en el mismo pasaje (501–659).

226. Hay tiempos cuando podemos dar un retrato bueno sólo reconciliando los elementos contrarios en nosotros, y no es suficiente mostrar una sucesión de cualidades armoniosas sin reconciliar los opuestos. Para entender el sentido de un autor, debemos reconciliar todos los pasajes en conflicto.

A fin de entender la Escritura, debe encontrarse un sentido que armoniza todos los pasajes en conflicto. No es suficiente tener uno que encaja varios pasajes que simplemente resultan estar de acuerdo. Debe haber uno que reconcilia hasta los pasajes en conflicto.

Cada autor tiene un sentido al cual todos los pasajes en conflicto son subordinados, o verá que su trabajo no tiene sentido. No podemos decir que la Sagrada Escritura y los profetas carecen de sentido. Ellos eran seguramente demasiado sensibles. Debemos buscar por lo tanto un sentido que reconcilia todas las contradicciones.

El sentido verdadero no es el de los judíos, pero en Jesucristo todas las contradicciones son reconciliadas. Los judíos no podían reconciliar el final de la línea real y principesca predicha por Oseas con la profecía de Jacob (Oseas 3:4; Génesis 49:10).

Si aceptamos la ley, los sacrificios, y el reino como realidades, no podemos reconciliar todos los pasajes que se refieren a estos. Así que resulta que deben ser considerados sólo figuradamente. No deberíamos siquiera intentar reconciliar los pasajes diferentes del mismo autor, o del mismo libro, o aun a veces del mismo capítulo, que muestra sólo demasiado claramente la intención del autor. Por ejemplo, en Ezequiel 20, dice que debemos y que no debemos vivir según los mandamientos de Dios (258–684).

227. Cuando la Palabra de Dios, que es verdadera, es falsa en un sentido literal, es verdadera en un sentido espiritual. "Siéntate a mi derecha" (Salmo 110:1) es literalmente falso, entonces es verdadero en su aplicación espiritual.

En tales expresiones se habla de Dios en términos humanos. Pero esto simplemente significa que lo que los hombres quieren cuando sientan a alguien en su mano derecha, Dios también lo quiere. Simplemente indica la intención de Dios, no el modo que Él lo realizará.

Así también está escrito: "el Señor percibió el grato aroma" (Génesis 18:21), y le recompensará con una tierra rica. Este simplemente significa que Él tiene la misma intención que un hombre que huele su agradable aroma le recompensa con una tierra rica. Dios tiene la misma intención hacia usted porque usted tiene la misma intención hacia Él, como un hombre tiene hacia alguien a quien él ofrece su agradable aroma.

Otra vez dice que "se enciende la ira del Señor" (Isaías 5:25) y que Él es "Dios celoso" etcétera. Puesto que las cosas de Dios son inexpresables, ellos no pueden ser dichos de ningún otro modo que lo que es dicho humanamente como la iglesia todavía los usa. Entonces dice: "Él ha reforzado las barras" (Salmo 147:13), etcétera.

Entonces no deberíamos atribuir sentidos a la Escritura que no revela tener (272–545).

LA CLAVE AL SIMBOLISMO ES DADA POR JESÚS

228. Jesucristo abrió sus mentes de modo que ellos pudieran entender la Sagrada Escritura. Dos grandes revelaciones fueron dadas: Primero, todo les vino en la forma de símbolos — "un verdadero israelita, verdaderamente libres, verdadero pan del cielo" (Juan 1:47; 8:36; 6:32); y segundo, un Dios humillado hasta la cruz. Cristo tuvo que sufrir para entrar en su gloria, "anular, mediante la muerte, al que tenía el dominio de la muerte..." (Hebreos 2:14) (253–679).

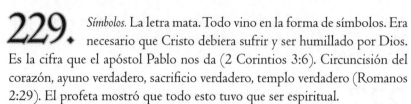

229. *Símbolos.* La letra mata. Todo vino en la forma de símbolos. Era necesario que Cristo debiera sufrir y ser humillado por Dios. Es la cifra que el apóstol Pablo nos da (2 Corintios 3:6). Circuncisión del corazón, ayuno verdadero, sacrificio verdadero, templo verdadero (Romanos 2:29). El profeta mostró que todo esto tuvo que ser espiritual.

Ya que no es la carne que fallece, pero la carne que no fallece (Juan 6:53–57). "Serán ustedes verdaderamente libres" (Juan 8:36). Por lo tanto la otra libertad es sólo un símbolo de la libertad verdadera. "Yo soy el pan vivo que bajó del cielo" (Juan 6:51) (268–683).

230. *Símbolos.* Una vez que el misterio ha sido revelado, es imposible no verlo. Leamos el Antiguo Testamento en esta luz, y ver si los sacrificios fueron verdaderos, si la línea de Abraham no fuera la causa verdadera para la amistad de Dios, si la Tierra Prometida fuera el lugar verdadero del reposo. No, por lo tanto todos ellos eran figura.

Todos estos sacrificios y ceremonias eran por lo tanto simbólicos o meros absurdos. Ahora estas cosas están claras y demasiado sublimes para ser desechadas como tonterías.

Vea si la visión de los profetas fue encajonada a los acontecimientos en el Antiguo Testamento, o si ellos vieron otras cosas en ello (267–680).

231. El velo puesto sobre la Escritura para los judíos está también allí para los cristianos malos, y para todos aquellos que no se odian. ¡Pero cuán bien dispuestos estamos para conocer a Cristo, cuando realmente nos odiamos! (475–676).

232. Todo lo que Jesús hizo fue enseñar a los hombres que se aman a sí mismos, que ellos eran esclavos, ciegos, enfermos, miserables, y pecadores, y que Él había venido para liberarlos, iluminarlos, santificarlos, y curarlos. Esto sería conseguido por aquellos que se odiaron y siguieron a Jesús por su miseria y su muerte en la cruz (271–545).

233. Los judíos estaban acostumbrados a grandes y maravillosos milagros, y así habiendo tenido las grandes maravillas del Mar Rojo y la entrada en la tierra de Canaán como un epítome de las grandes cosas que todavía iban a ser hechas por su Mesías, ellos esperaron algo aún más maravilloso, del cual los milagros realizados por Moisés eran sólo un preludio (264–746).

234. Los judíos materialistas no reconocieron la grandeza o la humildad del Mesías, cuya llegada había sido profetizada por sus profetas. Ellos dejaron de reconocer en Él la grandeza que había sido profetizada, como cuando se dice que el Mesías será el Señor de David, aunque su hijo (Mateo 22:45), o que Él es antes de Abraham y que Abraham lo había visto (Juan 8:56, 58). Ellos no creyeron que Él fuera tan grande para ser eterno, y de la misma manera ellos dejaron de reconocerlo en su humillación y muerte. "El Mesías," discutieron ellos, "permanece siempre," pero este hombre dice que Él morirá (Juan 12:34). Así que ellos no creyeron, ni que Él era mortal, ni que Él era eterno. En cambio, ellos sólo buscaron la grandeza mundana en Él (256–662).

235. *Símbolos.* Isaías 51. El Mar Rojo, una figura de la redención.
"Para que sepan que el Hijo de Hombre tiene autoridad en la tierra para perdonar –se dirigió entonces al paralítico—: A ti te digo, levántate" (Marcos 2:10–11).

Deseando mostrar que Él podría crear a una gente santa con una santidad invisible y dotarlos con la gloria eterna, Dios creó cosas visibles. Como la naturaleza es una imagen de gracia, él creó entre las cosas buenas en el orden de la naturaleza lo que Él iba a crear en el orden de la gracia, de modo que los hombres entendieran que Él podría crear cosas invisibles porque Él creó cosas visibles.

Así Dios salvó a la gente del diluvio. Él hizo que nacieran de Abraham. Él los libró de sus enemigos y les dio descanso. El propósito de Dios no era salvar a un pueblo entero del diluvio o hacer que un pueblo entero naciera de Abraham, pero simplemente conducirlos a la Tierra Prometida.

Incluso la gracia es sólo figura de la gloria, ya que ella no es el último termino. Fue prefigurada según la ley, y es un símbolo de gloria. Pero es tanto símbolo como el origen o la causa.

La vida ordinaria del hombre es como la de los santos. Buscamos la satisfacción, y sólo nos diferenciamos según el objeto en el cual lo localizamos. Aquellos que los hombres llaman sus enemigos son los que les impiden tenerlo. Dios ha mostrado por lo tanto su poder de otorgar dones invisibles mostrando el poder que Él tiene sobre visibles (275–643).

LA RAZÓN DE TAL AMBIGÜEDAD

236. *Símbolos.* Los judíos habían envejecido en estos pensamientos terrenales. Ellos vieron que Dios amó a su padre Abraham; esto debido a que este Dios hizo que ellos se multiplicaran y los pusiera aparte de todas las demás naciones, sin permitir que ellos se entremezclaran. Cuando ellos languidecían en Egipto, Dios los sacó con muchas señales maravillosas de su favor sobre ellos. Él los alimentó con el maná en el desierto. Él los condujo a una tierra rica. Él les dio reyes y un templo bien construido para ofrecer sus sacrificios de animales, y por el derramamiento de su sangre para ser purificados. Al final Él debía enviarles finalmente el Mesías para hacerlos maestros sobre el mundo entero, y profetizar el tiempo de su llegada.

Cuando el mundo había envejecido en estos errores materialistas, Jesucristo vino en el tiempo designado. Pero Él no vino con el resplandor esperado de la gloria. Por lo tanto ellos no apreciaron que era Él. Después de su muerte, el apóstol Pablo vino para enseñar a los hombres que todas las cosas habían pasado simbólicamente (I Corintios 10:11). Porque el reino de Dios no perteneció a la carne, sino al espíritu. Los enemigos de la gente no eran los babilonios, sino sus propias pasiones. Dios no se deleitó con templos hechos de manos, pero en un puro y humilde el corazón (Hebreos 9:24). La circun-cisión del corazón era necesaria (Romanos 2:29). Moisés no les dio el pan que bajó del cielo, etcétera.

Ya que Dios no estaba dispuesto a revelar estas cosas a la gente que era tan indigna de ellos, y aún deseaba profetizarles de modo que ellos creyeran, Él predijo el tiempo de su cumplimiento claramente. A menudo Él hizo así de un modo figurado, de modo que aquellos a quienes gustaban los símbolos se entretuvieran en ellos, y aquellos que les gustaban las cosas simbolizadas las verían.

Todo lo que no conduce a amar es simbólico. El único objeto de la Es-critura es el amor. Todo lo que no se refiere directamente a este solo bien es figurado. Ya que hay sólo un objetivo, todo lo que no conduce hacia ello es explícitamente figurado. Así Dios tiende la diversidad a un principio de amor a fin de satisfacer nuestra curiosidad, que busca la diversidad que siempre nos conduce a una cosa necesaria. Porque una sola cosa es necesaria, y nos gusta la diversidad. Dios cumple ambas necesidades por esta diversidad que conduce a la única cosa necesaria.

Los judíos eran tan aficionados a símbolos y tan totalmente los esperaban, que fallaron en reconocer la verdadera cosa cuando esta vino en el tiempo y en la manera profetizada. Por ejemplo, los rabinos tomaron los pechos del cónyuge figuradamente (Cantar de Cantares 4:5). Los cristianos hasta toman la eucaristía como un símbolo de la gloria a la cual ellos aspiran (270–670).

237. A fin de hacer el Mesías reconocible a hombres buenos, e irreconocible al malo, Dios había profetizado la manera de la llegada del Mesías de esta manera. Si el camino del Mesías hubiera sido claramente profetizado, no habría habido ninguna oscuridad, ni siquiera para el malo. Si el tiempo hubiera sido profetizado obscuramente, habría habido oscuridad hasta para el bueno, porque la bondad de sus corazones no les habría permitido entender, por ejemplo, que el *mem* cerrado significaba seiscientos años. Pero el tiempo fue profetizado claramente, mientras su manera era por medio de símbolos.

De esta manera, el malo tomó el bien prometido como una riqueza material y se perdió, aunque el tiempo hubiera sido claramente profetizado. Pero el justo no se perdió. El conocimiento de la prometida riqueza depende del corazón, que llama "bien" a lo que ama, pero el conocimiento del tiempo prometido no depende del corazón. Así la predicción clara del tiempo y la predicción obscura de la riqueza sólo engañan el malo (255–758).

EL TESTIGO JUDÍO DE CRISTO

238. *Motivos de usar símbolos.* Ellos tuvieron que dirigirse a una gente materialista y hacerlo el depósito de un pacto espiritual. Para inspirar la fe en el Mesías, tuvieron que haber profecías anteriores pasadas por personas fuera de sospecha, mundialmente conocida como concienzudas, leales, y con celo notable.

A fin de llevar a cabo con éxito esto, Dios eligió a una gente carnal a quien Él confió las profecías que profetizaron el Mesías como Salvador y Dispensador de aquellas bendiciones mundanas tan queridas por ellos. Y entonces ellos mostraron un respeto excepcional a sus profetas y transmitieron todo para ver los libros que profetizaron al Mesías, asegurando a todas las naciones que Él vendría de la manera predicha en los libros que estaban allí para que todos los leyeran. Así aquellos que estuvieron decepcionados por la venida pobre e ignominiosa del Mesías se hicieron sus más implacables enemigos. El resultado era que de toda la gente en el mundo, ellos son los menos probables en favorecernos, ya que ellos demostraron ser los observadores más escrupulosos y entusiastas de la ley y los profetas que ellos han conservado sin corrupción.

Así son aquellos que rechazaron y crucificaron a Jesucristo —ya que Él era un escándalo para ellos— quienes transmitieron los libros que dan testimonio de Él, diciendo que Él sería rechazado y una causa de escándalo. Su mismo rechazo demostró que era Él; Sus afirmaciones fueron demostradas parecidas tanto por los judíos justos que lo aceptaron como por el injusto quien lo rechazó, ya que ambos fueron profetizados.

Por eso las profecías tienen un sentido escondido, espiritual, al cual la gente judía era hostil, destacando el sentido materialista que les atrajo. Si el sentido espiritual hubiera sido descubierto, ellos habrían sido incapaces de llevarlo a sus corazones. Así ellos no lo habrían transmitido, ya que habrían carecido del celo para conservar sus libros y ceremonias. Si ellos hubieran apreciado las promesas espirituales y las hubieran conservado sin corromper hasta la venida del Mesías, su testimonio no hubiera llevado ningún peso porque ellos habrían estado de su lado. Por eso era una cosa buena que el sentido espiritual permaneciera oculto. Pero por otra parte, si este sentido hubiera sido tan bien escondido que no hubiera ningún rastro de ello, habría sido inútil como una prueba de las afirmaciones del Mesías. ¿Qué entonces ocurrió?

Fue ocultado bajo el sentido temporal en la gran mayoría de los pasajes, y claramente revelado en pocos, aparte del hecho de que el tiempo y el estado del mundo habían sido tan claramente profetizados que ellos estaban más claros que el sol de mediodía. Y este sentido espiritual fue tan claramente explicado en ciertos pasajes que alguien incapaz de reconocerlo tuvo que sufrir de una especie de ceguera impuesta al espíritu por la carne, y así se esclavizó a malentenderlo.

Este es el modo que Dios actuó. En sitios innumerables, el sentido espiritual es obscurecido por otro sentido y revelado en muy pocos sitios.

Pero esto es hecho de tal modo que los pasajes en los cuales es escondido son ambiguos y son capaces de ambas interpretaciones, mientras los pasajes en los cuales es claramente revelado pueden ser sólo interpretados en un modo espiritual. De ahí que no hay ninguna razón para caer en el error, y sólo una persona carnal podría haber sido posiblemente confundida sobre ello. Ya que cuando las cosas buenas fueron prometidas en abundancia, ¿qué les impide entender esto como bendiciones verdaderas, sino su propia codicia? Pero aquellos cuya sola bendición descansa en Dios las relacionan sólo con Dios.

Porque hay dos principios que luchan por el control de la voluntad humana: avaricia y amor. No es que la avaricia sea incompatible con la creencia en Dios, o el amor con bienes mundanos. Pero la avaricia hace uso de Dios y toma placer en el mundo, lo que el amor no hace.

Las cosas son descritas con relación al objetivo último. Cualquier cosa que nos impide alcanzarlo es considerado un enemigo. Así las criaturas, aunque buenas, serán enemigos de los justos cuando los alejan de Dios. Dios mismo es el enemigo de aquellos cuya codicia es frustrada.

Por lo tanto ya que la palabra *enemigo* depende del objetivo último, el justo lo tomó para significar sus pasiones, mientras el carnal lo tomó para significar a los babilonios, y entonces estos términos eran sólo obscuros para el injusto.

Por esto Isaías dice: "sella la ley entre mis discípulos," y que Jesucristo será una piedra de tropiezo (Isaías 8:6-16). Pero "dichoso el que no tropieza por casa mía" (Mateo 11:6). El último versículo de Oseas lo pone adecuadamente: "El que es sabio entiende estas cosas; el que es inteligente las comprende. Ciertamente son rectos los caminos del Señor: en ellos caminan los justos, mientras que allí tropiezan los rebeldes" (Oseas 14:9) (502–571).

239. "allí tropiezan los rebeldes." Y aún el pacto, hecho para cegar a unos e iluminar a otros, proporcionó un signo en solamente aquellos que fueron cegados de la verdad que debería haber sido conocida a los demás. Porque las bendiciones visibles que ellos recibieron de Dios eran tan grandes y tan divinas, era bastante aparente que Él era capaz de otorgarles bendiciones invisibles y el Mesías.

La naturaleza es un símbolo de gracia, y los milagros visibles son imágenes de invisibles. "Para que sepan... A ti te digo, levántate" (Marcos 2:10). Isaías dice que el rescate se parecerá al cruce del Mar Rojo. Dios mostró por el éxodo de Egipto, por el cruce del mar, por la derrota de los reyes, por el maná, por la línea entera de Abraham, que Él era capaz de salvar, de hacer descender pan del cielo, de modo que esta gente hostil sea un símbolo y representación del mismo Mesías que ellos no conocen.

Por lo tanto Dios nos ha enseñado que finalmente todas estas cosas son sólo figuras, y que el sentido verdadero se relaciona con el "verdaderamente libre", el "verdadero israelita," la "verdadera circuncisión," el "pan vivo del cielo."

Cada uno de nosotros encuentra en estas promesas lo que yace en las profundidades de su propio corazón. Vemos bendiciones temporales o espirituales, Dios o criaturas. Pero con esta diferencia: Aquellos que buscan criaturas en efecto las encontrarán, pero con muchas contradicciones. Se nos prohíben que las amemos y se nos manda adorar y amar solamente a Dios, lo que viene a la misma cosa. Ellos encuentran que el Mesías no vino para ellos. Pero aquellos que buscan a Dios lo encuentran, sin ninguna contradicción, y encuentran que se les manda amar sólo a Él, y que el Mesías vino realmente en el tiempo profetizado para traerles las bendiciones que ellos pidieron.

Así los judíos atestiguaron milagros y el cumplimiento de profecías. Su fe los enseñó adorar y amar sólo a un Dios. Era una orden perpetua. Por lo tanto poseyó todas las señales de la religión verdadera, que en efecto era. Sin embargo la enseñanza de los judíos debe ser distinguida de la ley judía. La enseñanza de los judíos no era verdadera, a pesar de tener milagros, profecías, y perpetuidad, porque careció del precepto adicional, que era adorar y amar solamente a Dios (503–675).

240.
Sus corazones fueron endurecidos. ¿Cómo? Incitando su avaricia y darles esperanzas de satisfacerla (496–714).

241.
Dios usó la concupiscencia de los judíos de modo que ellos fueran útiles para Jesucristo, que trajo el remedio por tal deseo mundano (614–64).

242.
Dios ha usado la ceguera de esta gente para beneficio de los elegidos (496–577).

243.
Aquellos que encuentran difícil de creer buscarán bases para ello en la incredulidad de los judíos. "Si es tan claramente evidenciado, ¿entonces por qué no creyeron los judíos?" ellos discutirán.

Ellos casi lamentan que los judíos realmente no hubieran creído, de modo que ellos mismos no hubieran sido contenidos por tal ejemplo del rechazo judío. Pero esta misma respuesta negativa es la base de nuestra propia creencia. Hubiéramos estado mucho menos inclinados a creer si ellos hubieran estado de nuestro lado. Pero la cosa asombrosa es, que fascinados por la profecía, ellos fueran tan hostiles a su cumplimiento (273–745).

244. ¿Qué podrían los enemigos del Mesías, los judíos, hacer? Si ellos lo aceptaran, ellos habrían declarado como testigo de quién era Él por tal aceptación. Habría significado que aquellos que buscaban al Mesías lo habían aceptado como tal. Pero si ellos lo rechazaron, ellos sólo mostraron quién era Él por su rechazo (262–496).

245. Los judíos lo rechazan, pero no todos ellos; los santos lo aceptan, pero no el inclinado a lo mundano. Lejos de minar su gloria, su rechazo es su corona y culminación. La razón que ellos dan para rechazarlo, y el único encontrado en sus escritos, en el Talmud, y en las escrituras rabínicas, es simplemente que Jesucristo no utilizó la fuerza para someter a la gente. "Cíñete la espada, oh valiente" (Salmo 45:3). ¿Es esto todo lo que ellos tienen que decir? "Jesucristo fue matado," declaran ellos. "Él era un fracaso, porque no sometió a los paganos por la fuerza. Él no nos dio el botín. Él no nos dio ninguna riqueza." ¿Es esto todo lo que ellos tienen que decir? Esto es precisamente por qué nos hace querer amarlo. Porque la clase de Mesías que ellos preverían no me atrae en absoluto. Claramente es sólo su maldad la que les impidió reconocer quién es Él realmente. En efecto, por su rechazo ellos se han hecho testigos intachables. Lo que es más, al hacer así, ellos cumplen las profecías hechas acerca de Él.

En efecto, el mismo rechazo de Cristo permitió que este mismo milagro ocurriera. Ya que las profecías son los únicos milagros durables que pueden ser hechos posibles, aunque ellos puedan ser desafiados (593–760).

246. Está claro que ellos son una gente creada para el objetivo expreso de ser un testigo del Mesías (Isaías 43:9–10; 44:8). Ellos transmiten por tradición sus libros, amándolos aunque no los entiendan. Todo esto fue profetizado. Los juicios de Dios les fueron confiados, pero ellos fueron guardados como un libro sellado (495–641).

247. Si esto fue tan claramente predicho a los judíos, ¿por qué no lo creyeron ellos, o por qué no fueron completamente destruidos por rechazar una revelación tan obvia? Mi respuesta es: Primero, fue profetizado que ellos rechazarían la verdad predicha; y segundo, fue profetizado que ellos no serían exterminados. Nada es más para la gloria del Mesías que estas dos verdades. No bastaba simplemente tener profecías. Ellos también tuvieron que ser mantenidas libres de sospecha (391–749).

248. Destruyendo al Mesías, ya que ellos no lo aceptarían como su Mesías, los judíos realmente le confirieron esta señal final que Él era en efecto el Mesías. Por su rechazo continuo de Él, ellos se hicieron testigos intachables en cuanto a quién era Él.

Al matarlo y persistir en su negación de Él, ellos cumplieron las profecías sobre Él (488–761).

❖ CAPÍTULO ❖

20

ESCRITURAS RABÍNICAS

249. [Viendo la literatura rabínica misma], tenemos datos amplios para apoyar la doctrina del pecado original. Tome la declaración de Génesis 8:21: "Las intenciones del ser humano son perversas desde su juventud." R. Moisés Haddarschan comenta: "Esta mala levadura está en el hombre a partir del momento de su nacimiento." *Massachet Sukkah* dice: "Esta mala levadura tiene siete descripciones en la Escritura: Se le llama el mal, el prepucio, la suciedad, el enemigo, el escándalo, un corazón de piedra, una ráfaga helada. Todos representan la maldad escondida e implantada dentro del corazón del hombre." *El midrash Tehillim* dice la misma cosa, añadiendo que Dios librará al hombre de su mala naturaleza.

Esta maldad de la naturaleza del hombre está siendo constantemente reforzada, como dice en el Salmo 37:32–33: "Los malvados acechan a los justos con la intención de matarlos, pero el SEÑOR no los dejará caer en sus manos." Esta maldad prueba el corazón de hombre en esta vida y lo acusará en la siguiente. Todo esto debe ser encontrado en *el Talmud*.

El Midrash Tehillim hace este comentario del Salmo 4:4: "Tenga mucho respeto y sea temeroso del mal y usted no pecará." Así que tener temor y temer a su espíritu lujurioso, y no le conducirá al pecado. Comenta sobre el Salmo 36:1: "Un oráculo está dentro de mi corazón acerca de la pecaminosidad del malo; no hay temor de Dios ante sus ojos," esto indica que la maldad natural del hombre ha dicho esto sobre el malo.

Midrash el Kohelet comenta: "El niño sabio pero pobre es mejor que un viejo rey tonto que no puede prever el futuro." O sea, el niño es la virtud y el rey representa la maldad del hombre. Es llamado "rey" porque todos los miembros del cuerpo le obedecen, y es "viejo" porque ha estado en el corazón humano desde la infancia hasta la vejez. Es "tonto" porque conduce al hombre en el camino de destrucción que él no prevé. *El Midrash Tehillim* dice la misma cosa.

El *Bereshith Rabbah* comenta sobre el Salmo 35:10: "Todo mi ser exclamará, '¿Quién es como tú, Oh SEÑOR? Tú rescatas al pobre de aquellos demasiado fuertes para ellos, al pobre y necesitado de aquellos que los roban.'" ¿Puede haber una tiranía mayor que la de un mal como el corazón humano? Cita Proverbios 25:21: "Si tu enemigo tiene hambre, dale de comer." O sea, si nuestra naturaleza asquerosa tiene hambre, déle el pan de sabiduría del que se habla en Proverbios 9:4–5: "'¡Vengan conmigo los inexpertos! —dice a los faltos de juicio—. Vengan, disfruten de mi pan y beban del vino que he mezclado.'" Si el alma tiene sed, déjele tener el agua de la que se habla en Isaías 55:1: "'¡Vengan a las aguas todos los que tengan sed, todos ustedes que tienen sed!'" El *midrash Tehillim* dice la misma cosa, añadiendo que la Escritura en este pasaje, al hablar de nuestro enemigo, implica nuestra propia naturaleza asquerosa, y que al dar este pan y agua uno amontonará carbones del fuego sobre su cabeza.

El *midrash Kohelet* cita a Eclesiastés 9:14–15: "Una ciudad pequeña, con pocos habitantes, contra la cual se dirigió un rey poderoso que la sitió, y construyó a su alrededor una impresionante maquinaria de asalto. En esa ciudad había un hombre, pobre pero sabio, que con su sabiduría podría haber salvado la ciudad." Por eso dice en el Salmo 41:1: "Dichoso el que piensa en el débil." Otra vez en el Salmo 78:39, "Se acordó de que eran simples mortales, un efímero suspiro que jamás regresa." De este algunos han sido conducidos en el error en negar la inmortalidad del alma. Más bien, el espíritu en este contexto se refiere al mal dentro de un hombre que lo acompaña hasta su muerte, pero que no será restaurado en la resurrección. Otros pasajes son citados: Salmo 103:16 y 16:10.

Basado en tales textos, los principios rabínicos describen a dos Mesías: Uno que es fuerte y poderoso y el otro que es débil y sabio (278–446).

CAPÍTULO

21

PERPETUIDAD, O PRINCIPIOS PERENES DE LA FE CRISTIANA

250. Alguien que juzga la religión judía por sus adherentes más groseramente dispuestos la entenderá mal. Se puede ver de los libros sagrados y la tradición de los profetas que es suficientemente claro que ellos no interpretaron la ley sólo según la letra. Entonces también nuestra fe es divina tanto en el evangelio, en los apóstoles, como en la tradición, pero puede ser hecho ridículo por aquellos que lo maltratan.

Según los judíos inclinados a lo mundano, el Mesías debía ser un gran rey temporal. De la misma manera, según los cristianos carnales, Jesucristo vino para perdonarnos de tener que amar a Dios y a darnos sacramentos que producen su efecto sin nuestra ayuda. Esa no es una fe cristiana ni tampoco judía. Porque los cristianos verdaderos, como los judíos verdaderos, siempre han esperado con expectación de un Mesías que los provocará a amar a Dios y, por medio de ese amor, vencer a sus enemigos (287–607).

251. Hay dos clases de personas en cada religión. Entre los paganos, hay aquellos que adoran a animales y otros que adoran al único dios de la religión natural.

Entre los judíos, había aquellos que eran carnales, y había aquellos que podrían ser llamados "cristianos" de la ley antigua porque estaban orientados espiritualmente.

167

Entre los cristianos, hay aquellos que están orientados groseramente, y que pueden ser por lo tanto descritos como "los judíos" de la nueva ley. Los judíos carnales esperaron a un Mesías carnal, mientras los cristianos burdos creen que el Mesías los ha dispensado de la obligación de amar a Dios. Los judíos verdaderos y los cristianos verdaderos adoran a un Mesías que hace que ellos amen a Dios (286–609).

252. Los judíos carnales están de pie a mitad del camino entre cristianos y paganos. El pagano no conoce a Dios y sólo ama el mundo. Los judíos conocen al Dios verdadero, pero sólo aman el mundo. A los judíos y a los paganos les gustan las mismas cosas. Los judíos y los cristianos reconocen al mismo Dios.

Los judíos eran de dos clases: unos tenían sólo afectos paganos, otros tenían deseos cristianos (289–608).

253. En todas las religiones, la sinceridad es esencial de modo que podamos describir a la gente como verdaderos paganos, verdaderos judíos, y verdaderos cristianos (480–590).

254. Veo la fe cristiana como fundada sobre una religión más temprana, en la cual encuentro los hechos siguientes. No hablo aquí simplemente sobre los milagros de Moisés, de Jesucristo, y de los apóstoles, porque ellos no parecen a primera vista ser convincentes, y no deseo citar algo como pruebas excepto aquellos que están más allá de la duda y que no puede ser puesto en duda por nadie. Lo que es cierto es que en varias partes del mundo encontramos una gente distintiva, que es separada de todos los otros pueblos del mundo, y a quienes se les conoce como el pueblo judío.

Entonces veo a fabricantes de religiones en muchas partes del mundo y en diferentes tiempos de la historia. Pero su moralidad deja de satisfacerme, tampoco sus argumentos me convencen en absoluto. Por eso he rechazado igualmente la religión mahometana, o la de China, o la de los antiguos romanos y egipcios, simple y únicamente porque ellos permanecen poco convincentes, ni portan el sello de la verdad, ni me obligan a ser persuadido por ellos.

Pero cuando considero el cambio y la variedad extraña de costumbres y creencias que han existido en períodos diferentes, encuentro en una pequeña esquina del mundo una gente peculiar, puesta aparte de todos los otros pueblos del mundo, cuya historia es más antigua por varios siglos que las historias más viejas que tenemos. Entonces encuentro este pueblo grande y numeroso, que desciende de un solo hombre, adorando a un Dios, y viviendo según una ley que ellos reclaman haber recibido de Él. Ellos mantienen que son el único pueblo en el mundo a quien Dios ha revelado sus misterios. Ellos también demandan que todos los hombres son corruptos y fuera del favor de Dios. Ellos mantienen que todos han sido abandonados a la influencia de sus sentidos e inclinaciones, y que de estos proceden aberraciones extrañas e incertidumbres continuas de fe y costumbre entre ellos, mientras que los judíos permanecen firmes en su conducta. Ellos también mantienen que Dios no dejará a otras naciones siempre en la ignorancia, ya que un Redentor vendrá para todo el mundo. Ellos creen que ellos mismos han sido colocados aquí sobre la tierra a fin de proclamarlo a todos y son expresamente creados para los propósitos de ser los precursores y heraldos de esta gran llegada, y llamar a todos los hombres para que se unan con ellos en expectación de este Redentor. Encontrar a tal gente me asombra, y me parece merecer la atención seria.

Cuando estudio esta ley que ellos mantienen que han recibido de Dios, la encuentro digna de admiración. Ya que es el primero de todos los códigos legales —tanto que fue usado antes de que la palabra *ley* estuviera en uso entre los griegos— y fue recibido y observado durante casi mil años sin interrupción. Encuentro notable que este primer código legal en el mundo resultara también ser el más perfecto, de modo que los grandes legisladores hayan tomado sus propias leyes de él, como es evidente de las doce tablas en Atenas [que es pura ficción] y de otras pruebas propuestas por Josefo.

Sin embargo, la ley judía es al mismo tiempo la más severa y más rigurosa de todo en cuanto a la práctica de la religión. A fin de ligar a la gente a sus deberes, los amenaza bajo pena de muerte con un gran número de observaciones distintas y arduas. A pesar de esto, es extraordinario como la ley era constantemente conservada durante tantos siglos por un pueblo tan rebelde e impaciente como ellos. Mientras todas otras naciones han cambiado de vez en cuando sus leyes, que eran mucho más clementes, los judíos nunca la han hecho. El libro que contiene esta ley es el libro más antiguo en el mundo. Los de Homero, Hesiodo, y otros vienen sólo seiscientos o setecientos años más tarde (451–620).

255. Es un hecho indiscutible que mientras los filósofos están divididos en escuelas diferentes, se encuentra en un rincón de la tierra él más antiguo de los pueblos que declara que toda la humanidad está equivocada. Sin embargo Dios les ha revelado la verdad, que seguirá siempre sobre la tierra. Todas las otras sectas llegan a un final, pero esta gente sobrevive y lo ha hecho así durante más de cuatro mil años. Ellos declaran que esta fe ha sido transmitida de sus antepasados y que el hombre ha caído de la comunión con Dios en el distanciamiento completo de Él. Pero Dios ha prometido redimir la humanidad. Esta doctrina ha sido enseñada siempre, mientras su ley tuvo siempre importancia para su situación contemporánea así como para el futuro. Durante mil seiscientos años ellos tuvieron profetas que ellos creyeron que pronosticaban el tiempo y la manera [de la venida del Mesías]. Cuando ellos fueron dispersados en todas partes de la tierra cuatrocientos años más tarde, era porque Jesucristo debía ser proclamado mundialmente. Su ley también enseñó la manera en la cual Cristo vendría, y pronosticó el tiempo.

Desde entonces los judíos han sido dispersados en todas partes bajo una maldición, sin embargo ellos siguen sobreviviendo (456–618).

256. *Sinceridad de los judíos.* Con amor y fidelidad ellos transmiten este libro en el cual Moisés declara que todos ellos habían sido desagradecidos con Dios durante toda su vida, y que él sabe que lo serán aun más después de su muerte. Él llama el cielo y la tierra como testigos contra ellos, y lo ha hecho tan claramente para indicar su ingratitud.

Él declara que Dios al final se va a airar contra ellos y que los va a dispersar entre todos los pueblos de la tierra. Ya que ellos lo han ofendido adorando a dioses falsos, entonces Él los provocará llamando a un pueblo que no es su pueblo en su lugar. Dios ordena que todas sus palabras sean conservadas siempre, y que su Libro sea colocado en el Arca del Pacto, para servir a perpetuidad como un testigo contra ellos. Isaías dice la misma cosa (Isaías 30:8) (452–631).

257. *La Continuidad de la Fe.* La única religión que está contra la naturaleza humana, el sentido común, y el interés egoísta del hombre es la única que siempre ha existido (284–605).

258. El único conocimiento que es contrario igualmente a la naturaleza humana y el sentido común es el único que siempre ha existido entre la humanidad (425–604).

259. [Esta fe bíblica que tiene tal continuidad] consiste en creer que el hombre ha caído de un estado de gloria y compañerismo con Dios en un estado de desesperación, alejamiento, y necesidad de arrepentimiento, pero que después de esta vida seremos restaurados por un Mesías prometido. Esta existía siempre. Todas las cosas han fallecido, pero esta verdad, por la cual todas las cosas son, ha durado.

En la primera edad del mundo, los hombres fueron barridos en cada clase de fechorías, y aún había hombres de Dios como Enoc, Lamec, y otros que con paciencia esperaron al Mesías prometido desde el principio del mundo. Noé vio la maldad humana en su altura, y él tuvo el privilegio de salvar la humanidad en su propia persona porque él esperó en el Mesías, que él presagió. Abraham estaba rodeado por idólatras cuando Dios le reveló el misterio del Mesías, que él aclamó desde lejos. En el tiempo de Jacob e Isaac el mal se extendió sobre la tierra entera, pero estos hombres devotos vivieron en su fe. Jacob, bendiciendo a sus hijos en su lecho de muerte, clamó en un éxtasis que interrumpió su discurso: "¡SEÑOR, espero tu salvación!" (Génesis 49:18).

Los egipcios estaban llenos de idolatría y magia, y hasta el pueblo de Dios fue llevado por su ejemplo. Sin embargo, Moisés y otros creyeron en Dios, a quien ellos no habían visto, fijando su atención sobre los dones eternos que Él preparaba para ellos.

Los griegos, y después los romanos, establecieron dioses falsos. Sus poetas desarrollaron cien sistemas diferentes de teología, mientras sus filósofos se dispersan en mil escuelas diferentes de pensamiento. Y sin embargo en el corazón de Judea, estaban siempre hombres elegidos quienes predijeron la llegada de aquel Mesías, que fue revelado sólo a ellos. El Mesías mismo vino por fin en la plenitud del tiempo, y desde entonces hemos visto tantos cismas y herejías que se levantan, tantas naciones derrocadas, demasiados cambios de toda clase, mientras la iglesia que lo adora siempre se ha mantenido y ha seguido sin detenerse. Lo que es maravilloso, único, y totalmente divino es que esta religión que siempre ha sobrevivido también ha estado siempre bajo ataque. En incontables ocasiones ha estado al borde de la extinción total, y cada vez que ha estado en esta situación Dios la ha restaurado por la intervención extraordinaria de su poder. Esto es realmente asombroso, así que el hecho de que ella ha sobrevivido sin ceder alguna vez a la voluntad de un tirano sugiere que sus leyes debieran ceder a la necesidad [pero todavía superar circunstancias] (281–613).

260. Dios quiso crear para Él a un pueblo santo que Él apartaría de todas las otras naciones, a quien Él libraría también de sus enemigos y traería a un lugar de reposo. Él prometió hacerlo así, profetizando por sus profetas el tiempo y la manera de su llegada. A fin de reforzar la esperanza de su pueblo elegido en cada edad Él les dio una imagen de todo esto; Él no los abandonó sin la seguridad de su poder y de su deseo de salvarlos. Adán, en la creación del hombre, era un testigo de esto, recibiendo la promesa del Salvador que nacería de la mujer.

En un tiempo cuando la humanidad estaba todavía tan cerca de la creación que no podía olvidar su propia creación y caída, pero en un tiempo cuando Adán ya no vivía más en este mundo, Dios envió a Noé, salvándolo y ahogando el mundo entero por un milagro, que claramente mostró el poder de Dios de salvar el mundo. Él expresó su voluntad para hacerlo así y causar que fuera nacido de la simiente de la mujer aquel que Él había prometido.

Este milagro era adecuado para reforzar la esperanza del elegido. El recuerdo del diluvio que todavía estaba tan fresco entre la humanidad mientras Noé estaba todavía vivo, Dios hizo sus promesas a Abraham, y mientras Sem estaba todavía vivo, Dios también envió a Moisés (392–644).

261. Si la iglesia primitiva estuviera equivocada, la iglesia de hoy estaría caída. Pero aun si ella cayera en el error hoy, no sería la misma situación, porque hay siempre la dirección superior de la tradición de la fe de la iglesia primitiva. Esta sumisión a la iglesia primitiva y conformidad con ella prevalece y corrige todo. Pero la iglesia primitiva no presupuso la futura iglesia, ni se considera, como presuponemos y consideramos la iglesia primitiva (285–867).

262. La historia de la iglesia debería ser más exactamente llamada la historia de la verdad (776–858).

CAPÍTULO

22

PRUEBAS DE MOISÉS

263. *Antigüedad de los judíos.* ¡Qué contraste hay entre un libro y otro! No es sorprendente que los griegos compusieran *la Ilíada*, ni los egipcios y chinos sus propias historias. Usted sólo tiene que ver como ocurrió esto. Estos historiadores de la leyenda y la fábula no eran contemporáneos de las cosas sobre las que ellos escribieron. Homero formó una historia que fue ofrecida y aceptada como tal. Nadie alguna vez cuestionó que Troya y Agamenón nunca hubieran existido realmente, más que la fábula de la manzana de oro. Él nunca tuvo la intención de escribir una historia sobre ello, pero sólo una diversión. Él es el único escritor distinguido de sus tiempos, ya que es la belleza del trabajo literario que le ha permitido sobrevivir. Todo mundo lo aprende y habla de ello. Es algo que tiene que ser conocido culturalmente y todos lo aprenden de memoria. Cuatrocientos años más tarde los testigos de estas cosas ya no están vivos. Nadie sabe de su propia experiencia si el trabajo es fábula o historia. Simplemente tiene que ser aprendida de las generaciones más tempranas, y así es como pasa por verdad.

Pero cualquier historia que no es escrita por un contemporáneo es sospechosa. Así que los libros de los Sibilinos y Trismegisto y muchos otros que han disfrutado de credibilidad son falsos y finalmente se ha demostrados que es así. Pero ese no es el caso con los autores contemporáneos. Porque hay una gran diferencia entre un libro formado por un individuo, que él pasa a la gente, y un libro que la gente compone. Así no hay ninguna duda que un libro es tan viejo como la gente (436–628).

264. ¿Por qué Moisés representa las vidas de la humanidad que son tan largas y sus generaciones para ser tan pocas? No es la cantidad de años, sino una multitud de generaciones que hace las cosas obscuras. Porque la verdad es pervertida cuando los hombres cambian. Y aún los dos más significativos acontecimientos alguna vez imaginados, a saber la creación y el diluvio, son traídos tan cerca juntos que nos parece ser capaces de tocarlos (292–624).

265. *Otro Círculo.* La longevidad de los patriarcas, en vez de hacer que la historia de los acontecimientos pasados se pierda en la oscuridad, sirve al contrario para mantenerla. A veces no somos bien informados sobre la historia de nuestros precursores porque hemos vivido con ellos apenas un breve tiempo, y a menudo ellos están muertos antes de que hayamos alcanzado la edad de la razón. De este modo, cuando los hombres vivieron a una muy grande edad, sus hijos vivieron durante mucho tiempo con sus padres. Ellos dialogaron con ellos durante un período prolongado. ¿Y de qué más habrían hablado ellos, sino de la historia de sus antepasados? Era todo a lo que la historia realmente ascendió. Ellos no tenían ningunos estudios, ni ciencias, ni arte, que hoy sirven para ser una parte principal de las conversaciones de nuestra vida diaria. También encontramos que la gente entonces tomó el cuidado particular de conservar sus genealogías (290–626).

266. Sem, quién vio a Lamec, quién vio a Adán, también vio a Jacob, que vio a aquellos que vieron a Moisés. [Con tal continuidad] por eso las historias del diluvio y la creación son verdaderas. Estas pruebas son concluyentes entre cierta gente que realmente entiende la materia (296–625).

267. Cuando el acontecimiento de la creación del mundo comenzó a retroceder en el pasado, un notable historiador contemporáneo fue proporcionado por Dios, y se le confió a un pueblo entero el cuidado de este libro, de modo que esta debiera ser la historia más auténtica en el mundo. Entonces todos los hombres podrían aprender de ello algo que era vital que ellos supieran y que sólo podría ser conocido de él (474–622).

268. Cuando la creación y el diluvio habían ocurrido, Dios prometió no solamente que Él nunca destruiría otra vez el mundo en esta manera, pero que Él iba a revelarse de modos espectaculares. Él comenzó a establecer a un pueblo sobre la tierra, especialmente creado, quienes debían seguir hasta que el Mesías crearía a un pueblo por su propio Espíritu (435–621).

269. Mientras los profetas estuvieron allí para mantener la ley, el pueblo no le prestó ninguna atención, pero una vez que no hubo más profetas, el celo tomó su lugar (294–703).

270. El celo del pueblo judío por su ley [era notable], especialmente desde que no hubo más profetas (297–702).

CAPÍTULO

23

PRUEBAS DE JUSUCRISTO

271. [Venimos ahora a] Jesucristo, de quien ambos Testamentos tratan. El enfoque del Antiguo Testamento está sobre la expectativa mientras el enfoque del Nuevo está sobre el cumplimiento. Pero Jesús está en el centro de ambos (388–740).

272. Sólo Jesucristo podría crear a un gran pueblo, elegirlos para ser santos, conducirlos, alimentarlos, y traerles al lugar de reposo y santidad. Él solo podría hacerlos santos para Dios, el templo de Dios, reconciliándolos con Dios y salvándolos de la ira de Dios. Sólo Él podría redimirlos de la esclavitud del pecado que tan obviamente domina la humanidad, dando leyes a este pueblo, y escribiéndolas en sus corazones. Sólo Él podría ofrecerse a Dios en su nombre, sacrificarse por ellos como una ofrenda perfecta, y Él mismo ser el Sumo Sacerdote que ofrece su cuerpo y su sangre, aún en adoración que ofrece pan y vino a Dios. Como Hebreos 10:5 lo resume: "Al entrar en el mundo, Cristo..." Otra vez se hace referencia en Marcos 13:2 que cuando el templo físico es completamente destruido no quedaría "piedra sobre piedra." Entonces lo que vino antes seguirá después. Comparados con Jesucristo los judíos simplemente sobreviven como vagabundos (608–766).

273. Numerosas profecías se hicieron acerca del Mesías: un enigma (Ezequiel 17); Su precursor (Malaquías 3); Él nacería como un niño (Isaías 9); Él nacería en la ciudad de Belén (Miqueas 5); Él aparecería principalmente en Jerusalén, y nacería de la familia de Judá y David. Se profetiza sobre Él que sería el que cegaría al sabio y culto (Isaías 6, 8–29, 61). Él predicaría noticias buenas al pobre y al manso, abriría los ojos del ciego, curaría al enfermo, y conduciría a aquellos que languidecieron en la oscuridad a la luz (Isaías 61). Él es predicho como el que enseña el camino de perfección y es el Maestro de los gentiles (Isaías 56; 42:1–7).

En efecto, las profecías son ininteligibles para el impío (Daniel 12; Oseas 14:9). Pero serían entendidas por aquellos que fueron instruidos correctamente en ellas. Las profecías representan al Mesías como pobre, y aún lo ven gobernar las naciones (Isaías 52:13–53:12; Zacarías 9:9). Las profecías que predicen el tiempo de su llegada hablan de Él como el gobernante de los gentiles y sin embargo Uno que sufre, no viniendo superiormente en las nubes y como un juez. Aquellas profecías que hablan de Él como un juez y de su gloria, no especifican el tiempo. Ellas también lo describen como la víctima de los pecados del mundo (Isaías 49, 53).

Se profetiza que Él es la piedra angular preciosa (Isaías 28:16). Él debe ser la piedra de tropiezo y la roca que hace caer (Isaías 8). Jerusalén debe destruirse contra esta piedra. Los constructores deben rechazarlo (Salmo 118:22). Con todo, Dios va a hacer esta piedra la cabeza de la esquina. Va a convertirse en una gran montaña que llene toda la tierra (Daniel 2). Pero las profecías también hablan de su rechazo, no reconocimiento, y traición (Salmo 109). Se predice que Él sería vendido y traicionado (Zacarías 11:12). Ellos escupirían sobre Él, lo golpearían y se burlarían de Él, afligiéndolo de modos innumerables, y le darían hiel para beber (Salmo 69:21). Su cuerpo debe ser traspasado (Zacarías 12:10), sus manos y sus pies clavados. Él iba a ser matado. Se echarían suertes sobre su ropa (Salmo 22).

Pero Él se levantaría otra vez el tercer día (Salmo 16; Oseas 6:2). Él subiría al cielo para sentarse a la diestra de Dios (Salmo 110). Se predice que los reyes se armarían contra Él (Salmo 2). Siendo victorioso sobre sus enemigos, Él sería puesto a la mano derecha del Padre. Los reyes de la tierra y todos los pueblos lo adorarán (Isaías 60). Los judíos seguirán existiendo como una nación (Jeremías). Ellos estarán sin reyes como vagabundos (Oseas 3) y sin profetas (Amós), esperando la salvación pero sin encontrarla (Isaías). Los gentiles serían llamados por Jesucristo (Isaías 52:15; 55–60; Salmo 72:8–17). Oseas 1:9–10 profetiza: "ponle por nombre: 'Pueblo ajeno' porque ni ustedes son mi pueblo, ni yo soy su Dios... Y en el mismo lugar donde se les llamó: 'pueblo ajeno', se les llamará: 'Hijos del Dios viviente'" (487–727).

274. Moisés primero enseña la Trinidad, el pecado original, y el Mesías. David es un gran testigo: Él es un alma amable, buena, misericordiosa, noble, poderosa, y con una mente alta. Él profetiza y se cumple. Esto es infinito. Si él hubiera estado lleno de vanidad, podría haber proclamado que él era el Mesías, ya que las profecías eran más claras sobre él que sobre Jesucristo. Lo mismo es también verdad del apóstol Juan (315–752).

275. La sinagoga no vino antes de la iglesia, como los judíos antes de los cristianos. Pero los profetas profetizaron a los cristianos, el apóstol Juan, Jesucristo (319–699).

276. El celo de los judíos por su ley y templo es evidenciado en los escritos de Josefo y Filón el judío. ¿Qué otra gente ha tenido tal celo? Tal vez era necesario que ellos lo tuvieran.

Jesús pronosticó los tiempos y el estado del mundo. Génesis 49:10 lo describe como "el verdadero rey" y Daniel 2:40 habla del "cuarto reino." ¡Cuán afortunados somos al poseer esta luz entre tal oscuridad! ¡Cuán bueno es ver con los ojos de la fe que Darío y Ciro, Alejandro, los romanos, Pompeyo, y Herodes, todos contribuyeron, aunque inconscientemente, a la gloria del evangelio! (317–701).

277. Cuando los judíos en el cautiverio tenían la seguridad de ser liberados dentro de setenta años, no era ningún verdadero cautiverio. Pero ahora ellos están cautivos y sin esperanza. Dios les prometió que aunque debería dispersarlos a los finales de la tierra, con todo, si ellos permanecieran fieles a su ley, Él los juntaría otra vez. Aún oprimidos, ellos permanecieron fieles a ella (305–638).

278. Cuando Nabucodonosor se llevó cautivo al pueblo, en caso que pensaran que el cetro había sido quitado para siempre de Judá, Dios les dijo de antemano que su cautiverio no duraría mucho tiempo, y que ellos serían restaurados (Jeremías 29:10). Ellos fueron consolados en todas partes por los profetas, y su casa real continuó. Pero la segunda destrucción vino sin ninguna promesa de restauración, sin tener profetas, sin reyes, sin consuelo y esperanza, porque el cetro ha sido quitado para siempre (314–639).

279. Es realmente asombroso y notable ver como este pueblo judío ha sobrevivido durante tantos siglos y aún siempre tan desafortunados. Pero esto es necesario como una prueba de Jesucristo, que ellos deberían sobrevivir para demostrar quién es Él y todavía estar en su condición desgraciada, ya que ellos lo crucificaron. Y aunque sea una paradoja que ellos deberían tanto sobrevivir y aún ser desgraciados, ellos todavía sobreviven a pesar de sus desgracias (311–640).

280. *El retrato del Evangelio.* Parecen haber discrepancias aparentes entre los Evangelios (318–755).

281. ¿Quién enseñó a los evangelistas las cualidades de un alma sumamente heroica, de modo que ellos pudieran representar uno tan perfectamente en Jesucristo? Con todo, ¿por qué entonces lo mostramos como débil en su agonía? ¿No saben ellos representar una muerte resuelta? Sí en efecto, porque el mismo Lucas describe la muerte de Esteban más heroicamente que la de Jesucristo (Hechos 7:58–60).

Ellos lo muestran como capaz de sentir miedo, antes de que surja la necesidad de morir, y luego absolutamente firme. Pero cuando lo muestran tan turbado, es cuando Él se aflige. Pero cuando los hombres lo afligen, Él es absolutamente firme (316–800).

282. Los apóstoles fueron o engañados o eran engañadores. Ambas suposiciones están llenas de dificultad, ya que no es posible confundir a un hombre resucitado de entre los muertos.

Mientras que Jesucristo estaba con ellos, Él podría sostenerlos. Pero después, si Él no les apareciera, ¿qué entonces inspiró sus acciones? (322–802).

283. La hipótesis de que los apóstoles eran impostores es bastante absurda. Examinemos esto críticamente y solamente imaginemos a los doce hombres reunidos después de la muerte de Jesucristo, confabulando para decir que Él había resucitado de entre los muertos. Al hacer así ellos atacan todos los poderes que existen. Ahora, ya que el corazón humano es particularmente susceptible a la inconstancia, para cambiar, a promesas, y al soborno, considere las consecuencias. Aunque hubiera sido el más pequeño de los Doce el que hubiese sido conducido a negar su historia bajo estos incentivos, o más aún, que hubieran sido aterrorizados por la amenaza posible de encarcelamiento, tortura, y muerte, todos habrían estado perdidos. Entonces siga lo que debería ser su conclusión lógica (310–801).

284. El estilo de los Evangelios es notable desde muchos puntos de vista. Una característica de ellos es que nunca amontonan invectivas contra los ejecutores y enemigos de Cristo. Ninguno de ellos como historiadores escribe contra Judas, Pilato, ni ninguno de los judíos. Si este refrenamiento de los evangelistas hubiera sido premeditado, así como otras tantas características nobles de su estilo, y si sólo lo hubieran hecho como pretexto para llamar la atención, no atreviéndose a notarlo ellos mismos, no habrían dejado de buscar amigos hiciesen estas observaciones a favor suyo. Pero ya que ellos actuaron con integridad y sin algún interés propio, no han hecho que nadie haga esta observación. Y creo que muchas de estas cosas nunca han sido observadas antes. Eso sólo muestra la manera tan objetiva que ellos actuaron (812–798).

285. Cualquiera puede hacer lo que Mahoma hizo. Él no realizó ningún milagro y no fue profetizado. Nadie puede hacer lo que Jesucristo hizo (598–600).

286. Un trabajador que habla de la riqueza, un abogado que habla de la guerra, de la monarquía, etc., [hablará inapropiadamente]. Pero el hombre rico correctamente habla de la riqueza, el rey puede hablar de manera indiferente de un gran regalo que acaba de hacer, y así Dios correctamente habla de Dios (303–799).

287. Jesucristo dice cosas sublimes tan simplemente que parece como si Él no los ha considerado piadosamente, y aún tan claramente que vemos exactamente lo que Él pensó sobre ellos. Esta combinación de claridad con tal simplicidad es maravillosa (309–797).

288. La iglesia ha tenido tanta dificultad en la demostración que Jesucristo era hombre, contra aquellos que lo negaron, como en la confirmación de que Él era Dios; aún ambos eran igualmente evidentes (307–764).

289. *La oscuridad de Jesucristo.* Jesucristo está en tal oscuridad (según lo que el mundo concibe como oscuridad) que los historiadores, escribiendo sólo de asuntos importantes del estado, apenas lo notaron (300–786).

290. ¿Qué ser humano alguna vez tuvo gloria mayor? La nación judía entera lo profetiza antes de su llegada, mientras los gentiles lo adoran después de su advenimiento. Tanto el pueblo judío como los pueblos gentiles lo consideraron como su centro.

Sin embargo, ¿qué hombre disfrutó alguna vez de tal gloria? Durante treinta de sus treinta y tres años vive una vida escondida. Y durante tres años es tratado como un impostor. Los sacerdotes y los gobernantes lo rechazan. Sus amigos y los que son más allegados a Él lo desprecian. Finalmente, Él muere traicionado por uno de sus discípulos, es negado por otro, y abandonado por todos.

¿Qué ventaja, entonces, sacó él de tal gloria? Jamás hubo alguien que tuviera gloria mayor, tampoco hombre alguno sufrió tal ignominia. Toda esta gloria ha sido sólo para nuestro beneficio, para ayudarnos a reconocerlo, ya que Él no tomó nada de ello para sí (499–792).

291. La distancia infinita entre la mente y el cuerpo es un símbolo de la distancia que es infinitamente mayor, entre el intelecto y el amor, porque el amor es divino.

Todo el esplendor de la grandeza no tiene ningún lustre para aquellos que se involucran en búsquedas académicas. La grandeza de los eruditos es invisible para los reyes, para los ricos, para los líderes militares, para todo aquel que sea grande en un sentido mundano.

La grandeza de sabiduría, que no es nada a menos que venga de Dios, no es vista por los mundanos o por la gente intelectual. Ellos representan tres órdenes distintas que se diferencian en el carácter.

Los grandes genios tienen su dominio, su esplendor, su grandeza, su victoria, su reputación, y no tienen ninguna necesidad de la posición mundana, con la cual ellos no tienen ninguna afinidad. Ya que ellos no son visibles en apariencia, sino sólo a la mente y eso es suficiente. De la misma manera, los santos tienen su dominio, su esplendor, su victoria, su lustre, y ellos, también, no necesitan la grandeza mundana ni intelectual que no tiene ninguna importancia para ellos, porque ni aumenta ni disminuye su propia estatura. Porque Dios y las huestes angelicales los reconocen, pero no por cuerpos o mentes curiosas. Dios les basta.

Arquímedes, aunque en oscuridad, aún así gozó de todo respeto. Él no peleó ninguna batalla visible al ojo humano, sin embargo enriqueció cada mente con sus descubrimientos. ¡Cómo brilló en las mentes de los hombres!

Jesucristo, sin riqueza y sin ningún espectáculo externo del conocimiento, ocupa su propia posición en la santidad. Él no hizo ningún descubrimiento. Él no gobernó, pero era humilde, paciente, santo para Dios, terrible para los demonios, y sin pecado. ¡Oh, con qué gran pompa y maravillosa gloria Él se revela a los ojos del corazón que perciben la sabiduría!

Habría sido inútil que Arquímedes desempeñara el papel de príncipe en sus trabajos matemáticos, aunque en efecto él fuera un príncipe. De la misma manera, habría sido inútil para nuestro Señor Jesucristo venir como un rey con la clase de gloria inadecuada a su objetivo. Entonces es bastante absurdo escandalizarse por la modestia de Jesucristo, como si aquella modestia fuera de la misma orden que la grandeza que Él vino a revelar. Ya que si consideramos su grandeza en la vida, su pasión, su oscuridad, y su muerte, el modo que Él eligió a sus discípulos, en su abandono de Él, en su secreta resurrección y el resto, no tendremos ningún motivo para escandalizarnos por la modestia que no es de aquella orden.

Pero hay quiénes sólo son capaces de admirar la grandeza mundana, como si no hubiera tal cosa como la eminencia intelectual, o como si no hubiera formas infinitamente más altas de grandeza en el reino de la sabiduría. Todos los cuerpos, el universo, las estrellas, la tierra y sus reinos no son iguales a la menor de las mentes, ya que ella conoce todo aquello y se conoce a sí misma, también, mientras los cuerpos no saben nada. Entonces todos los cuerpos juntos y todas las mentes, con todos sus productos, son pueden ser igualado a la menor parte de movimiento de amor, que pertenece a una orden infinitamente superior de cosas. Uno nunca podrá obtener un pequeño pensamiento de todos los cuerpos juntos. Es bastante imposible, desde que el pensamiento pertenece a una dimensión diferente. Uno no puede producir ningún sentimiento del amor verdadero de la combinación de todos los cuerpos y mentes. También es imposible, ya que el amor pertenece a una dimensión diferente, sobrenatural (308–793).

292.

Contra la objeción de que la Escritura no tiene ningún orden. El corazón tiene su orden, la mente tiene la suya, que usa principios y demostraciones. El corazón tiene una diferente. Entonces nuestra afirmación de ser amado no puede ser demostrada exponiendo por orden las causas del amor; lo cual sería absurdo.

Jesucristo y San Pablo emplean el método de amor, no del intelecto. Ellos procuraron crear humildad, no instruir. De la misma manera con San Agustín. Este método consiste principalmente en la digresión de cada punto que se relaciona con el final, de modo que este siempre se mantenga a la vista (298–283).

CAPÍTULO

24

PROFECÍAS DE LA ESCRITURA

293. El punto culminante de todo lo qué fue profetizado era demostrar que no se podía decir que todo se debía a la casualidad. Alguien con sólo una semana para vivir no está interesado en creer que todo es simplemente obra del azar. Ahora, si las pasiones no tenían ningún control sobre nosotros, si tuviéramos una semana o cien años ascenderían a la misma cosa (326–694).

294. Pero no era solamente que tuvo que haber profecías. Ellas tuvieron que ser comunicadas en todo el mundo y conservadas por cada generación. De esa manera no se podía pensar que por la llegada del Mesías resultó ser profetizada por azar. Así que en efecto era mucho más a la gloria del Mesías que los judíos deberían ser espectadores, y hasta instrumentos de su gloria, aparte del hecho que Dios tenía reservado esto para ellos (385–707).

295. Las profecías son las pruebas más fuertes de Jesucristo. Es por ellas que Dios hizo pruebas más abundantes, porque el acontecimiento que las cumplió es un milagro que dura desde el comienzo hasta el final de la iglesia. Para este fin Dios levantó a profetas por el período de aproximadamente mil seiscientos años, y luego durante un período de cuatrocientos años dispersó las profecías con la diáspora de los judíos, llevándolos a cada rincón de la tierra. Tal era la preparación para el nacimiento de

Jesucristo. Ya que su evangelio tuvo que ser creído por el mundo entero, era necesario no solamente que hubiera tales profecías que hicieran creer en él, sino que estas profecías deberían ser extendidas en todo el mundo de modo que el mundo entero pudiera abrazarlo (335–706).

296. Uno sólo puede tener mucho respeto hacia un hombre quien claramente predice cosas que se cumplen, y quién declara su intención tanto iluminando como cegando, y quien se mezcla en oscuridad con cosas que llegan a cumplirse (344–756).

297. Si un hombre solo hubiera escrito un libro de profecías sobre Jesucristo, acerca del tiempo y la manera de su advenimiento, y si Jesucristo hubiera venido de acuerdo con estas profecías, esto llevaría gran peso.

Pero hay mucho más que esto. Durante aproximadamente cuatro mil años, una sucesión de hombres siguió el uno al otro y constante e invariablemente predijeron el mismo advenimiento. Un pueblo entero lo proclamó y existió durante aproximadamente cuatro mil años a fin de dar testimonio colectivo de las seguridades que habían recibido y que no podían olvidar, sin importar las amenazas y persecuciones de que son objeto. Esto es mucho más impresionante (332–710).

298. Así durante mil seiscientos años ellos tuvieron hombres a los que consideraban como profetas que profetizan la manera y tiempo de su advenimiento.

Cuatrocientos años más tarde ellos fueron dispersados en todas partes, porque Jesucristo tuvo que ser proclamado en todas partes. Entonces Jesucristo vino en el modo y en el tiempo. Desde entonces, los judíos ha sido dispersados en todas partes como una maldición, y aún todavía sobreviven como un pueblo (456–618).

299. Se requiere valor para profetizar la misma cosa en tantas maneras diferentes. Las cuatro monarquías, idólatras o paganas, el final del reinado de Judá, y las setenta semanas, todo tuvo que ocurrir al mismo tiempo y antes de que el segundo templo fuera destruido (336–709).

300. La roca de Daniel 2:34–35 implica que Jesús sería pequeño en su principio, pero crecería después. Si yo nunca hubiera oído nada en absoluto sobre el Mesías, sin embargo después de ver el cumplimiento de tales maravillosas profecías sobre los acontecimientos del mundo, yo vería que esto es realmente de Dios. Y si yo sabía que estos mismos libros profetizaron a un Mesías, yo me sentiría seguro que Él vendría seguramente, y viendo que ellos habían puesto el tiempo antes de la destrucción del segundo templo, yo tendría la confianza de decir que Él había venido en efecto (329–734).

301. Después de que muchos profetas habían pasado antes de Él, Jesucristo finalmente vino para decir: "Aquí estoy, ahora es el tiempo. Lo que los profetas dijeron que había de pasar en la plenitud del tiempo, les digo que mis apóstoles van a realizar. Los judíos serán expulsados. Jerusalén será pronto destruida. El pagano entrará en el conocimiento de Dios. Mis apóstoles llevarán a cabo esto después de que ustedes hayan matado al heredero de la viña" (Marcos 12:8).

Entonces los apóstoles dijeron a los judíos: "ustedes serán malditos" (aunque Celso se riera de esto). Y ellos dijeron a los paganos: "ustedes entrarán en el conocimiento de Dios," y esto sucedió 127–770).

302. Fue profetizado que en el momento del advenimiento del Mesías, Él establecería un nuevo pacto que los haría olvidar cómo salieron de Egipto (Jeremías 23:7; Isaías 43:16). Se predecía también que Él pondría su ley no en cosas externas, sino dentro de sus corazones; y que Él implantaría el temor del Señor, que nunca había estado más que en cosas externas, en lo profundo de sus corazones. ¿Quién no puede dejar de ver la ley cristiana en todo esto? (346–729).

303. Se predecía que los judíos rechazarían a Jesucristo y serían rechazados por Dios porque la vid elegida había producido sólo uvas ácidas. Se predecía también que el pueblo elegido sería infiel, desagradecido, e incrédulo (Romanos 10:21; Isaías 65:2). Ellos fueron descritos como un pueblo "desobediente y obstinado."

Se predecía también que Dios los golpearía con ceguera, de modo que ellos andarían a tientas en el mediodía como el ciego. También se predijo que un precursor vendría antes de Él para preparar su camino (Malaquías 3:1) (347–735).

304.

Ya que los acontecimientos subsecuentes han demostrado que estas profecías fueron divinamente inspiradas, el resto de ellas debería ser creído; así podemos ver el orden del mundo de esta manera.

Cuando los milagros de la creación y el diluvio fueron pasados por alto, Dios entonces envió la ley y los milagros de Moisés y los profetas que profetizaron ciertas cosas. Entonces a fin de preparar un milagro, Dios preparó profecías y su cumplimiento. Entonces como las profecías mismas podrían ser sospechosas, Él deseó ponerlas por encima de toda duda (594–576).

305.

Por lo tanto rechazo todas las demás religiones, y encuentro una respuesta a todas las objeciones. Es razonable que un Dios tan santo se revele Él mismo sólo a aquellos cuyos corazones son santificados. Por lo tanto esta religión atrae a la gente, y la encuentro totalmente convincente por una moral tan divina, pero encuentro más en ello que esto. Encuentro que desde que la memoria humana dura, hay un pueblo cuya subsistencia es más antigua que la de cualquier otro. A los hombres se les dice constantemente que son totalmente corruptos, pero un Redentor vendría. No fue solamente un hombre el que dijo esto, sino un pueblo innumerable, y en efecto una nación entera, quién profetizó esto explícitamente durante cuatro mil años. Sus libros fueron dispersados durante cuatrocientos años.

Cuanto más examino el asunto más verdad encuentro. Un pueblo entero predice su advenimiento, y un pueblo entero lo adora después de su advenimiento. Lo que fue antes también vino después. La sinagoga que fue antes de Él, varios judíos desgraciados sin profetas vinieron después de Él. Todos aquellos siendo hostiles eran testigos aún admirables de la verdad de las profecías que profetizaron su ceguera y miseria. Finalmente, los judíos están sin ídolos o rey.

La oscuridad temerosa de los judíos fue profetizada: "En pleno día andarás a tientas, como ciego en la oscuridad. Fracasarás en todo lo que hagas; día tras día serás oprimido; te robarán y no habrá nadie que te socorra" (Deuteronomio 28:29). Fue también profetizado: "Para ustedes, toda esta visión no es otra cosa que palabras en un rollo de pergamino sellado. Si le dan el rollo a alguien que sepa leer, y le dicen: 'lea esto, por favor', éste responderá:

'No puedo hacerlo; está sellado.' Y si le dan el rollo a alguien que no sepa leer, y le dicen: 'Lea esto, por favor', éste responderá: 'No sé leer'" (Isaías 29:11–12).

Mientras el cetro está todavía en las manos del primer usurpador extranjero, hay este rumor del advenimiento de Cristo. Cómo me maravillo de esta original e inspiradora fe: totalmente divina en su autoridad, su continuación, su antigüedad, su moralidad, su conducta, su doctrina, y en sus efectos.

Entonces estiro mis manos a mi Salvador, quien habiendo sido profetizado durante aproximadamente cuatro mil años, vino a la tierra para morir y sufrir por mí en el tiempo y circunstancias profetizadas. Por su gracia aun espero la muerte con tranquilidad, en la esperanza de ser eternamente unido a Él. Mientras tanto vivo lleno de alegría, con las bendiciones que a Él le ha agradado derramar sobre mí o en las aflicciones que Él enviará para mi propio bien y que Él me enseña como soportar por el ejemplo de la fe (593–737).

CAPÍTULO

25

FIGURAS PARTICULARES
DE LA PROFECÍA

306. La ley doble, las dos tablas de la ley, el templo doble, el cautiverio doble (349–652).

307. Jafet comienza la genealogía. Jacob cruza sus brazos, y elige al hijo más joven (350–623).

308. Los judíos eran todavía forasteros en Egipto, sin propiedad alguna, en aquella tierra o en algún otro sitio. (Tampoco había el más leve indicio de la monarquía entre ellos, que vino mucho después, ni el consejo supremo de setenta jueces, que ellos llamaron "el Sanedrín," que fue establecido por Moisés, y siguió hasta el tiempo de Cristo. Todas estas instituciones estaban lo más alejadas de las circunstancias originales de los judíos como podrían haber sido imaginadas.) Porque al principio, en su lecho de muerte, Jacob bendijo a sus doce hijos y les dijo que ellos heredarían una gran tierra, y les profetizó en particular que de la familia de Judá, reyes gobernarían un día sobre todos los hermanos de su propia raza. (Incluso el Mesías, la esperanza de todos los pueblos, provendría de su línea de familia, y la monarquía no sería quitada de Judá, ni el gobernante ni el legislador de sus descendientes, hasta que el Mesías naciera en su familia.)

Jacob, disponiendo de aquella futura tierra (como si ya fuera su dueño), dio a José una parte más que a los demás. "Le doy," dijo él, "una parte más que a los demás." Entonces, cuando él vino para bendecir a los dos hijos,

Efraín y Manasés, que José le había presentado, con Manasés el mayor a su lado derecho y Efraín el más joven sobre su izquierdo, él cruzó sus brazos y los bendijo en consecuencia. Cuando José indicó que él daba la preferencia al más joven, él contestó con marcada convicción: "Ya lo sé, hijo, ya lo sé, pero Efraín será mucho más que Manasés." Tan verdadero resultó esto que, siendo solo casi tan fructífero como las dos líneas de familia juntas que componían el reino entero, fueron ordinariamente designadas por el nombre de Efraín (ver Génesis 48:22).

El mismo José, al morir, encargó a sus hijos que llevaran sus huesos con ellos hasta que entraran en la tierra, lo que hicieron sólo después de que llegaron allí aproximadamente doscientos años más tarde.

Moisés, quien escribió todas estas cosas mucho después de que sucedieron, adjudicó a cada familia su parte de la tierra antes de que se establecieran allí, como si él estuviera ya en posesión de ella. Entonces él finalmente declaró que Dios levantaría de su nación y de su raza a un profeta a quien él había prefigurado. Él pronosticó exactamente lo que les acontecería en la tierra en la que entrarían después de su muerte, las victorias que Dios daría ellos, su ingratitud para con Dios, los castigos que sufrirían en consecuencia, y el resto de sus aventuras.

Dios les dio jueces que dividirían la tierra. Él prescribió el marco entero del gobierno que ellos deberían observar, las ciudades de refugio que ellos deberían construir, y mucho más (484–711).

309. *Cristo prefigurado por José.* Inocente, amado por su padre, comisionado por su padre para encontrar a sus hermanos, él fue vendido por veinte piezas de plata por sus hermanos. Sin embargo fue por esto que él se hizo su maestro y salvador, el salvador de forasteros y en efecto del mundo. Nada de este habría pasado si ellos no hubieran tramado el complot de venderlo, destruirlo, y rechazarlo totalmente.

En la prisión ponen al inocente José entre dos delincuentes. Jesús de la misma manera yace en la cruz en medio de dos ladrones. Él profetiza la salvación de uno y la muerte del otro, cuando por las apariencias los dos eran exactamente iguales. Cristo salva el electo y condena al réprobo por el mismo delito. Pero mientras que José sólo profetiza, Jesús actúa. José le pide al hombre que será salvado que se acuerde de él cuando él sea elevado. Pero Jesús salva al hombre que pide que lo recuerde cuando Jesús entre en su reino (570–768).

CAPÍTULO

26

MORALIDAD CRISTIANA

310. Reflexionar sobre la miseria del hombre sin Dios. La felicidad de hombre con Dios (6–60).

311. Nadie es tan feliz como el cristiano verdadero, nadie tan razonable, tan virtuoso, o tan amable (357–541).

312. Sólo el cristianismo hace hombres tanto felices como amables. Mientras que el honor de un caballero no le permite ser tanto feliz como amable (426–542).

313. El Dios de los cristianos es un Dios que hace al alma consciente que Él es su único bien. Solo en Él se puede encontrar la paz. Sólo en Él puede encontrar la alegría. Él es un Dios que al mismo tiempo llena el alma con aborrecimiento hacia aquellas cosas que la contienen y así le impiden amar a Dios con toda su fuerza. Amor propio y lujuria, que le impiden avanzar, son insoportables. Entonces Dios hace el alma consciente de esto al destacar el amor propio que destruye. Él solo puede curarlo (460–544).

314. Debemos amar sólo a Dios, y sólo debemos odiarnos (373a–476a).

315. Estas dos leyes son suficientes para gobernar la república cristiana entera mejor que todas las leyes políticas (376–484).

316. Si Dios existe debemos amarlo sólo a Él y no a criaturas que fallecerán. El razonamiento del impío en la sabiduría está fundado únicamente en la suposición de que Dios no existe. "Concedido esto," discuten ellos, "disfrutemos entonces de las criaturas." Pero esto es inferior. Ya que si hubiese un Dios a quien amar, ellos no habrían llegado a esta conclusión, sino al contrario. Y esta es la concusión de los sabios: "Dios existe, no disfrutemos entonces de las criaturas."

Todo lo que nos incita a apegarnos a las criaturas es malo, ya que nos impide servir a Dios, si lo conocemos, o de buscarlo si lo ignoramos. Como estamos llenos de lujuria por lo tanto estamos llenos del mal, y por lo tanto deberíamos odiarnos a nosotros mismos y a todas las cosas que nos seducen para no apegarnos a nada sino sólo a Dios (618–479).

317. La experiencia demuestra la gran diferencia entre piedad, y bondad (365–496).

318. De todas las cosas sobre la tierra, el hombre comparte sólo los dolores y no los placeres. Le gustan aquellas cosas que están cerca de él, pero su caridad no las guarda dentro de sus límites, pero se extiende más allá a sus enemigos, y luego a los enemigos de Dios (355–767).

319. Para controlar el amor que nos debemos a nosotros, debemos imaginar un cuerpo lleno de miembros pensantes (ya que somos miembros del todo), y ver como cada miembro debe amarse a sí mismo (368–474).

320. Cuando Dios creó el cielo y la tierra, que no están conscientes de la felicidad de su existencia, Él deseó crear a seres que se darían cuenta de ello y formarían un cuerpo de miembros pensantes. Porque nuestros propios miembros son inconscientes de la felicidad de su unión, su maravilloso entendimiento, el cuidado tomado en la naturaleza para infundirlos con espíritus y permitirles cultivar y tener fuerza. Que feliz serían si ellos pudieran sentir y reconocieran todo esto. Pero a fin de tener esto ellos tendrían que tener inteligencia para saberlo y la buena voluntad que confirmaría con la voluntad divina total. Si, cuando les hubieran dado la inteligencia, la usaron a fin de alimentarse sin compartirlo con otros miembros, ellos no solamente se equivocarían, pero serían miserables, odiándose más bien que amándose, porque su placer tanto como su deber consiste en el consentimiento en el bienestar del alma entera a la cual pertenecen, que los ama mejor que lo que ellos se aman (360–482).

321. 321. Para asegurarse que los miembros son felices, ellos deben tener una voluntad y permitir que se conforme al cuerpo (370–480).

322. Ser un miembro es no tener ninguna vida, ninguna existencia, y ningún movimiento excepto por el espíritu del cuerpo entero y para el cuerpo. Un miembro separado que ha dejado de reconocer todo el cuerpo al cual pertenece es sólo un desperdicio y una cosa cancerosa. Supone que es la parte del todo, pero no ve ningún cuerpo del cual depende, cree ser dependiente sólo de sí y así se convierte en el centro de su propia existencia. Aún no teniendo en sí mismo ninguna fuente de vida, sólo puede deambular y llegar a desconcertarse en la incertidumbre de su propia existencia, consciente que no es el cuerpo y aún no reconociendo que es un miembro de un cuerpo. El resultado es que cuando llega a reconocerse, vuelve a casa como era y sólo se ama por el bien del cuerpo entero. Deplorará entonces su rebeldía pasada.

No puede por su propio ser amar algo más excepto por motivos egoístas y a fin de esclavizarse, porque cada cosa se ama a sí mismo más que cualquier otra cosa.

Pero al amar el cuerpo se ama a sí mismo, porque no tiene ninguna existencia excepto en el cuerpo, para el objetivo del cuerpo y por el cuerpo. "Pero el que se une al Señor se hace uno con él en espíritu" (I Corintios 6:17).

Al cuerpo le gusta la mano, y si esta tuviera una voluntad la mano se amaría a sí del mismo modo como el alma hace. Cualquier amor que va más allá está equivocado.

"El que se une al Señor se hace uno con él en espíritu." O sea, nos amamos a nosotros porque somos miembros de Cristo. Amamos a Cristo porque Él es el cuerpo del cual somos miembros. Todos son uno. Uno está en el otro como las tres personas de la Trinidad (372–483).

323. 323. Si el pie nunca se hubiera dado cuenta que perteneció al cuerpo, y que había un cuerpo del cual dependió, si sólo se hubiera conocido y se hubiera amado a sí mismo y luego hubiera llegado a saber que realmente perteneció al cuerpo del cual dependió, piense en el pesar y vergüenza que sentiría por su existencia pasada. ¡Reconocería lo inútil que había sido al cuerpo a pesar de la vida vertida en él, y cómo habría sido destruido si el cuerpo lo hubiera rechazado y lo hubiera cortado como el pie se corta del cuerpo! ¡Cómo habría deseado seriamente ser conservado! ¡Cuán obedientemente se dejaría ser gobernado por la voluntad responsable del cuerpo, al punto de ser amputado si fuera necesario! De otra manera dejaría de ser un miembro, ya que cada miembro debe estar listo a perecer por el todo, por cuyo bien solo el todo existe (373b—476).

324. El ejemplo de muertes nobles como los espartanos y otros apenas nos mueve, ya que no vemos qué hay de bueno para nosotros. Pero el ejemplo de las muertes de mártires cristianos nos mueve, ya que ellos son nuestros miembros, teniendo un lazo común con ellos, de modo que su lealtad nos inspire no solamente por su ejemplo, sino porque deberíamos tener lo mismo.

No hay ninguna de esta motivación en ejemplos paganos, ya que no tenemos lazos con ellos, tal como no nos hacemos ricos viendo a un forastero rico, pero más bien siendo inspirado por un padre o marido que es rico (359–481).

325. Hay dos clases de hombres en cada religión: aquellos que son supersticiosos, y aquellos que son lujuriosos (330–366).

326. Es mera superstición colocar la esperanza de alguien en formalidades, pero es orgullo negarse a someterse a ellas (364–249).

327. Debemos integrar lo que es externo con lo que es interno a fin de recibir algo de Dios. En otras palabras, nosotros debemos inclinarnos sobre nuestras rodillas, y luego orar con nuestros labios, de modo que el hombre orgulloso que no se rendirá a Dios debiera someterse ahora a la criatura de Dios. Si simplemente esperamos la ayuda de un espectáculo externo, somos supersticiosos. Si rechazamos combinarlo con lo interior, mostramos que somos arrogantes (944–250).

328. El cristianismo es extraño. Ordena al hombre reconocer que él es malo, hasta abominable. Sin embargo, también le ofrece desear ser como Dios. Sin tal contrapeso, esta dignidad lo haría horriblemente vano, o promovería tal humillación que lo haría terriblemente abyecto (351–537).

329. ¡Qué poco orgullo el cristiano siente en estar en uno en unión con Dios! ¡Con qué poca humildad él se compara al gusano de la tierra! ¡Qué modo tan fino de encontrar la vida y la muerte, el bien y el mal! (358–538).

330. La moralidad cristiana no consiste ni en un grado de degradación que consideremos nos hace incapaces de lo bueno, ni en un grado de santidad que pensamos está libre del mal (353–529).

331. No hay doctrina más adecuada para el hombre que la que le enseña su doble capacidad tanto de recibir como de perder la gracia, debido al peligro gemelo —la desesperación y el orgullo— a que él siempre está expuesto (354–524).

332. La miseria conduce a la desesperación. El orgullo conduce a la presunción.
La Encarnación revela al hombre la enormidad de su miseria por la grandeza del remedio que requiere (352–526).

333. La Sagrada Escritura nos provee de pasajes para traer consuelo a cada situación, y aún tener miedo en cada situación. La naturaleza parece haber hecho la misma cosa por dos infinidades, natural, moral. Ya que siempre tendremos lo que es tanto más alto como más bajo, lo que es más capaz y menos capaz, lo que es más glorioso y más miserable, humillar nuestro orgullo y levantarnos en nuestra degradación (800–532).

334. "Porque nada de lo que hay en el mundo —los deseos del cuerpo, la codicia de los ojos y la arrogancia de la vida— proviene del Padre, sino del mundo" (I Juan 2:16). ¡Qué miserable es aquella esfera maldita que es consumida más bien que inflada por estas tres corrientes de fuego! Dichosos son los que están al lado de estos ríos, ni inundados ni arrastrados, sino inmóviles arraigados al lado de estas corrientes, no estando de pie, sino sentados en un lugar humilde y seguro. Ellos no se exaltarán arrogantemente encima de la luz, sino descansan en paz, extienden sus manos al que los exaltará para estar de pie firmes y resueltos en los pórticos de Jerusalén, la esfera del bendito, donde el orgullo no podrá más combatirlos y someterlos. Con todo, ellos lloran, no simplemente a la vista de todas las cosas perecederas arrastradas por estas inundaciones, sino al recuerdo de su amado hogar, la Jerusalén celestial. La cual ellos constantemente recuerdan a lo largo de los largos años de su exilio (545–458).

✥ CAPÍTULO ✥
27

CONCLUSIÓN

335. Las pruebas para la fe cristiana son como sigue:

1. Se establece tan firmemente y aún tan suavemente, a pesar de que sea tan contraria a la vida natural del hombre;
2. La santidad, sublimidad, y humildad de un alma cristiana;
3. Los milagros de la Sagrada Escritura;
4. Jesucristo en particular;
5. Los apóstoles en particular;
6. Moisés y los profetas en particular;
7. El pueblo judío;
8. Las profecías;
9. Su continuidad, ninguna religión disfruta de tal perpetuidad;
10. Las doctrinas de la fe que explican todo;
11. La santidad de la ley;
12. Por las pruebas del orden del mundo.

Sin ninguna vacilación después de reflexionar sobre estas pruebas, cuando consideramos la naturaleza de la vida y de la fe cristiana, no deberíamos oponernos a la inclinación de seguirla si nuestro corazón está inclinado a hacerlo. Seguramente, no hay lugar para burlarse de aquellos que la siguen (482–289).

UNA MENTE ENCENCIDA

336. Las profecías de la Escritura, hasta los milagros y las pruebas de nuestra fe, no son la clase de pruebas que son absolutamente convincentes. Al mismo tiempo no es irrazonable creer en ellas. Hay así prueba y oscuridad, para iluminar a unos y confundir a otros. Pero la evidencia es tal que supera, o equilibra al menos, las evidencias contrarias, de modo que no es la razón la que nos decide no seguir la fe. Por lo tanto las únicas cosas que nos impiden aceptar las evidencias deben ser la lujuria y la maldad de corazón. Hay por lo tanto evidencias suficientes para condenar y no bastante para convencer, de modo que sea obvio que los que siguen lo hacen así por la gracia y no por la razón. Aquellos que evaden su mensaje lo hacen inducidos por la lujuria y no por la razón. "Realmente mis discípulos" (Juan 8:31). "Un verdadero israelita" (Juan 1:47). "Verdaderamente libres" (Juan 8:36). "Verdadera comida" (Juan 6:55). Supongo que uno cree realmente en milagros (835–564).

337. [Según la *Suma Teológica* de Tomás de Aquino] "los milagros no sirven para convertir, sino para condenar" (379–825).

338. Él discute: "un milagro no reforzaría mi fe." Él dice esto cuando no ve ninguno.
Hay motivos que, cuando son vistos desde una distancia, parecen limitar nuestra visión. Pero cuando nos acercamos, comenzamos a ver más allá de ellos. Porque nada comprueba el flujo de nuestras mentes. No hay ninguna regla, discutimos, que no tenga alguna excepción, ni alguna verdad que sea tan general que no presente algún aspecto defectuoso. Es suficiente que no sea absolutamente universal, para darnos motivo para aplicar la excepción al asunto presente, y decir: "Esto no es siempre verdad. Por lo tanto hay casos donde esto no existe." Sólo queda mostrar que este es uno de ellos, y seremos muy torpes o desafortunados si no podemos encontrar alguna escapatoria (574–263).

339. La elocuencia es una descripción del pensamiento. Entonces aquellos que añaden todavía más a la pintura del original producen una pintura más bien que un retrato (578–344).

340. Nuestra fe es tanto sabia como tonta. Es sabia porque es la que más sabe y la que más fuertemente se funda en milagros, profecías, etcétera. Pero es tonta porque no es por estos motivos que la gente se adhiere. Esta es razón suficiente para condenar a aquellos que no pertenecen, pero no es para hacer a aquellos que pertenecen realmente creen en ella. Lo que les hace creer es la cruz. "Para que la cruz de Cristo no perdiera su eficacia" (1 Corintios 1:17).

Así el apóstol Pablo, que vino con signos y sabiduría, afirmó que él no vino, ni con signos, ni sabiduría, ya que él vino para convertir. Aquellos que vienen sólo para convencer son los que afirman que vienen con signos y sabiduría (842–588).

Fe

341. La fe es un regalo de Dios. Entonces no imagine que pueda ser descrita como un regalo de la razón. Otras religiones no hacen esta afirmación para su fe. En cambio ofrecen nada más que la razón como un camino de fe, y aún no conduce allí (588–379).

342. La fe es diferente de la verdad. Una es un regalo de Dios y la otra es humana. "El justo vivirá por la fe" (Romanos 1:17). Esta es la fe que Dios mismo pone en nuestros corazones, aunque Él a menudo use la prueba como el instrumento. "La fe viene como resultado de oír el mensaje" (Romanos 10:17). Pero esta fe mora en nuestros corazones, y nos ayuda a decir no "sé," sino "creo" (7–248).

343. No se sorprenda encontrar personas simples que creen sin argumento. Ya que Dios los hace amarlo y odiarse. Él inclina sus corazones para creer. Nunca creeremos con una creencia eficaz y fe a menos que Dios incline nuestros corazones. Entonces creeremos tan pronto como Él los inclina. Y eso es lo que el salmista experimentó tan profundamente: "Inclina mi corazón hacia tus estatutos y no hacia las ganancias desmedidas" (Salmo 119:36) (380–825).

344. Los que creen sin haber leído los testamentos hacen así porque tienen una disposición interna hacia lo que es realmente santo, y porque todo lo que ellos oyen sobre nuestra fe es atractivo para ellos. Ellos sienten que un Dios los ha creado, a quien ellos sólo quieren amar, y por lo tanto sólo desear odiarse. Ellos sienten que no tienen ninguna fuerza en sí mismos. Ellos son incapaces al mismo tiempo de llegar a Dios. Y si Dios no viene a ellos, son incapaces de tener algún compañerismo con Él. Además, ellos son convencidos por nuestra fe que los hombres deben amar sólo a Dios y sólo odiarse a sí mismos. Pero ya que todos los hombres son corruptos e indignos de Dios, Él mismo se hizo hombre a fin de unirse con nosotros. Esto es bastante para convencerlos, ya que sus corazones están tan dispuestos, y quiénes tienen este conocimiento de su deber y aún de su propia insuficiencia (381–286).

345. Aquellos que vemos que son cristianos sin el conocimiento de las profecías y de las pruebas sin embargo juzgan su fe tan bien como aquellos que poseen tal conocimiento. Ellos juzgan con sus corazones, mientras que los otros juzgan con sus mentes. Ya que es Dios mismo quien los inclina a creer, y por eso están eficazmente convencidos.

Se podría alegar que este modo de juzgar no es fiable, y que es por seguir tal método que los herejes y los incrédulos se pierden.

A eso mi respuesta es que Dios sinceramente inclina a aquellos que a Él le gusta que crean en la fe cristiana, y que los incrédulos no tienen ninguna prueba de lo que dicen. Pero aquellos que conocen las pruebas de fe demostrarán sin dificultad que tal creyente es realmente inspirado por Dios, aunque él mismo no pueda demostrarlo. Ya que Dios ha declarado por sus profetas que en el reinado de Jesucristo Él enviaría su Espíritu entre las naciones, de modo que los jóvenes y las doncellas y los niños de la iglesia profetizaran, entonces es de la misma manera seguro que el Espíritu de Dios está sobre estos y no sobre los otros. De aquellos que Él ama, Dios inclina sus corazones (Salmo 119:36) (382–287).

Disciplina

346. ¡Qué diferencia tan enorme hay entre el reconocimiento y la experiencia del amor de Dios! (377–280).

347. La gente a menudo confunde su imaginación con su corazón, y muy a menudo se convencen de que son convertidos tan pronto como comienzan a pensar en convertirse (975–275).

348. No debemos entendernos mal. Somos tantas máquinas como la mente. Como consiguiente, el instrumento por el cual la persuasión es efectuada no es simplemente la demostración. En efecto, ¡qué pocas cosas son demostradas! Las pruebas sólo convencen la mente. Nuestras pruebas más fuertes y las más generalmente aceptadas con convicción son las creadas por el hábito. Entonces es el hábito que dirige el autómata, que conduce la mente mecánicamente o inconscientemente a lo largo. ¿Quién demostró que amanecerá mañana, y que no moriremos? ¿Y aún qué es más extensamente aceptado?

Está claro, entonces, que el hábito nos persuade del hecho. Es el hábito el que produce la mayoría de los cristianos, tal como produce a turcos o paganos, trabajadores, soldados, etcétera. La fe recibida en el bautismo es en los cristianos la ventaja que tienen sobre el mundo pagano. En resumen, debemos apelar a la fe cuando una vez que la mente ha visto donde la verdad reside, a fin de apagar nuestra sed y absorber aquella creencia que siempre se nos escapa. Porque es difícil de tener las pruebas siempre a la mano. Entonces debemos adquirir una creencia más fácil, a saber la que es comunicada por el hábito, que suavemente, simplemente, e intuitivamente nutre la creencia, y así inclina todas nuestras facultades y poderes de modo que nuestra alma naturalmente lo acepte. No basta cuando la creencia tiene que ser obligada por la convicción, mientras el autómata está todavía inclinado a creer la parte contraria. Nosotros debemos tomar por lo tanto ambas partes de nuestra naturaleza e integrarlas en una creencia; la mente por las razones que le bastan con ver una vez en la vida, y la máquina por el hábito, no permitiéndole que se incline hacia lo contrario. "Inclina mi corazón," oh Dios (Salmo 119:36).

La mente trabaja despacio, viendo con tanta frecuencia muchos principios que se diferencian que deben ser siempre considerados juntos. Entonces esto embota la cabeza constantemente o se extravía porque todos sus principios no están presentes. El sentimiento no funciona así, actúa inmediatamente, y siempre está alerta. Entonces debemos poner nuestra fe en nuestro sentimiento, o de otro modo vacilará siempre (821–252).

349. Hay tres medios de creer: la razón, el hábito, la revelación. La fe cristiana, que solo tiene la razón, no confiesa como sus hijos verdaderos aquellos que rechazan la revelación. No es que excluya la razón y el hábito, todo lo contrario, pero la mente debe estar habitualmente abierta a las pruebas y debe humillarse para someterse a la revelación como la única influencia verdadera y beneficiosa. "Para que la cruz de Cristo no pierda su eficacia" (I Corintios I:17) (808–245).

OTRAS MÁXIMAS DE
LOS PENSAMIENTOS Y LOS DICHOS

El estilo del pascal

350. Todas las máximas buenas ya existen en el mundo; solamente dejamos de aplicarlas (540–380).

351. La última cosa que descubrimos en la composición de un trabajo es que dejar primero (976–19).

352. Los autores que siempre se refieren a sus trabajos como "mi libro, mi comentario, mi historia," suenan a ciudadanos serios con su propia propiedad que hablan siempre "de mi casa." Sería mejor si dijeran: "nuestro libro, nuestro comentario, nuestra historia," viendo que por lo general hay más de propiedad de otra gente en ello que de ellos (Dichos, I).

353. La gente pregunta por qué uso un estilo divertido, irónico, y complaciente. Contesto que si yo hubiese escrito de un modo dogmático, sólo los eruditos lo habrían leído y ellos no lo necesitan, porque ellos saben tanto sobre ello como yo. En cambio, pensé que debo escribir a fin de atraer a mujeres y la gente mundana a leer mis cartas, de modo que ellos pudieran percatarse del peligro de todas estas máximas y proposiciones, que están tan de moda y fácilmente tragadas por la gente (Dichos, 3.3).

La gente pregunta si he leído todos los libros que cito. Mi respuesta es no, porque eso habría significado seguramente gastar mi vida leyendo libros a menudo muy malos. Conseguí que mis amigos los leyeran, pero no usé un solo pasaje sin leerlo yo mismo en el libro original, entrando en el contexto, y leyendo el pasaje antes y después de él, para evitar todo riesgo de citar fuera del contexto, que es injusto e incorrecto (Dichos, 3.4).

La vida en un mundo desordenado

354. (977–320).
Las cosas más irrazonables en el mundo se vuelven las más razonables, porque los hombres son tan desequilibrados

355.
La piedad cristiana destruye el ego humano, mientras que la cortesía humana lo oculta y suprime (Dichos, 7).

356.
Desde el punto de vista del mundo, las condiciones más fáciles para vivir son las más difíciles desde la perspectiva de Dios, y viceversa. Nada es tan difícil desde el punto de vista del mundo que la vida de fe, mientras que nada es más fácil desde la perspectiva de Dios (693–906).

357.
El mundo debe ser realmente ciego si le cree (676–397).

358.
Es absurdo pensar que hay gente en el mundo que haya rechazado todas las leyes de Dios y la naturaleza sólo para tener que inventar leyes para ellos las cuales escrupulosamente obedecen. Parecería que la licencia debería ser ilimitada y sin refrenamiento, considerando el número de lo justo y el sentido común que han roto (794–393)

359.
El poder gobierna el mundo, no la opinión. Pero es la opinión la que explota el poder (554–303).

360.
Ya no tenemos la justicia verdadera. Si la tuviéramos no deberíamos aceptar como regla general de justicia que

habría que seguir simplemente la costumbre del país de alguien. Por eso hemos encontrado el poder cuando no podíamos encontrar el derecho (86–297).

361. La imaginación amplía las cosas pequeñas con fantástica exageración hasta que ellas llenen nuestra alma entera. Entonces con insolencia valiente reducen las cosas grandes a su propio tamaño, como cuando se habla de Dios (551–84),]

362. El carácter cristiano "humilla su corazón" (Romanos 12:16). El carácter humano es lo contrario (897–533).

363. No puedo perdonar a Descartes. En su filosofía entera le gustaría prescindir de Dios. Pero él no puede menos que permitirle que con un movimiento rápido de los dedos ponga el mundo en movimiento. Después de esto él no tiene más uso para Dios (Dichos, 2).

364. Escribir contra aquellos, como Descartes, quienes sondan la ciencia demasiado profundamente (553–76).

365. Los eruditos piadosos son raros (952–956).

366. La sabiduría nos remonta a la infancia: "a menos que ustedes cambien y se vuelvan como niños..." (Mateo 18:3) (82–291).

La naturaleza del hombre

367. La condición del hombre es de inconstancia, aburrimiento, y ansiedad (24–127).

368. Somos igualmente incapaces de verdad y bondad (28–436).

369. Dos cosas enseñan al hombre sobre su naturaleza entera: el instinto y la experiencia (128–396).

Otras máximas de los pensamientos y los dichos

370. Las personas son inevitablemente tontas, que de no serlo así sólo acumularía otra forma de locura (412–414).

371. El hombre está tan degradado al punto de postrarse ante las bestias y hasta adorarlas (53–429).

362. Como el hombre ha perdido su naturaleza verdadera, cualquier cosa puede hacerse su naturaleza. De la misma manera, desde que se ha perdido el verdadero bien, cualquier cosa puede ser adoptado como lo que él juzga bueno (397–426).

La búsqueda de la verdad

373. El pensamiento constituye la grandeza del hombre (759–346).

374. Cuando queremos pensar en Dios, ¿no hay algo que nos distrae y nos tienta a pensar en otra cosa? Todo esto es innato y malo en nosotros (395–478).

375. El modo más rápido de prevenir la herejía es enseñar todas las verdades, y el modo más cierto de refutarla es exponerlas todas (733b—862b).

376. Somos por lo general más fácilmente convencidos por las razones que hemos descubierto nosotros que por las que han ocurrido a otra gente (737–10).

377. Es por el corazón que Dios es percibido y no por la razón. De modo que en eso consiste la fe: Dios percibido por el corazón, no por la razón (424–278).

378. El corazón tiene sus razones, las cuales la razón no puede comprender; sabemos esto de modos innumerables (423–277).

379. A causa de la naturaleza corrupta del hombre, el hombre no actúa según la razón que constituye su ser (491–439).

380. Y si estamos convencidos que nunca debemos correr riesgos, entonces no deberíamos hacer nada por la religión, ya que nunca es totalmente segura (577a—234a).

381. Hay dos fuentes de error: tomar todo literalmente, y tomar todo espiritualmente (252–668).

382. Es piedad falsa conservar la paz a expensas de la verdad. Es también celo falso conservar la verdad a costa de la caridad (949–930).

383. Hacemos un ídolo de la verdad misma, porque la verdad aparte de la caridad no es Dios, sino su imagen. Es un ídolo que no debemos amar o adorar. Menos aún debemos adorar su contrario, que es la mentira (926–582).

384. Cualquiera que quiere dar un sentido a la Escritura que no está en la Escritura es enemigo de la Escritura (251–900).

385. Usted abusa de la confianza que la gente tiene en la iglesia cuando los hace creer cualquier cosa (186–947).

386. Procuremos pensar bien; ese es el principio fundamental de la moralidad (200b—347b).

Vida cristiana

387. Ver a Jesucristo en cada persona, y en nosotros... de modo que Él podría estar en cada persona y un modelo para cada condición de la humanidad (946–785).

388. Nuestros oraciones y virtudes son abominaciones ante Dios si no son las oraciones y virtudes de Jesucristo (948–668).

389. La oración no está en nuestro poder... no sea que aquellos que habiendo perseverado durante algún tiempo en la oración por el poder eficaz de Dios, entonces dejan de orar, carezcan de este poder eficaz (969–514).

390. Podemos pensar que la oración se deriva de nosotros. Esto es absurdo porque hasta el fiel puede no ser virtuoso, así que ¿cómo podemos tener fe por nosotros? ¿No es más moverse de la carencia de fe a la posesión de ella, más que ir de la fe a la virtud? (930–513).

391. A fin de mantener su soberanía, Dios otorga el don de la oración sobre quien Él se complace (930a—513a).

392. El hombre justo actúa por la fe en los detalles más pequeños. Cuando él reprueba a sus criados, él desea que su conversión sea hecha posible por el Espíritu de Dios. Él ora a Dios para corregirlos, salta, esperando tanto de Dios como de sus propias reprobaciones, y orando a Dios para que bendiga sus correcciones. Y entonces él actúa de todos otros modos (947–504).

393. Es una buena condición para la iglesia estar dentro cuando no hay apoyo sino Dios (845–861).

394. Hay una diferencia fuerte entre no ser para Cristo y decirlo, y no ser para Cristo y pretender serlo. El primero puede realizar milagros, pero no éste. Ya que en la primera situación es obvio que ellos están contra la verdad y entonces sus milagros son más obvios (843–836).

395. No hay ninguna necesidad de milagros para demostrar que debemos amar a un solo Dios. ¡Eso es obvio! (844–837).

396. Debemos combinar lo que es externo con lo que es interno para obtener algo de Dios. En otras palabras, debemos ponernos de rodillas y orar con nuestros labios de modo que el hombre orgulloso que no se rendirá a Dios debiera someterse ahora a su criatura [el sacerdote]. Si esperamos la ayuda de esta expresión externa sólo, somos supersticiosos. Si rechazamos combinarlo con la interna, somos arrogantes (944–250).

397. Las obras nobles son más admirables cuando se guardan en secreto. Porque la cosa más fina sobre ellas es el intento de mantenerlas en secreto ((43–159).

398. Si estoy solo o a la vista de otros, en todas mis acciones estoy a la vista de Dios que debe juzgarlas y a quien he dedicado todas ellas (931–550).

399. La aversión por la verdad existe en diferentes grados, pero se puede decir que existe en cada uno de nosotros en algún grado, ya que es inseparable del amor propio (978–100).

Roger Hazelton, *Blaise Pascal, The Genius of his Thought* [Blas Pascal, el genio de su pensamiento] (Philadelphia: Westminster Press, 1974), p. 16.

Ibid., p. 23.

Romano Guardini, *Pascal for Our Time* [Pascal para nuestro tiempo] (New York: Herder and Herder, 1966), p. 24.

Ibid., pp. 28–44.

Probablemente tanto como el 80 por ciento de sus *Pensamientos* fue coleccionado en estos últimos años. Vea Philippe Sellier, *Les Pensees de Pascal* (Paris: Mercure de France, 1976), p. 7.

Hugh M. Davidson, *The Origins of Certainty, Means and Meanings in Pascal's Pensees* [Los orígenes de certeza, medios y significados en los pensamientos de Passcal] (Chicago: University of Chicago Press, 1979), pp. 1–35.

Citado por Hazelton, p. 117.

Anthony R. Pugh, *The Composition of Pascal's Apologia* [La composición de la apologia de Pascal] (Toronto: University of Toronto Press, 1984).

Esto ha sido usado por John Warrington en su traducción en inglés, *Blaise Pascal, Pensees, Everyman's Library* [Blas Pascal, Pensamientos, la biblioteca del hombre común] (London: J. M. Dent & Sons Ltd., 1967).

La edición de Brunschvicg es notada por la edición de Penguin Classics, trad. A. J. Krailsheimer, *Blaise Pascal: Pensees* [Blas Pascal: Pensamientos] (Harmondsworth, Middlesex, England).

Ver Guardini, pp. 173–225.

Quizás de todos los escritores cristianos, fue Agustín el que influyó más en Pascal. Ver P. Sellier, *Pascal et saint Augustine* [Pascal y San Agustín] (Paris: A. Colin, 1970).

CARTAS ESCRITAS A UN PROVINCIANO
POR UNO DE SUS AMIGOS

El 23 de noviembre de 1654, Pascal se convirtió leyendo Juan 17 solo en su dormitorio. El mes siguiente él se colocó bajo la dirección espiritual de M. Siglin, y para el próximo mes él tomaba el primero de varios retiros en la abadía de Port-Royal-des-Champs. Por sus contactos en Port-Royal, Pascal fue hecho entrar en una controversia que iba a convertirse en una sensación nacional.

Antoine Arnauld, un abogado eminente y el líder reconocido de los partidarios de la abadía, había publicado dos cartas abiertas que defendían la ortodoxia del libro de Cornelius Jansen sobre Agustín. El libro había sido condenado como herético en 1653. Arnauld había sido contestado por el confesor del rey, el Padre jesuita Annat, y el caso había sido llevado a la facultad de teología en la Sorbona para una decisión. Después de mucha discusión, la facultad de la Sorbona reprobó a Arnauld el 14 de enero de 1656. Sabiendo de la habilidad de Pascal en el debate, Arnauld pidió la ayuda del hombre joven. "Tú eres joven, tienes una mente fina, deberías hacer algo." Usando varios seudónimos, Pascal contestó en secreto en dieciocho cartas, de las cuales se han tomado los extractos siguientes.

CARTA 01

OBSERVACIÓN SOBRE UNA DISPUTA ENTRE TEÓLOGOS EN LA SORBONA, PARA CENSURAR A A. ARNAULD

París, 23 de enero de 1656

Señor,

Hemos sido enormemente confundidos. Fue sólo ayer que quedé desengañado. Puesto que hasta entonces, yo había imaginado que las disputas de la Sorbona eran realmente de la mayor importancia para los intereses de la fe cristiana. Las reuniones frecuentes de una sociedad tan celebrada como la Facultad de Teología en París, en la cual tantas cosas extraordinarias y maravillosas han pasado, generalmente han levantado la alta expectativa que todos creen que algún asunto significativo está siendo considerado. En cambio, usted se quedará sorprendido al saber por esta comunicación sobre la cuestión de este asunto, del cual me he informado a fondo.

Lo declararé brevemente como sigue. Dos asuntos están bajo consideración. Uno es una cuestión de *hecho*. El otro es una cuestión de *derecho*.

La cuestión de hecho es si el señor Arnauld es culpable de impetuosidad por decir en su segunda carta que él ha leído con cuidado el libro de Jansen y no ha sido capaz de encontrar aquellas proposiciones allí condenadas por el finado Papa [Inocencio X]. Sin embargo, cuando él condena estas proposiciones dondequiera que ocurran, él también las condena en Jansen *si ellas estuvieran allí*. Entonces la cuestión es si no es sumamente imprudente levantar una duda respetando estas proposiciones que realmente ocurren en Jansen, cuando los obispos han afirmado que así es.

Cuando esta materia fue traída a la Sorbona, setenta y un doctores estuvieron en defensa del señor Arnauld, manteniendo que él no podría dar ninguna otra respuesta a las numerosas preguntas en su opinión de la existencia de estas proposiciones en dicho libro que la que él dio. A saber, que él no las había encontrado allí, con todo él fue condenado poniendo por caso que ellas probablemente estuvieran.

Unos fueron más lejos y declararon que después de una búsqueda exhaustiva ellos no habían sido capaces de descubrirlas allí, pero en cambio él había hablado contra ellas. Ellos entonces procedieron con algún calor a requerir que si cualquier doctor las hubiera visto, él debería ser lo bastante bueno para indicarlas. Este pareció un modo obvio de convencer a todos, hasta al señor Arnauld mismo. Pero este enfoque nunca ha sido concedido.

En cambio, las medidas contra él fueron tomadas por ochenta doctores seculares y aproximadamente cuarenta frailes mendicantes que condenaron la declaración del señor Arnauld sin ningún intento de examinar si era verdadera o falsa. Ellos hasta afirmaron que la cuestión no era sobre la verdad de su aseveración, sino simplemente sobre su impetuosidad al presentarla.

Otros quince estaban poco dispuestos a concurrir en la censura. Les llamamos *los indiferentes.*

Aquí es donde la cuestión de hecho termina, sobre los cuales debo admitir que siento poca preocupación. Porque si el señor Arnauld es o no es culpable de impetuosidad en nada afecta mi propia conciencia. Y si tengo cualquier curiosidad para averiguar si las proposiciones ocurren realmente en Jansen, su libro no es, ni tan escaso y tampoco es tan voluminoso que me impida leerlo para mi propia satisfacción sin consultar el todo de la Sorbona.

Si yo hubiera tenido miedo de ser considerado impetuoso, yo habría querido probablemente estar de acuerdo casi con cada uno que encontré quien creyó que estas proposiciones estaban en Jansen. Pero en cambio, encontré una respuesta negativa extraña de parte de cada uno para mostrarme donde se encontraban ellas. No he encontrado a una sola persona que podría decir que él realmente las había visto por sí mismo. Así que esta censura, me temo, hará más daño que bien y dará a aquellos que pueden conocer los hechos bastante una impresión diferente de lo que se quiere. En efecto, la gente se vuelve ahora tan desconfiada, que no creerán nada más que lo que ellos ven. El punto, sin embargo, tiene tan poca importancia que no toca nuestra fe.

La cuestión *de derecho* parece al principio mucho más importante. Entonces he tomado por lo tanto la mayor molestia para informarme sobre el tema. Usted se alegrará de saber que este es tan insignificante como el primero.

La investigación cuestionó las palabras del señor Arnauld en la misma carta: "que la gracia sin la cual no podemos hacer nada era deficiente en el apóstol Pedro cuando cayó." Podríamos haber esperado que los grandes principios de la gracia habrían sido examinados, en cuanto a si la gracia es otorgada a todos los hombres, y si es seguramente eficaz. ¡Pero! ¡ay! ¡Cómo fuimos engañados! Para mí, pronto me convertí en un gran teólogo, de lo cual usted tendrá algunas pruebas.

Para averiguar la verdad, fui a mi vecino cercano, el señor N., un doctor del Colegio de Navarra, que es, como ustedes saben, uno de los opositores más implacables de los jansenistas. Como mi curiosidad me hizo casi tan entusiasta como era él, pregunté si, para quitar todas las dudas adicionales, ellos pudieran llegar a una decisión formal "que la gracia es dada a todos los hombres."

Pero él contestó con gran rudeza, diciendo que no era el punto, aunque algunos de su partido argumentaron que la "gracia no es dada a todos," Y que hasta los examinadores habían declarado en la asamblea en pleno que esta opinión era *problemática*. Esta era su propia convicción, que él confirmó con un pasaje famoso de Agustín: "Sabemos que la gracia no es dada a todos los hombres."

Le pedí perdón por confundir su sentido, y le pedí saber si ellos condenarían al menos aquella otra opinión de los jansenistas, que había creado tal debate acalorado, a saber "que la gracia es eficaz y determina la voluntad en la elección del bien."

Otra vez no tuve fortuna: —usted no sabe nada sobre ello —él replicó—. Eso no es ninguna herejía; es perfectamente ortodoxo. Todos los tomistas lo mantienen y yo he hecho lo mismo en mis debates en la Sorbona.

No me atreví a proseguir; de todos modos, yo no podía descubrir donde estaba la dificultad. Así que a fin de adquirir un poco de perspicacia, le pedí que declarara exactamente en qué consistió la herejía en la proposición del señor Arnauld.

—Es esta —dijo él—, que él no confiesa que los justos poseen el poder de cumplir las órdenes de Dios, en la manera en la cual *lo entendemos nosotros.*

Después de esta información me retiré, eufórico por haber averiguado el punto difícil de la cuestión. ¡Me apresuré al señor N., que estuvo suficientemente restaurado de salud para acompañar a su cuñado, un jansenista muy cuidadoso, pero *¡a pesar de esto un hombre muy bueno!* A fin de recibir una mejor recepción, pretendí pertenecer a su partido y le pregunté si fuera posible que la Sorbona debiera introducir tal error como este en la iglesia, "que el justo siempre posee el poder de realizar las órdenes de Dios."

—¿Qué dice usted? —contestó—. ¿Llama a tal sentimiento cristiano un error, una doctrina a la cual nadie sino los luteranos y calvinistas se opondría alguna vez?

—¿Y no es esta su opinión entonces? —Contesté.

—Seguramente no, la condenamos como herética e impía.

Bastante sorprendido vi que yo había reaccionado de forma exagerada ahora con el jansenista, como antes había hecho con el molinista. Pero no estando totalmente satisfecho por su respuesta, lo impulsé a decirme ingenuamente si él realmente mantuviera, "que el justo siempre tenía un verdadero poder de guardar los preceptos divinos."

Él se enojó más con esto, pero con un celo santo desde luego, y dijo que él nunca disfrazaría sus opiniones por ninguna consideración en el mundo. Esta era su convicción que tanto él como todo su partido defenderían hasta el fin, como la doctrina genuina tanto de Tomás de Aquino como de Agustín, su maestro.

Él estaba tan serio que yo no podía dudar de él. Entonces volví inmediatamente a mi primer doctor para asegurarle con suma satisfacción que yo estaba seguro que la paz sería pronto restaurada en la Sorbona. Porque los jansenistas estaban de acuerdo sobre el poder que posee el justo de cumplir los mandamientos. Yo respondería de ello y haría que todos ellos firmaran con su sangre.

—Espera —él dijo—, un hombre debe ser un teólogo excelente para discriminar estos detalles; tan fina y sutil es la diferencia entre nosotros que apenas podemos discernirlo nosotros mismos. Entonces, no es de esperarse que usted lo entienda, pero simplemente está satisfecho que los jansenistas le dirán que el justo siempre posee el poder de cumplir los mandamientos divinos. Esto no lo discutimos, pero ellos no le informarán que este es *poder cercano.* Este es el punto.

Este término era bastante nuevo y absurdo para mí. Pensé que yo había captado la situación entera pero ahora era todo, una vez más, oscuro. Cuando le pedí un poco de explicación él hizo un gran misterio de ello y me despidió sin ninguna otra satisfacción para preguntar de los jansenistas si ellos admitieron este *poder cercano*.

Por si yo fuera a olvidarme de ello, corrí hacia mi jansenista, y después de los primeros elogios, pregunté—: ¿Admite usted *el poder cercano*? —Él comenzó a reírse y con frialdad contestó—: Usted me dice lo que quiere decir con esto, y luego estaré preparado para decirle lo que creo. Pero como no tuve ni idea, yo no podía contestar. Vagamente exclamé—: Lo entiendo en el sentido de los molinistas.

—Ah, ¿y a cuál de los molinistas me mandaría usted?

—A todos ellos —dije—, como ellos comprenden un cuerpo y tienen el mismo espíritu.

—Usted sabe muy poco del tema —dijo él—. Ellos están tan desunidos entre sí que la única cosa en que están de acuerdo es en la ruina del señor Arnauld. Así que están determinados mutuamente a usar el término *cercano*, aunque ellos mismo lo entiendan de maneras diferentes, a fin de procurar minarlo y arruinarlo.

Esta respuesta me asombró. De todos modos, yo no estaba inclinado a recibir una impresión de los motivos fundamentales de los molinistas, basado en la palabra de un individuo, y entonces mi única preocupación se hizo averiguar en que diferentes modos ellos emplearon el término *poder cercano*.

Él estaba bastante dispuesto a explicármelo, pero comentó—: Usted verá tal burda inconsistencia y contradicción que le asombrará y le hará sospechar de mi propia veracidad. Pero es mejor conseguirlo directamente de ellos mismos. Así que si usted me permite que le dirija, yo recomendaría una visita separada a un M. le Moine y al Padre Nicolai.

—No conozco a ninguno de estos señores —contesté.

—Pero posiblemente usted puede conocer a algunos otros que puedo nombrar, quienes sostienen las mismas opiniones. Este era, de hecho, el caso.

—¿No conoce —añadió—, a algunos dominicos, que se llaman los nuevos tomistas, y todos están de acuerdo con el Padre Nicolai?

Conocía a algunos de ellos, y determinado a buscar su consejo y perseguir mi objeto, lo dejé inmediatamente y fui a uno de los discípulos de M. le Moine. Le imploré que me dijera qué era tener *el poder cercano* para hacer algo.

—Ah —él contestó—, esto es bastante obvio: es tener cualquier poder que sea necesario para llevarlo a cabo, de tal modo que nada falta para completar la acción.

—Así que entonces —contesté—, tener *el poder cercano* de cruzar un río es tener un barco, barqueros, remos, y otras exigencias, de modo que nada falte.

—Exactamente.

—Y tener *el poder cercano* de ver es tener buenos ojos y una luz buena. Desde su perspectiva, si alguien posee ojos buenos en la oscuridad, él no tendría *el poder cercano* de ver, porque la luz sería necesaria, sin la cual es imposible ver en absoluto.

—Muy lógico en efecto.

—Por consiguiente —seguí—, cuando usted dice que todos los justos en cualquier momento poseen *el poder cercano* de observar los mandamientos, usted significa que ellos siempre tienen la gracia necesaria para su funcionamiento; al menos que nada hace falta de parte de Dios.

—Espere un minuto —dijo él—, el justo siempre posee lo que es el requisito para su obediencia, o al menos lo que es el requisito para pedir de Dios.

—Entiendo muy bien que todos ellos tienen lo que es necesario para buscar ayuda divina por la oración, pero no necesitan ninguna otra gracia que los capacite a orar —contesté.

—Absolutamente correcto.

—¿Pero no se requiere que una gracia eficaz nos estimule a orar?

—No —contestó él, siguiendo la opinión de M. le Moine.

Para no perder tiempo, me apresuré a los jacobinos, preguntando por los que sabía que eran tomistas de la nueva escuela. Les pedí que me dieran información en cuanto a este *poder cercano.* Primero pregunté si no hubiera algo deficiente en el punto de la necesidad actual. La respuesta era categóricamente "No". Entonces pregunté—: ¿Por qué, Padres, lo llaman entonces *poder cercano,* cuando alguna de tales deficiencias ocurren? ¿Afirmará usted, por ejemplo, que alguien por la noche sin alguna clase de luz tiene *el poder cercano* de ver?

—Seguramente, si él no es ciego.

—No me opongo a esto —dije—, pero M. le Moine tiene un punto de vista bastante diferente del tema.

—Cierto, pero le digo como lo entendemos.

A esto me doblé—: Ya que nunca voy a —repliqué—, discutir del término si sólo se me informa del sentido que se le da. Pero veo que cuando usted declara que el justo siempre tiene *el poder cercano* de orar a Dios, usted quiere decir con ello que ellos necesitan un poco de otra ayuda, sin la cual nunca podrían orar en absoluto.

—Excelente, excelente —contestó uno de los Padres, abrazándome—, más excelente, porque el justo necesita una gracia eficaz no otorgada sobre todos los hombres y que influye en su voluntad para orar, y quienquiera que niega la necesidad de esta gracia eficaz es un hereje.

—Excelente, en efecto muy excelente —exclamé por mi parte—. Pero, según su opinión, los jansenistas son ortodoxos y M. le Moine es un hereje. Ya que ellos afirman que solamente tienen el poder de orar, pero la gracia eficaz es sin embargo esencial, lo que usted aprueba. Él dice que el justo puede orar sin la gracia eficaz, la cual es una declaración que usted condena.

—Es verdad —dijeron ellos—, pero entonces M. le Moine llama a ese poder por el epíteto discernidor de *poder cercano.*

—Realmente, buen Padre —seguí—, es un mero juego de palabras decir que usted reconoce respetar el mismo término común, pero lo usa en un sentido contrario.

Entonces yo no tenía nada más que decir. Pero por suerte vino el discípulo de M. le Moine a quien yo había consultado antes. Esto me golpeó en el tiempo como una coincidencia asombrosa. Pero he aprendido desde entonces que estos accidentes afortunados no son poco comunes, como ellos tienen el hábito del trato social continuo.

Dije inmediatamente al discípulo de M. le Moine—: Conozco a un señor que mantiene que todos los justos tienen siempre en cualquier momento el poder de orar. Sin embargo ellos nunca orarán sin una gracia eficaz que los impele, la que Dios no siempre concede a todos los justos. ¿Es esto herético?

—Párese —dijo el doctor—, ¡usted me sorprende! Espere un minuto, espere un minuto; si él llama aquel poder *cercano* él es un tomista, y es por lo tanto ortodoxo. Si no, él es un jansenista, y por consiguiente un hereje.

—Pero él ni lo llama cercano, ni no cercano.

—Entonces él es un hereje, apelo a estos buenos Padres.

No tomé, sin embargo, la opinión de estos jueces, ya que ellos habían consentido ya al asentir con su cabeza, y luego procedieron, el señor rechaza adoptar el término *cercano* porque él no puede obtener ninguna explicación de ello.

Uno de los Padres en este punto iba a favorecernos con una definición, pero el discípulo de M. le Moine lo interrumpió, diciendo—: ¿Por qué desea usted renovar nuestros argumentos pendencieros? ¿No hemos acordado no explicar el término *cercano,* y usarlo a ambos lados sin definir lo que esto significa? —Él inmediatamente concurrió.

Ahora fui dejado en el secreto. Levantándome para salir, exclamé—: Padres, me siento sumamente aprensivo que este asunto entero es mera argucia, e independientemente de lo que puede venir de sus reuniones me aventuraré a predecir que independientemente de la censura que pueda ser infligida, la paz no será establecida. Ya que si se ha aceptado pronunciar la sílaba *cercano* sin dar cualquier definición del término, cada partido reclamará la victoria. Los dominicos dirán que se entiende en su sentido, M. le Moine lo afirmará en el de él, y allí se levantarán más debates acerca de la importancia de la palabra que sobre ser introducida en absoluto. Pero será indigno de la Sorbona y la Facultad de Teología hacer uso de términos ambiguos sin dar un poco de explicación. Le pregunto de una vez por todas ¿qué es lo que debo creer a fin de ser un cristiano ortodoxo?

Todos hablando al unísono, dijeron—: Usted debe decir que todos los justos poseen *el poder cercano* sin atar ningún sentido a las palabras.

Ya para salir contesté—: O sea, esta palabra debe ser pronunciada con los labios con miedo de ser estigmatizado con el nombre de hereje. ¿Es un término bíblico?

—No.

—¿Es usado por los Padres, los Concilios, o los Papas?

—No.

—¿Es usado por Tomás de Aquino?

—No.

—¿Dónde entonces se levanta la necesidad de utilizalo en absoluto, ya que ni es apoyado por alguna autoridad, ni tiene algún sentido distintivo en sí mismo?

—Usted sólo es totalmente obstinado —exclamaron ellos—, pero lo pronunciará o se le considerará un hereje, y al señor Arnauld también. Ya que nuestro partido comprende la mayoría, y si es necesario podamos obligar a tantos de los demás a votar hasta hacer prevalecer el punto.

Esta última razón era tan contundente que hice la venia y me retiré para darle a usted este relato, por el cual usted verá que ninguno de los puntos siguientes ha sido examinado y por consiguiente ni condenado, ni aprobado:

1. Que la gracia no es dada a todos los hombres;
2. Que todos los justos tienen el poder de guardar los mandamientos divinos;

3. Que sin embargo ellos necesitan la gracia eficaz para determinar su voluntad a obedecerlos, y aun para orar;

4. Esta gracia eficaz no siempre es dada a todos los justos, y que depende únicamente de la misericordia de Dios.

Así que no hay nada más que la pobre palabra *cercano*, sin ningún sentido, que controla cualquier riesgo.

¡Afortunados son aquellos que viven completamente ignorantes de ello! ¡Afortunados son aquellos que existieron antes del nacimiento de esta palabra *cercano!* Entonces no veo ninguna solución si los señores de la academia no hacen por algún mandato autoritario destierran este término estúpido de la Sorbona, un término que ha causado tantas divisiones. A menos que se haga esto, la censura debe ser confirmada. Pero no puedo ver ninguna otra consecuencia que la de hacer desdeñable a la Sorbona, que destruirá la autoridad que ha tenido en otras ocasiones.

¡Ahora le dejo en la libertad de votar a favor o en contra del término *cercano*, porque tengo demasiado afecto por usted para perseguirle sobre tan frívolo pretexto!

Si esta descripción le diera alguna diversión, seguiré dándole cada información de lo que continúa.

Soy, etcétera.

CARTA 02

SOBRE EL TEMA DE LA GRACIA SUFICIENTE

París, 29 de enero de 1656

Señor,

En el mismo momento que yo sellaba mi última carta, nuestro viejo amigo el señor N. entró. Esto era de lo más afortunado para mi curiosidad ya que él conoce a fondo las controversias del día y está perfectamente en el secreto de los jesuitas. Ya que él está con ellos constantemente y es amigo íntimo de sus hombres principales. Después de mencionar el objetivo particular de su visita, le pedí declarar en unas palabras los puntos en el debate entre los dos partidos.

Con suma presteza él me dijo que estos eran principalmente dos: el que respecta a el *poder cercano;* el otro a la *gracia suficiente.* Ya he explicado el primero; entonces permita que hable sobre el segundo.

La diferencia sobre el tema de la gracia suficiente es principalmente éste. Los jesuitas mantienen que hay una gracia general otorgada sobre toda la humanidad, pero en cierto modo subordinada al libre albedrío, de modo que esta gracia resulta eficaz o ineficaz como el mundo elige, sin ninguna ayuda adicional de Dios. No necesita nada externo a ella para hacer sus operaciones eficaces. Sobre este aspecto es distinguida por la palabra *suficiente.* En contraste, los jansenistas afirman que ninguna gracia es realmente suficiente a menos que sea también eficaz. Es decir, todos aquellos principios que no determinan la voluntad para actuar con eficacia son insuficientes para la acción porque, ellos dicen, nadie puede actuar sin la gracia eficaz.

Después, como deseaba ser informado sobre la doctrina de los nuevos tomistas, le pregunté sobre ellos.

—Es bastante ridículo —exclamó él—, ya que ellos están de acuerdo con el jansenista para confesar que una gracia suficiente es dada a todos los hombres, pero insisten que ellos nunca puedan actuar con esto solo. Porque es todavía necesario que Dios debiera otorgar una gracia eficaz para influir en la voluntad, y esto no es otorgado sobre todos.

Entonces dije—: Esta gracia es suficiente e insuficiente a la vez.

—Muy cierto —contestó él—. Porque si es suficiente, nada más es requerido para producir la acción, y si no es, no puede ser llamado suficiente.

—¿Cuál entonces es la diferencia entre ellos y los jansenistas?

Él contestó—: Ellos se diferencian en esto, que los dominicos al menos reconocen que todos los hombres tienen la gracia suficiente.

—Le entiendo, pero usted dice eso sin pensar así, porque ellos se ponen inmediatamente a declarar que a fin de actuar debemos poseer la gracia eficaz, que no es dada a todos. De este modo, aunque ellos están de acuerdo con los jesuitas en la utilización del mismo término absurdo ellos los contradicen en el sentido sustancial, y concuerdan con el jansenista.

—Verdadero.

Entonces pregunté—: ¿Cómo es que los jesuitas y estos hombres son tan unidos, y por qué no se oponen a ellos así como a los jansenistas, ya que ellos los encontrarán siempre opositores poderosos. Afirmando la necesidad de la gracia eficaz para determinar la voluntad, ellos previenen el establecimiento de lo que ellos juzgan ser en sí mismo suficiente.

Él contestó—: los dominicos son un cuerpo poderoso, y los jesuitas son demasiado astutos para enfrentarlos abiertamente. Ellos están contentos con lograr que admitan el término *gracia suficiente*, aunque el sentido en el cual ellos lo usan sea extensamente diferente. Por este medio ellos ganan la ventaja de fácilmente hacer que los sentimientos de su opositor parezcan indefendibles cada vez que ellos deseen. Suponga que todos los hombres tienen principios suficientes de la gracia; es bastante natural deducir que la gracia eficaz no es necesaria a la acción, porque la suficiencia del principio general impedirá la necesidad de algo adicional. El que usa el término *suficiente* incluye lo que es esencialmente requisito, y no será de ningún provecho para los dominicos protestar que ellos atribuyen un sentido diferente a la expresión. La gente acostumbrada al uso general de la palabra no escuchará su explicación. Así la sociedad de los jesuitas ha sacado ganancia enormemente por la expresión adoptada por los dominicos, sin impulsarlos más lejos. Y si usted estaba informado con lo que ocurrió durante los Papas Clemente VIII y Pablo V, y como los dominicos se opusieron a los esfuerzos de los jesuitas para establecer la doctrina de la gracia suficiente, usted no estaría sorprendido en el cese presente de hostilidades, ni en el rápido consentimiento de éstos a su gozo de su propia opinión a condición de que ellos tengan igual libertad, especialmente como los dominicos han adoptado y han estado de acuerdo públicamente con su término favorito.

Preguntando por uno de los nuevos tomistas, quien estuvo encantado de verme, pregunté lo siguiente. —Mi buen Padre, no es bastante para los hombres tener *un poder cercano*, por el cual ellos no pueden hacer de hecho nada, ellos deben poseer *la gracia suficiente*, por la cual ellos pueden hacer poco. ¿No es esta la doctrina de sus escuelas?

—Seguramente es —contestó él—, y firmemente lo mantuve en la Sorbona esta misma mañana.

Pregunté entonces—: ¿Es esta gracia, que es dada a todos los hombres, suficiente?

—Sí —él dijo.

—¿Y aún no es de ningún provecho sin la gracia eficaz?

—No.

—¿Y todos los hombres tienen *suficiente*, pero no todos tienen la gracia *eficaz*?

—Exactamente.

—O sea, todos los hombres tienen bastante gracia, y no todos tienen bastante gracia; esta gracia es suficiente y es insuficiente; es decir es nominalmente suficiente y es realmente insuficiente. ¡Caramba, Padre, esta es una doctrina fina! ¿Ha olvidado usted ya que usted dejó el mundo qué significa la palabra *suficiente*? ¿Recuerda usted que incluye todo lo que es necesario para una acción? ¡Seguramente usted no ha olvidado esto! Para tomar una ilustración obvia: Si su mesa fuera sólo suministrada con dos onzas de pan y un vaso de agua cada día, ¿estaría satisfecho con su superior si él preguntara qué más requeriría usted para hacer su comida suficiente, lo que, sin embargo, él no proporcionaría? ¿Cómo entonces puede usted declarar que todos los hombres tienen la gracia suficiente para actuar, mientras usted al mismo tiempo admite que algo más —que no todos poseen— es absolutamente necesario? ¿Es este un artículo de fe sin importancia que cada uno sea dejado en la libertad de decidir si *la gracia eficaz* es o no es requerida? ¿O es completamente un asunto que no importa?

—¿Qué significa usted —contestó el buen Padre—, por indiferente? Esa es herejía, descarada herejía. Admitir la necesidad de la gracia eficaz de actuar eficazmente es fe, pero negarla es herejía directa.

—¿Dónde estamos ahora? —exclamé—, ¿y qué lado debo tomar aquí? Si niego la gracia suficiente, soy un jansenista. Si la admito con los jesuitas en tal sentido que no hay ninguna necesidad de la gracia eficaz, soy, usted dice mí, un hereje. Si estoy de acuerdo con usted, vuelo contra el sentido común. Soy un loco, dicen los jesuitas. ¿Qué entonces debo hacer en esta situación inevitable de ser o considerado a un loco, un hereje, o un jansenista? ¿Y a qué situación nos reducen si los jansenistas solos evitan confundir la fe y la razón, y así se salvan inmediatamente del absurdo y del error?

Mi buen amigo el jansenista pareció contento con mi observación, y pensó que él me había ganado ya para su causa. Sin embargo, él no me dijo nada, pero volviéndose al Padre—: Diga —él dijo—, ¿en qué aspecto está de acuerdo usted con los jesuitas?

Él contestó—: En esto, en que reconocemos que *la gracia suficiente* es dada a todos los hombres.

—Pero —él contestó—, hay dos cosas en el término *gracia suficiente:* el sonido que es el mero aire, y el sentido que es verdadero y significativo. De modo que cuando usted admita un acuerdo con los jesuitas en el uso de la palabra, pero se oponga a ellos en su sentido, es obvio que usted discrepa con ellos en la materia esencial, aunque usted concuerde en el uso del término. ¿Actúa realmente este con franqueza y sinceridad?

—Pero —dijo el buen hombre—, ¿qué causa de queja tiene, ya que no engañamos a nadie por este modo de hablar? Ya que en nuestras escuelas públicamente declaramos que entendemos la expresión un sentido bastante contrario al de los jesuitas.

—Me quejé —dijo mi amigo—, que usted no declara a todo el mundo que por *la gracia suficiente* usted significa una gracia que no es suficiente. Habiendo cambiado la importancia de los términos habituales en la religión, está obligado en conciencia a declarar que cuando usted admite la gracia suficiente en todos los hombres, usted realmente quiere decir que ellos no tienen la gracia suficiente y nadie es consciente de su propia interpretación peculiar. En todas partes se dice que ellos mantienen la doctrina de la gracia suficiente.

—¿Describiré para usted la situación de la iglesia en medio de estos puntos de vista diferentes? Pienso en ello como un hombre quien, dejando su país natal para viajar en el extranjero, se topa con ladrones que lo hieren con tanta severidad y lo abandonan medio muerto. Él envía por tres doctores que residen en la vecindad. El primero, después de examinar sus heridas, declara que son mortales y le dice que sólo Dios puede restaurarlo. El segundo, deseando adularlo, le asegura que él tiene la fuerza suficiente para llegar a su casa e insulta al primero por oponerse a su opinión y amenaza con arruinarlo. Cuando el paciente desafortunado ve que el tercer médico se acerca, él estira sus manos para darle la bienvenida como el que decidirá la disputa.

Este médico, al revisar sus heridas y enterarse de las opiniones ya dadas, está de acuerdo con el segundo y juntos se vuelven en contra del primero con desprecio. Ellos ahora forman el partido más fuerte. El paciente deduce de esto que el tercer médico está de acuerdo con el segundo, y al preguntarle, le asegura de la manera más positiva que él tiene bastante fuerza para el viaje propuesto. Pero el hombre herido, que se explaya sobre su debilidad, pregunta como él arribó a esta conclusión.

'Por qué, usted todavía tiene piernas, y las piernas son los medios que, de acuerdo con la naturaleza de las cosas, son suficientes para el objetivo de andar.'

El viajero herido replica: 'Eso puede ser, ¿pero tener toda la fuerza requerida para usarlos? Ellos realmente me parecen inútiles en mi presente condición débil.'

'Ciertamente lo son,' contesta al médico, 'y usted nunca va ser capaz de andar a menos que Dios le dé un poco de ayuda extraordinaria para sostenerle y dirigirle.'

'¿Qué entonces,' dice el hombre enfermo, 'no tengo fuerza suficiente en mí para ser capaz de andar?'

'Ah no, lejos de ello.'

Entonces usted tiene una opinión diferente de su amigo respecto a mi verdadera condición.'

'Debo confesar que así es.'

—¿Qué supone usted que el hombre herido diría a todo esto? Él se quejaría seguramente del procedimiento extraño y de la forma de hablar ambigua del tercer médico. Él lo reprende por estar de acuerdo con el segundo, cuando de hecho él es de una opinión contraria, aunque ellos parezcan estar de acuerdo y ahuyentar al primero por hacer así. Cuando él prueba su fuerza y encuentra que está débil, él se deshace de ambos. Él entonces recuerda al primero, quien lo pone bajo su cuidado, sigue su consejo, y pide a Dios la fuerza que él sabe que necesita. Sus peticiones son oídas, y finalmente él puede llegar a su casa en paz.

El buen Padre quedó sorprendido por esta parábola y no dio ninguna respuesta. De este modo, deseoso de animarlo, dije en la manera más suave—: Pero después de todo, ¿qué piensa usted, mi buen Padre, de aplicar el término *suficiente* a una gracia que usted dice es un punto de fe, pero que realmente es *insuficiente?*

—Usted está en la libertad de hablar cualquier cosa que quiera decir sobre tales asuntos, ya que usted es un particular. Pero yo soy un monje y pertenezco a una sociedad. ¿No ve usted una gran diferencia? Dependemos de nuestros superiores, y ellos dependen de otra parte y han prometido nuestros votos. ¿Qué supone que me pasaría? —Ya que él recordó que media palabra fue suficiente para desterrar a uno de sus hermanos a Abbeville en una ocasión similar.

Pero pregunté—: ¿Cómo es que su comunidad se compromete en absoluto sobre el tema de esta gracia?

—Ah, ese es otro asunto. Todo lo que puedo decir es que nuestra orden ha mantenido enérgicamente la doctrina de Tomás de Aquino respecto a la gracia eficaz. ¡Con cuánto entusiasmo se opuso a la de Molina en el preciso momento de su introducción! ¡Cómo ha trabajado para establecer la necesidad de la gracia eficaz de Jesucristo! Pero los jesuitas, que desde el mismo comienzo de las herejías de Lutero y Calvino aprovecharon la incapacidad de la gente para discernir entre la verdad y la falsedad de la doctrina de Tomás de Aquino, difundieron sus sentimientos con tal rapidez que pronto alcanzaron un dominio sobre la fe popular. Entonces nosotros deberíamos haber sido ahora desacreditados como calvinistas y tratados como los jansenistas ahora son, si no hubiéramos calificado la verdad de una gracia eficaz por el reconocimiento al menos aparentemente de una suficiente. En este dilema qué mejor recurso podría ser ideado, para a la vez conservar la verdad y salvar nuestro crédito, que el de admitir el nombre de la gracia suficiente, pero negar la realidad. Este entonces es el estado del caso.

Él habló en un tono tan triste que realmente lo compadecí, pero no así mi amigo que siguió—: no se adule con haber conservado la verdad: Si ella no tuviera a otros protectores, habría fallecido en tales manos débiles. Usted ha recibido el nombre de su enemigo en la iglesia, que es tan perniciosa como haber recibido al enemigo mismo. Los nombres son inseparables de las cosas. Si el término *gracia suficiente* es una vez establecido, es en vano decir que usted entiende una gracia que es insuficiente. Nunca lo hará. Detestarán la explicación. El mundo usa más sinceridad sobre ocasiones de menor importancia. Los jesuitas triunfarán. Ya que esto establecerá su *gracia suficiente*, mientras lo suyo será sólo nominal, y así usted propagará un artículo de fe que es contrario al de su propia creencia.

—No —dijo el Padre—, todos sufriríamos el martirio más bien que el consentimiento al establecimiento *de la gracia suficiente* en el sentido del término usado por los jesuitas. Tomás de Aquino, que hemos jurado seguir hasta a la muerte, le está diametralmente opuesto.

Mi amigo, más grave que yo podría ser, contestó—: Su fraternidad, padre, ha recibido una Orden que es miserablemente manejada. Abandona la gracia que le fue confiada, y que nunca antes fue abandonada desde la creación del mundo. Porque aquella gracia victoriosa que los patriarcas esperaron, que los profetas predijeron, que fue introducida por Jesucristo, predicada por el apóstol Pablo, explicada por Agustín, los mayores de los Padres, abrazada por todos sus seguidores, confirmada por Bernardo de Claraval, el último de los Padres, mantenida por Tomás de Aquino, el ángel de las escuelas, y luego transmitida por él a su sociedad, mantenida por muchos de sus padres, y tan maravillosamente defendida por su fraternidad bajo los papas Clemente y Pablo. Esta *gracia eficaz* que le ha sido así encomendada como una confianza sagrada, a fin de asegurar por medio de una orden indisoluble santa y la sucesión de predicadores, proclamarla hasta el final del mundo, es por fin abandonada por los motivos más indignos. Es el tiempo para que Dios levante a otros para armar en su defensa. Es el tiempo para que Dios levante a algunos partidarios intrépidos de la doctrina de la gracia quienes, por fortuna no están familiarizados con el pragmatismo de esta edad, servirán a Dios por motivos de amor genuino. Los dominicos pueden ya no ser más capaces de defenderla, pero no está sin protectores, ya que levantará y calificará a otros por su propio poder omnipotente.

—La gracia exige corazones santos y santificados, corazones que ella purifica y separa de aquellos intereses mundanos tan incompatibles con el evangelio. Reflexione seriamente, mi Padre, y tenga cuidado no sea que Dios quite el candelero de su lugar y le abandone en oscuridad y deshonra como un castigo por su indiferencia a una causa de tan vital importancia para su iglesia.

Él habría dicho mucho más, ya que él se encendió a medida que proseguía, pero pensé apropiado interrumpirlo y puesto de pie dije—: Realmente, Padre, si yo tuviera influencia en Francia, haría proclamar con el sonido de una trompeta: 'SEPAN TODOS LOS HOMBRES, que cuando los jacobinos declaran que *la gracia suficiente* es dada a todos, ellos quieren decir que no todos tienen la gracia que es realmente suficiente.' Después de lo cual usted podría declarar lo mismo, pero no de otra manera, tan a menudo como a usted le plazca. Entonces nuestra visita terminó.

Usted verá de esta comunicación que hay una suficiencia política no distinta a *un poder cercano*. Aún me parece que alguien que no es un jacobino, sin correr ningún riesgo, puede dudarse tanto *del poder cercano* como de la *gracia suficiente*.

Cuando pliego mi carta, oigo que la censura es infligida. Pero como no sé nada respecto al contenido de ella, y como no será hecha pública hasta el 15 de febrero, no debo escribir más hasta el siguiente correo.

Soy, etcétera.

CARTA 04

ACERCA DE LA GRACIA ACTUAL
Y PECADOS DE IGNORANCIA

París, 25 de febrero de 1656

Señor,

Los jesuitas son una gente incomparable. He visto a Jacobinos, doctores, y toda manera de otras clases de personas, pero mi conocimiento era todavía incompleto. Porque otros son simplemente copistas de ellos. En el manantial la corriente es más pura. Entonces fui a uno de sus más inteligentes seguidores, acompañado por mi fiel amigo jansenista que había estado conmigo en mis visitas anteriores.

Deseoso de obtener información completa en cuanto a la controversia entre ellos y los jansenistas sobre el tema de lo que ellos llaman *la gracia actual*, pregunté al buen Padre si él me quisiera instruir. Ya que yo ni siquiera sabía el significado de este término, le pedí explicarlo.

—Desde luego —él dijo—. Ya que estoy contento con la gente que busca. Nuestra definición es como sigue: la gracia actual es inspirada por Dios, por la cual Él nos enseña su voluntad y por la que Él estimula, dentro de nosotros un deseo de cumplirla.

—¿Cuál entonces es el punto preciso del argumento —pregunté—, entre usted y los jansenistas?

Él contestó—: Es este. Mantenemos que Dios otorga la gracia actual sobre todos en cada tentación. De otra manera, si ellos no tenían la gracia actual de prevenir la comisión de pecado, nunca se les podría imputar la culpa. Pero los jansenistas afirman que los pecados cometidos sin gracia actual deben ser imputados. ¡Seguramente ellos sueñan!

Vi el movimiento de su argumento, pero a fin de verlo más claramente contesté—: Mi querido Padre, esta frase *la gracia actual* me deja perplejo, ya que no la uso bastante. Así que si usted tuviera la bondad de explicarme su sentido, sin usar el término, yo le estaría sumamente agradecido.

—Ah, si es lo que usted quiere, muy bien, porque el sentido será el mismo. Insistimos entonces, como un principio indiscutible, que ninguna acción puede ser considerada pecaminosa si antes de su comisión, Dios no comunica el conocimiento de lo que es malo en ello y así no nos inspira a evitarlo. ¿Me entiende usted ahora?

Sorprendido en esta doctrina, que implicó que todos los pecados no premeditados y aquellos cometidos por olvido de Dios no se cargan sobre el criminal, me volví a mi amigo el jansenista. Vi por su manera que él no creyó esta declaración. Pero estaba silencioso, y entonces pedí al Padre que me diera algunas pruebas más concretas de su argumento.

—¿Necesita usted pruebas? —él preguntó—. Seguramente las proveeré, pruebas irrefutables; confíe en mí.

Diciendo esto, él se retiró para buscar algunos libros, y tomé la oportunidad de preguntar a mi amigo lo que él pensó de su opinión.

Él contestó—: Si usted ve que esta es tal novedad para usted, entonces seguro que ninguno de los Padres, los Papas, los Concilios, la Sagrada Escritura, o en efecto ningún libro de devoción, antiguo o moderno, ha dado este argumento tampoco. Los únicos que lo hacen así son los casuísticos y los nuevos eruditos, de quienes él producirá una cantidad enorme de pruebas.

—Ah, pero desprecio a tales escritores como estos si contradicen la tradición.

—Usted tiene toda la razón —dijo él. En aquel momento el buen Padre volvió cargado de sus libros.

—Allí, lea esto —ofreciéndome la primera de la hornada—. Es un sumario de pecados por el Padre Bauny, y como la prueba de su excelencia, esta es la quinta edición.

En un susurro mi amigo jansenista dijo—: Este libro ha sido condenado en Roma y por los obispos de Francia.

—Dé vuelta a la página 906 —dijo el Padre.

Hice así y encontré estas palabras: "Para pecar para ser considerado culpable ante Dios, es necesario saber que lo que va a ser cometido no está bien, o al menos tener dudas sobre ello, o suponer que Dios se disgustará con la acción premeditada, y así lo prohíbe. Así que si es entonces hecho en desafío de cada oposición, entonces es pecado."

Repliqué—:¡Este es un buen principio!

—Vea —él dijo—, el poder de la envidia. Esto es lo que hizo el señor Hallier, antes de que él se aliara con nosotros, se burla del Padre Bauny diciendo sobre él: '¡ver al hombre que se lleva los pecados del mundo!'

—¡En efecto —contesté—, este rescate del señor Bauny es una descripción novedosa, en realidad!

Él preguntó si yo quisiera una autoridad mayor. —Entonces lea este por el padre Annat, el último de los cuales él produjo contra el señor Arnauld. Vea en la página que he doblado, marcado con un lápiz; cada sílaba es de oro.

Las palabras eran como sigue: "Él que no tiene ningún pensamiento de Dios, o de sus pecados, o cualquier concepción o conocimiento de su deber de ejecutar actos de contrición o amar a Dios, no posee ninguna gracia actual para ejercer tales actos. Sin embargo, es verdad que él no peca en la omisión de ellos, pero si él es finalmente condenado, no será como un castigo por esta omisión." Unas líneas abajo añade: "lo mismo puede ser afirmado de cometer el pecado."

—¿Ve usted el modo del cual el autor habla en cuanto a pecados de omisión y de comisión? Él no excluye nada. ¿Qué dice usted?

—¡Oh, es tan encantador, porque los resultados se esperan, muy lógico! ¡Puedo discernir ya misterios sorprendentes! Ya que ello significa que un número mucho mayor de personas son justificados por su ignorancia u olvido de Dios que por la gracia y los sacramentos de nuestra fe. Pero por favor, Padre, ¿este es un argumento bien fundado? ¿No hay algún parecido aquí a aquella suficiencia que no será suficiente? Soy aprensivo de la diferencia agradable que ya es una trampa. ¿Significa realmente usted esto?

—En efecto —contestó el Padre, con algún calor—, esto no es ninguna burla, señor, no debe ser hecho sobre este tema.

—En efecto, no bromeo, pero temo realmente que lo que parezca atractivo puede no demostrar ser verdadero.

—Bien entonces, si usted quiere la prueba adicional, vea los escritos de M, le Moine, quien ha enseñado esto ante el Concilio completo. De hecho, él lo aprendió de nosotros, pero él ha tenido la capacidad de clasificar sus complejidades. ¡Y qué irrefutables pruebas él ha acumulado! Él argumenta que para que una acción sea pecaminosa, todos los pensamientos siguientes deben pasar por la mente. Pero léalo usted mismo, y examínelo con cuidado. Entonces leí el latín original, del cual ahora le doy una traducción:

1. En un lado Dios da al alma un cierto amor que lo dispone para hacer lo que se manda. Y por el otro lado, una lujuria rebelde tiene que ver con aquellos que son desobedientes.
2. Dios inspira el alma con el conocimiento de sus propias debilidades.
3. Dios la inspira con el conocimiento del médico que debe curarla.
4. Entonces Dios lo inspira con el deseo a ser curado.
5. Dios lo inspira después con el deseo de orar y pedir su ayuda.

—Entonces —añadió al jesuita—, si todo estos no pasan juntos, la acción no puede ser correctamente llamada pecado y no puede por lo tanto ser tratada como tal, como M. le Moine afirma en el pasaje siguiente. ¿Quiere usted tener alguna otra autoridad? Porque aquí están

—Sí, sí —susurró mi jansenista—, pero ellas son todas autoridades modernas.

—Veo esto —contesté—. Pero, mi buen Padre, esta sería una cosa buena para algunos de mis conocidos. ¡Realmente debo hacer que la conozcan! Quizás usted apenas alguna vez vio a tal gente inocente. Ellos nunca piensan en Dios. El pecado ha cegado sus mentes. Ellos nunca sabían nada de sus enfermedades morales, ni del Médico que puede curarlos. Ellos ni siquiera han deseado tener la salud del alma, mucho menos le han pedido a Dios que se las dé. Así que para adoptar el lenguaje de M. le Moine, ellos son tan inocentes ahora como lo eran en su bautismo como infantes. Ellos nunca han entretenido un solo pensamiento sobre amar a Dios o sobre tener contrición por el pecado. Así que según el Padre Annat, ellos nunca han cometido ningún pecado por la falta de caridad o penitencia. Su vida es una búsqueda continua de varios placeres, sin ninguna interrupción del remordimiento. Sus vidas disolutas me hacen creer que su destrucción es inevitable. Sin embargo mi buen Padre, usted enseña que estos mismos excesos harán su salvación tanto más segura. ¡Qué bendición es su doctrina para justificar la humanidad de esta manera! ¡Mientras otros prescriben austeridades dolorosas para salvar el alma, porque ellos ven el estado desesperado en que están, usted dice que todo está bien! ¡Qué modo tan maravilloso de conseguir felicidad tanto en este mundo como en el otro!

—Yo suponía siempre que nuestra pecaminosidad fue hecha peor en proporción a nuestro abandono de Dios. Y ahora veo que siempre que alguien venga a este punto de irreflexión total, todo llega a ser aceptable y en efecto inocente. ¡Fuera entonces con estos que pecan por mitades y todavía retienen algún apego a la virtud! Estos demi transgresores estarán perdidos. Pero por otra parte, los pecadores ostensibles, los delincuentes endurecidos, los pecadores imprudentes, cuya iniquidad se desborda en abundancia, no hay ningún infierno para ellos. ¡Ellos han engañado al diablo por vivir ellos mismos completamente a su influencia!

El buen Padre, que claramente vio la unión entre sus principios y mis argumentos lógicos, elegantemente hizo su salida. Sin mostrar algún signo de convicción, debido a su propia mansedumbre natural o quizás por motivos de política, él simplemente dijo—: Para entender nuestro modo de evitar estas incongruencias, usted tiene que entender que nuestra declaración con respecto a los infractores de quien usted habla es que ellos no incurrirían en la culpa si ellos nunca hubieran pensado en arrepentimiento o comisión ellos mismos a Dios. Pero mantenemos que ellos han apreciado todos tales pensamientos y que Dios nunca obliga a nadie para cometer el pecado sin darle antes un punto de vista del pecado que él está a punto de cometer. Porque Dios les da un deseo de evitarlo, o al menos la oportunidad de pedir su ayuda evitarlo. Sólo los jansenistas contradirán esta declaración.

Contesté—: ¿Así que la herejía de los jansenistas consiste en negar que cada vez que el pecado es cometido, el ofensor siente remordimiento de conciencia, y que es sólo a despecho de ello que él salta sobre cada barrera, como el Padre Bauny discute? ¡Esta es una clase curiosa de herejía en efecto! Solía suponer que un hombre es condenado por carecer de todo buen pensamiento, pero ser condenado por creer que todos los demás los poseen, nunca lo había imaginado antes. Así que Padre, siento que debo en buena conciencia sacarlo del error e insistir que hay miles que no tienen ninguno de tales deseos, y quienes pecan sin ningún remordimiento. En efecto, ellos se jactan de sus delitos. ¿Puede alguien ser más consciente de esto que ustedes mismos? ¿No es ello seguramente para usted que ellos vienen y confiesan y que esto se encuentra entre la gente de gran distinción? Así que le advierto realmente, buen Padre, de las consecuencias peligrosas de su doctrina. ¿Usted es inconsciente del efecto que esta tendrá sobre el licencioso, quien está demasiado impaciente para servirse de cada manera para desacreditar la religión?

Aquí mi amigo intervino para apoyar mi observación diciendo—: Padre, usted promovería mejor sus ideas evitando tan clara declaración como usted ha dado ahora de la importancia del término *la gracia actual*. Porque ¿cómo puede usted esperar que la gente crea tan claramente 'que nadie puede cometer el pecado sin ser antes consciente de su mal y su Médico, y acariciar un deseo de ser curado y pedir a Dios una cura'? ¿Piensa realmente usted que su mera declaración es suficiente para convencer al mundo que los avaros, los impuros, los que cometen blasfemia, o se complacen de la venganza cruel, el robo, y sacrilegio, realmente quieren tener castidad, humildad, y las otras virtudes cristianas? ¿Es creíble creer que aquellos filósofos que eran tan optimistas del poder de la naturaleza humana conocían también su debilidad y su remedio? ¿Puede usted mantener que así como confiadamente afirman esta máxima, que 'Dios no otorga la virtud, ni nadie la solicitó alguna vez de él', realmente pensaron pedirla ellos mismos? ¿Quién puede imaginar que los epicúreos, quienes niegan la existencia de una Providencia Divina, sintieran algún deseo de orar a Dios? En cambio, ellos afirman que 'es una afrenta pedirle que interfiera en nuestras necesidades como si Él pudiera descender para preocuparse de nuestros asuntos.' ¿Quién puede imaginar que idólatras y ateos, en medio de toda la diversidad incalculable de sus tentaciones a pecar entretengan un solo deseo de buscar al Dios verdadero, sobre quien ellos son completamente ignorantes, a fin de recibir verdaderas virtudes, a las cuales están cegados?

—Sí —dijo el buen Padre en un tono firme y resuelto—, sí, nosotros lo decimos y lo diremos. Más bien que confesar que es posible cometer el pecado sin ver claramente su vileza y apreciar un deseo contrario, mantendremos que el mundo entero, hasta el más impío e infiel de la raza humana, tiene estas perspicacias interiores y deseos en el mismo momento de la tentación. Usted no puede mostrar ningunas pruebas al contrario de la Escritura.

Aquí interrumpí y dije—: ¿Qué, Padre, es necesario recurrir a la Escritura para demostrar lo que es tan obvio? Esta no es ninguna razón de fe o de disputa. Es una materia de hecho. Lo vemos, lo sabemos, y lo sentimos.

Mi amigo jansenista, adhiriéndose a las reglas, contestó—: Si usted realmente quiere ser dirigido únicamente por la Sagrada Escritura, consiento cordialmente. Ya que está escrito, 'Dios no ha revelado sus juicios al pagano, pero los ha abandonado para vagar de sus propios caminos', no dicen entonces que Dios ha iluminado a aquellos que las Escrituras Sagradas afirman que han sido dejados en la oscuridad y en la sombra de muerte. ¿No es su error de convicción suficientemente expuesto por el apóstol Pablo, cuándo él se describe como el principal de los pecadores, por un pecado que él declara haber cometido por ignorancia e incredulidad? ¿No es obvio del evangelio que aquellos que crucificaron a Jesucristo necesitaron el perdón que Él pidió en oración para ellos, aunque ellos no supieran la maldad de su conducta, y que, según el apóstol, ellos nunca habrían cometido si hubiesen estado conscientes de ello? ¿No nos advierte Jesucristo a nosotros que los perseguidores se levantarán, imaginando que dan servicio de Dios procurando destruir su iglesia? Esto muestra que el pecado que el apóstol describe como el mayor de todos puede ser cometido por aquellos que, lejos de estar conscientes de su maldad, realmente suponen que pecaron en la omisión de hacerlo. Finalmente, no ha enseñado el propio Jesucristo que hay dos descripciones de pecadores: el que peca a sabiendas, el que lo hace en ignorancia. Aún ambos sufrirán el castigo, aunque en proporciones que se diferencian.

Impulsado por tantas pruebas bíblicas a las cuales el buen Padre había apelado, él comenzó a ceder. Concediendo que los malos no estuvieran bajo una inspiración inmediata para pecar, él nos dijo—: Usted no negará al menos que los justos nunca pequen, a menos que Dios les dé...

—¡Ah ho! —Interrumpiéndolo—, usted se retracta de su declaración; usted abandona su principio general. Donde es inútil con respecto a pecadores, usted quiere transigir, al menos a favor del justo. Pero hasta en este caso, sería tan restringido en su aplicación que apenas podría servir, y entonces esto no es por lo tanto digno un argumento.

Mi amigo, que pareció adentrado profundamente en el tema como si él lo hubiese estudiado esa misma mañana, contestó—: Ah, Padre, este es el último refugio en el cual su partido busca refugio. Pero de nada les sirve. El ejemplo del justo de ningún modo es más ventajoso para su causa. ¿Quién puede dudar que ellos sean a menudo agarrados en el pecado? ¿No nos aseguran ellos que la lujuria a menudo extiende sus trampas secretas en su camino, y que es común para la gente seria ceder al placer cuando ellos sólo tuvieron la intención de ceder a la necesidad, como Agustín confiesa con respecto a él en sus *Confesiones?* ¡Con qué frecuencia vemos a la gente entusiasta llegar a frustrarse en una discusión en la defensa de sus propios intereses, cuando en ese momento ellos realmente creyeron que discutían sólo por los intereses de la verdad, y se aferra a la misma convicción durante mucho tiempo! ¿Qué diremos entonces sobre aquellos que deliberadamente pecan, imaginando estar realmente bien, de lo cual la historia de la iglesia está repleta, y todos ellos los Padres admiten que son pecaminosos? Si esto no fuera así, ¿cómo podría cualquier iniquidad secreta ser imputada al justo? ¿Cómo podría ser verdad que sólo Dios sabe su extensión y número, que nadie realmente sabe si merece amor u odio, y hasta la gente más santa viva en perpetuo temor y temblor, aunque no se sientan de ningún modo culpables, como el apóstol Pablo dijo de él?

—Está claro que los justos transgreden por ignorancia, y los santos más eminentes raras veces pecan de otra manera. Porque, ¿cómo es concebible que tales personas santas, que evitan, con tanto cuidado y diligencia, la menor cosa que ellos creen puede disgustar a Dios, sin embargo cometen muchos pecados cada día? ¿Cómo es posible que, teniendo un conocimiento de su debilidad y de la posición y deseo de ser curado, y buscando la ayuda divina, aún a despecho de todas estas inspiraciones piadosas, estas almas entusiastas debieran ser dejadas para apartar cada barrera y se precipiten en el pecado?

—La inferencia es, Padre, que ni los pecadores ni los santos están siempre en la posesión de este conocimiento, estos deseos e inspiraciones. Para adoptar su propia fraseología, ellos no tienen *la gracia actual* en cada ocasión. Así que no crea más en sus nuevas autoridad, que afirman que es imposible pecar mientras ignora lo correcto. Diga en cambio, de acuerdo con Agustín y los Padres antiguos, que es imposible no pecar sigue ignorando lo que es correcto.

Aunque el buen Padre encontrara que sus puntos de vista, tanto en lo que respecta al justo como al malo, eran igualmente insostenibles, él no estaba todavía totalmente desalentado. Después de una pausa corta, él comenzó. —Le convenceré ahora —dijo él. Tomando al Padre Bauny en la misma página que él había recitado antes—, Mire la razón sobre la cual se funda su opinión. Le aseguro que él no es deficiente en la prueba. Lea su cita de Aristóteles, y después de una autoridad tan distinguida usted debe estar de acuerdo con nosotros o quemar los escritos de este príncipe de los filósofos.

—Muchísimo me temo —dije—, que usted discrepará otra vez.

—Ah, no se alarme, todo está bien, Aristóteles está de mi lado. Escuche al Padre Bauny: 'A fin de que una acción sea voluntaria, debe ser la acción de un hombre que ve, sabe, y entiende bien que grado del bien y mal le adjudica.' Lo voluntario, como decimos en común con el filósofo (Aristóteles, usted sabe) —él dijo con gran fatuidad, apretando mi mano—, es lo que es hecho por alguien que conoce los elementos constitutivos de la acción. Por consiguiente, cuando la voluntad elige o rechaza irreflexivamente y sin examen, antes de que el entendimiento sea capaz de descubrir el mal de cumplimiento o rechazo, hacer o descuidar una acción, no es ni bueno, ni malo. Porque antes de este examen, la acción no es voluntaria. ¿Está ahora satisfecho usted?

—¿Por qué? realmente —contesté—, Aristóteles es de la misma opinión que el Padre Bauny, pero esto no disminuye mi sorpresa. ¿Puede realmente Aristóteles ser acusado de tener tal opinión? Pensé que él era un hombre de sentido.

—Explicaré pronto esto —dijo mi amigo jansenista. Solicitando examinar *la Ética* de Aristóteles, él abrió el volumen a principios del tercer libro donde el Padre Bauny había tomado las mismas palabras ya citadas, diciendo—: Puedo perdonarlo a usted, mi buen Padre, por creer en el testimonio del Padre Bauny que este era el punto de vista de Aristóteles. Pero usted habría pensado de manera diferente si lo hubiera leído usted mismo. Ya que él declara en efecto que 'para que una acción sea voluntaria, es necesario conocer sus particularidades.' Pero nada más se propone por esto que las circunstancias particulares de la acción, como parece obvio de los ejemplos él da para justificar su posición.

—Es obvio que una descripción de ignorancia de circunstancias particulares de acciones involuntarias, que los Padres describen como la ignorancia de hecho. Pero en cuanto a la ignorancia de derecho, del bien y el mal en una acción, que es el tema de nuestra consideración; vamos a ver si Aristóteles y el Padre Bauny realmente están de acuerdo.

—'Todos los malos,' dice el filósofo, 'son ignorantes de lo que ellos deberían hacer y de lo que ellos deberían evitar, y es esto lo que los hace malos y viciosos. Respecto a esto, no se puede decir que porque un hombre no conozca lo que es apropiado hacer para cumplir con su deber, su acción es por lo tanto involuntaria. Porque esta ignorancia en la opción del bien y el mal no constituye una acción involuntaria sino viciosa. Lo mismo puede ser dicho del que es ignorante de las reglas del deber, ya que esta ignorancia es digna de culpa e inexcusable. Entonces la ignorancia que constituye acciones involuntarias y es perdonable es sólo en cuanto al hecho en particular, con todas sus circunstancias individuales. Perdonamos y disculpamos a la persona que consideramos como habiendo actuado en contra de su voluntad.'

—¿Argumentará ahora usted, Padre, que Aristóteles es de su opinión? ¡Lo que debe ser asombroso ver es que un filósofo pagano tenga más claridad que sus doctores en divinidad en un punto tan crucial para la moralidad y la conducta de las almas, o el conocimiento de aquellas condiciones que traducen las acciones en voluntarias o involuntarias, y por consiguiente que las perdonan o condenan! Espera usted algún apoyo de este príncipe de los filósofos y no contraviene más al príncipe de los teólogos que decide el punto en las palabras T siguientes: 'Aquellos que pecan por ignorancia cometen la acción con el consentimiento de la voluntad, aunque ellos no tuvieran la intención de cometer el pecado. Entonces el pecado de esta descripción no puede ser cometido sin la voluntad, pero la voluntad induce la acción sólo, no el pecado, que no impidió sin embargo que la acción sea pecaminosa, a pesar de que las prohibiciones son una condena suficiente'

El jesuita pareció más sorprendido por la cita de Aristóteles que la de Agustín. Él se preguntaba en que respuesta dar cuando un criado entró para decir que alguien pidió una entrevista. Así que dejándonos repentinamente él dijo—: Hablaré con algunos de nuestros Padres sobre esta materia. Ellos serán capaces de sugerir una respuesta. Tenemos algunos teólogos sutiles entre nosotros que están profundamente conscientes de la controversia.

Lo entendimos. Así que estando a solas con mi amigo, expresé mi asombro en la corrupción total de moralidad que esta doctrina tendió a dar.

El dijo—: ¡Estoy absolutamente asombrado de que te sorprendas! ¿No sabes, entonces, que ellos son delincuentes mucho mayores en la moralidad que hasta en otros asuntos?

Inmediatamente él citó algunos ejemplos deslumbrantes, aplazando más ilustraciones amplias para otra ocasión. La primera vez que pueda tener tal entrevista, estas suministrarán la materia para conversación adicional

Soy, etcétera

CARTA 05

EL MOTIVO DE LOS JESUITAS EN ESTABLECER UNA NUEVA MORALIDAD

París, 20 de marzo de 1656

Señor,

En el cumplimiento de mi promesa, incluyo los primeros bosquejos de la moralidad jesuita, como las opiniones de aquellos hombres que son tan "eminentes en conocimiento y sabiduría, que están todos bajo la dirección de la sabiduría divina, que está tanto más segura que toda la luz de la filosofía."

Quizás usted piensa que bromeo; en realidad lo digo en serio, ya que estas son sus propias palabras en su publicación titulada *la Imagen del Primer siglo*. He copiado sus palabras, lo cual seguiré haciendo en la siguiente loa: "¿Es una sociedad de hombres, o más bien de ángeles, de quien Isaías profetizó, 'Id, vosotros ángeles, sin falta y rápidamente?' ¿No es esta predicción obvia? Ellos tienen el espíritu de las águilas... Ellos han cambiado la cara de cristianismo." Lo dicho sobre ellos es bastante, como usted verá por sus máximas que voy a presentarle.

Deseoso como soy de ser totalmente informado, estoy poco dispuesto a depender completamente de la descripción de mi amigo; por lo tanto determiné dialogar con ellos personalmente. Pero encontré que todo lo que él había dicho era correcto. En efecto, él nunca me había engañado. Entonces usted tendrá un relato de estas conversaciones.

Mi amigo había hecho tales declaraciones extravagantes que yo apenas podría creerlas. Él señaló a sus propias publicaciones como su fuente, y ninguna defensa podría ser hecha, así que la opinión de individuos no debería ser imputada al cuerpo entero. Le aseguré que yo conocía algunos que eran tan rígidos como aquellos que él citó que eran relajados. Esto le dio la oportunidad de exponer la naturaleza verdadera de la Sociedad, que de ningún modo es generalmente sabida, y que quizás para usted puede ser una información importante. Él comenzó como sigue:

—Usted supone que habla bastante en su favor el mostrar que algunos de sus Padres están de acuerdo realmente con las máximas del evangelio, así como otros que las contradicen. Entonces usted podría deducir que estas opiniones flojas no son atribuibles a la Sociedad entera. Estoy bien consciente de esto, ya que si este fuera el caso, ellos no tolerarían tales contradicciones. Ya que ellos tienen aquellos que mantienen un punto de vista tan liberal, usted debe concluir que el espíritu entero de la Sociedad no es el del verdadero cristianismo. Si fuera, ellos no tolerarían aquellos que tan diametralmente se opusieron a él.

Pregunté—: ¿Cuál entonces es el objetivo del cuerpo entero? Indudablemente ellos no tienen ningunos principios fijos, entonces cada uno es libre de decir lo que le complace.

—No, esto no es así. Un cuerpo tan grande no podía existir si fuera tan imprudente para dejarse sin un alma para gobernar y regular sus preocupaciones. Además, hay una orden específica que nada será impreso sin la aprobación de sus superiores.

—¿Pero cómo puede los superiores mismos permitir tales opiniones contrarias?

—Lo explicaré —dijo él.

—Su objeto no es corromper moralidades. Seguramente este no es su diseño. Pero tampoco es su único objetivo reformarlos. Esta sería mala política. Entonces su intención es esta. Teniendo la mejor opinión de ellos, ellos piensan que es tanto provechoso como necesario a los intereses de la fe que su reputación debiera extenderse en todo el mundo, y que ellos deberían obtener la dirección espiritual de la conciencia de todo el mundo. Cuando las prescripciones estrictas del evangelio son adaptadas para gobernar a algunas personas, ellos harán uso de ellas siempre que la ocasión lo favorezca. Pero ya que estos dichos no corresponden a las opiniones de la mayoría de la humanidad, prescinden de ellos por asegurar la aceptación general. Sobre esta cuenta, ellos se relacionan con la gente en toda condición de vida, en cada país y clima, y entonces es necesario emplear a casuistas cuya variedad de opiniones debería satisfacer toda diversidad existente de circunstancias. Entonces usted verá fácilmente que si ellos no tenían ninguno, pero casuistas de nociones relajadas, ellos derrotarían su objetivo principal, que es complacer a cada uno, porque los realmente religiosos son solícitos de liderazgo más riguroso. Pero como no hay muchos de esta clase, ellos no necesitan muchos guías de la clase más estricta para dirigirlos. Unos cuantos bastarán para pocos que hay, mientras la muchedumbre de los casuistas relajados ofrece sus servicios a muchos que desean ser disculpados de la disciplina.

—Es por esta obligación y acomodación de la conducta, como el Padre Petau lo llama, que ellos abren sus brazos a todo el mundo. Si alguien debería acercarse a ellos con la intención de restaurar lo que él había obtenido fraudulentamente, no imagine que ellos tratarían de disuadirlo de su objetivo. Al contrario, ellos aplaudirían y confirman su determinación. Pero si alguien más debería presentarse pidiendo la absolución sin la restitución, sería realmente raro si ellos no le proporcionan recursos y le garantizan su éxito.

—De esta manera ellos conservan a todos sus amigos y se protegen contra todos sus enemigos. Si ellos debieran ser reprochados por su laxitud extrema, inmediatamente muestran al público sus directores estrictos, junto con los libros que ellos han formado sobre la rigidez de la ley cristiana. Con estas pruebas ellos satisfarán al superficial, quien no puede sondear sus profundidades.

—Entonces ellos se acomodan a todas las clases de personas y están bien preparados con una respuesta para cada pregunta, de modo que en países donde Jesús crucificado parece insensatez, ellos supriman el escándalo de la cruz y predicarán sólo a Jesucristo en su gloria y no en un estado de sufrimiento. Así que en India y China, donde ellos permiten a lo cristianos practicar la idolatría, ellos lo hacen con el ingenioso dispositivo de hacerlos ocultar una imagen de Cristo bajo sus capas, a la cual ellos son instruidos a dirigirse mentalmente las adoraciones públicamente dadas a sus dioses falsos... Aún obligaron expresamente a los cardenales de la Sociedad a prohibir a los jesuitas, bajo pena de excomunión, a permitir la adoración de ídolos bajo cualquier pretexto en absoluto y ocultar el misterio de la cruz de aquellos que instruyeron en la fe, mandando positivamente que ellos no admiten bautizar a nadie hasta después de tal instrucción y obligarlos a exponer un crucifijo en sus iglesias. Esto es ampliamente detallado en un decreto de los fieles fechado el 9 de julio de 1646 y firmado por el cardenal Capponi.

—De esta manera ellos se han extendido por todo el mundo por su doctrina *de opiniones probables*, que es la causa y la base de todo este desorden. Usted debe aprender lo que es de su propio testimonio, ya que ellos no hacen ningún esfuerzo para ocultarlo más que lo que hacen con los hechos que declaro. Excepto que ellos dicen realmente que ellos velan su prudencia humana y política bajo el pretexto de la prudencia divina y cristiana. Como si la fe, apoyada por la tradición, no fuera invariable en todos los tiempos y sitios. En cambio, ellos doblarán la regla para acomodar a la persona que debía someterse a ella, como si no había ningún otro modo de perdonar a aquellos con manchas de la culpa aparte de corromper la ley de Dios mismo. ¡Pero la ley del Señor es perfecta, convirtiendo el alma al conformarla a sus direcciones beneficiosas!

—Así que venga y visite a estos Padres dignos, y usted entrará inmediatamente en la razón de su doctrina respetando la gracia, en la laxitud de sus moralidades. Usted verá las virtudes cristianas tan disfrazadas y tan faltas de amor, que es su alma y vida, y verá tantos delitos paliados y tantos desórdenes permitidos, ya no parecerá más extraño que ellos deberían mantener 'que todos los hombres tienen la gracia suficiente en cualquier momento para conducir' —en su sentido de la frase— 'una vida religiosa.' Ya que su moralidad es completamente pagana, la naturaleza es suficiente para dirigirlos. Cuando afirmamos la necesidad de la gracia eficaz, la perspectiva trae otras virtudes a la vista. No es bastante curar vicios por otros vicios e inducir simplemente a los hombres a conformarse a los deberes externos de la religión. Es practicar una virtud más noble que la de los fariseos o los sabios del mundo pagano. La ley y la razón son suficientes para estos efectos. Pero liberar el alma del amor del mundo, para retirarse de lo que es un objeto del más grande afecto, permitir a un hombre morir a sí mismo y amar a Dios con el apego completo e invariable, sólo puede ser llevado a cabo por un poder omnipotente. Es tan irracional pretender que poseemos un dominio perfecto sobre estas gracias como es negar que aquellas virtudes que no incluyen el amor de Dios, y que los jesuitas confunden con las virtudes cristianas, no sean posibles en nuestra propia fuerza."

Hasta ahora mi amigo había hablado con profunda preocupación, ya que él es muy afectado por estos desórdenes. Para mí, congratulé la habilidad de la política jesuita y fui inmediatamente a uno de sus mejores casuistas, con quien quise renovar la relación. Así que sabiendo como proceder, yo no tenía ninguna dificultad en presentar y conducir el tema. Reteniendo su aprecio por mí, me dio la bienvenida con muchas expresiones de bondad, y después de un poco de discusión preliminar tomé la oportunidad de preguntar sobre el ayuno. Mencioné lo difícil que encontré practicarlo. Él me exhortó a oponerme a mis propias aversiones. Pero cuando persistí en mis quejas, él se volvió compasivo y comenzó a hacer excusas a mi favor. Muchas de las que él ofreció no encajaron en mi gusto, hasta que con mucho detalle preguntara si yo no podía dormir sin haber tenido la cena.

—No, es debido a que me obligan a desayunar al mediodía y beber tarde por la noche —dije.

—Estoy muy contento que usted ha descubierto un modo inocente de aliviar su ansiedad. Continúe de la forma que hace, ya que usted no tiene ninguna obligación de ayunar. Sin embargo, no dependa de mi palabra, pero venga conmigo en la biblioteca.

Entonces entré y él dijo, tomando un libro—: Aquí está su prueba, y Oh, ¡qué tan espléndida es! Proporcionada por Escobar.

—¿Quién es Escobar?

—¿Qué, no conoce usted el nombre de Escobar, de nuestra Sociedad, que ha compilado esta teología moral de veinticuatro de nuestros Padres, quien en su prefacio compara el libro a 'aquel de la Revelación que fue sellada con siete sellos,' y dicen que Jesús lo entregó así sellado a las cuatro criaturas vivas, Suárez, Vásquez, Molina, y Valencia, en la presencia de los cuatro y veinte jesuitas, que representan a los cuatro y veinte ancianos? Ahora vea, dice: 'El que no puede dormir sin su cena, ¿está obligado a ayunar? De ningún modo. '¿Está ahora satisfecho usted?'

El buen Padre, viendo mi satisfacción, procedió con éxtasis—: Vea aquí este pasaje en Filiutius, uno de los cuatro y veinte Jesuitas: '¿suponga que alguien está agotado, está obligado a ayunar? Seguramente no. ¿Pero suponga que él se ha cansado para el objetivo de ser liberado del ayuno, debe entonces él observarlo? No, aunque lo haya hecho de modo premeditado, aun así no está obligado.' ¿Habría creído alguna vez usted este? —me interpeló.

— ¿Por qué debo soñar? ¿Escucho realmente una conversación religiosa de esta manera? Dígame, Padre, ¿está usted absolutamente y a conciencia convencido de todo esto?

—No, seguramente.

—Entonces, ¿por qué habla contra su propia conciencia?

—Nada: yo no hablaba según mi conciencia, sino en conformidad a la autoridad. Y usted los sigue con seguridad simplemente porque son polemistas hábiles.

— ¡Qué! ¿Como ellos han insertado estas líneas en sus escritos, permiten que yo busque ocasiones y pretextos para cometer el pecado? ¡Pensé que sólo la Sagrada Escritura y la tradición de la iglesia constituyó una regla de la conducta, no sus casuistas!

Con asombro él dijo—: Bueno, ¡usted me recuerda absolutamente a los jansenistas! ¿No está en el poder de la autoridad como el Padre Bauny y Basil Pontius hacer sus opiniones probables?

—Pero no estoy satisfecho con la probabilidad, estoy ansioso de conocer la certeza.

—Ah, usted no sabe nada respecto a la doctrina *de opiniones probables*. Si supiera, usted hablaría de manera muy diferente. Usted debe venir realmente bajo mi instrucción. Ya que puedo asegurarle, que usted no ha malgastado su tiempo viniendo aquí hoy. Sin estar informado de la doctrina, usted no puede saber nada. Es el mismo fundamento, el ABECÉ de toda nuestra moralidad —él contestó.

Intrigado por esto, le pedí que me dijera lo que él quiso decir *con una opinión probable*.

—Nuestras autoridades le proporcionarán la mejor explicación —dijo él—. Todos ellos, incluso los cuatro y veinte mayores, convienen en el principio siguiente: 'Una opinión es llamada *probable* cuando está fundado sobre motivos de alguna importancia. Entonces a veces resulta que sólo un doctor muy serio puede dar una opinión probable.' Vea el argumento, 'porque un hombre que es en particular dedicado para estudiar no adoptaría una opinión a menos que él tuviera una razón buena y suficiente de hacerlo así.'

—Y así, ¿puede un doctor solo validar e invalidar, estabilizar y desestabilizar, las conciencias de las personas a su propio placer y siempre estar seguro?

—Señor —él dijo—, usted no debe ridiculizar o pensar oponerse a esta doctrina. Siempre que los jansenistas han tratado de hacerlo, han fallado completamente. No, no, está demasiado firmemente establecido.

[Aquí el jesuita se refirió a otras autoridades.]

—Encantador, encantador, mi buen Padre; ¡su doctrina acomoda admirablemente en efecto! Tener siempre una respuesta lista a mano, sí o no, tal como usted desee; ¡qué privilegio tan inestimable, y cómo puede ser valorado bastante! Ahora veo el uso que ustedes los doctores hicieron de sus opiniones contrarias en todos los asuntos. Hay siempre uno a favor de usted, y el otro nunca está en contra de usted. Si usted no encuentra su cuenta de un modo, está seguro de hacerlo así en el otro. Entonces usted está siempre seguro.

—Muy cierto; si un Dios nos aflige, el otro nos defenderá.

—¿Pero qué pasa si he consultado a uno de sus expertos y tomado su opinión, que me dejó completamente libre, y luego me encuentro atrapado por un confesor que me niega la absolución sin hacer algún cambio de actitud? ¿Han hecho provisión para tal ocasión, Padre?

—Seguramente, están obligados a exonerar a sus penitentes quienes sostienen algunas *opiniones probables*, sobre pena de cometer una ofensa mortal. Entonces ellos nunca pueden estar en una pérdida. Esto es claramente declarado por nuestros Padres, entre quien está el Padre Bauny que dice: 'cuando el penitente sigue *una opinión probable*, el confesor debe exonerarlo, aunque su opinión sea contraria a la del penitente.'

—Pero Padre, él no afirma que sería un pecado mortal no absolverme.

¡Qué rápido es usted! Oiga como él procede a esta conclusión específica: rechazar exonerar un penitente quien actúa conforme a *una opinión probable* es un pecado en su propia naturaleza mortal.' Él cita para confirmar esto, tres de nuestros más distinguidos teólogos, Suárez, Vásquez, y Sánchez.

— ¡O mi buen Padre —dije—, qué admirable son todas las regulaciones que ustedes han adoptado! No queda excusa para la futura aprehensión, porque ningún confesor se atreverá alguna vez a desobedecer. Pero no tuve ni idea de su poder de imponer sobre el dolor de la condenación. Le imaginé sólo capaz de quitar pecados, no pensando que usted podría introducirlos. Ahora veo que usted puede hacer todo.

—Eso no precisamente correcto —dijo él—. No podemos introducir pecados, sólo podemos indicarlos. He observado más de una vez que usted no está bien versado en la teología escolástica.

—Sea como fuere, Padre, pero mis dudas son así completamente quitadas. Sin embargo, tengo otra pregunta. ¿Qué hace usted cuando los Padres de la iglesia están en oposición directa a cualquiera de sus casuistas?

— ¡Qué ignorancia extraordinaria! Los Padres eran una buena autoridad para la moralidad de su propia época, pero ellos vivieron a la vez demasiado lejos para nosotros. Ellos ya no pueden regular más nuestras vidas. Esto pertenece a los nuevos casuistas. Escuche lo que algunos de ellos tienen que decirnos, como el Padre Cellot: 'en cuestiones de moralidad, los nuevos casuistas son preferibles a los Padres antiguos, aunque ellos vivieran más cerca a los tiempos apostólicos.'

Contesté—: ¡Oh, qué máximas encantadoras, y qué consuelo tan completo!

Él contestó—: Dejamos a los Padres a aquellos que tratan una divinidad *positiva*. Pero los que dirigimos las conciencias de hombres les leemos poco y no citamos ningunas escritos excepto aquellos de los nuevos casuistas. Si usted consulta a Diana usted encontrará que de su lista de 296 autores, el más viejo es de hace ochenta años.

— ¿No era este sobre el tiempo de la fundación de su Sociedad?

—Sí, por ese tiempo.

— ¿Es eso decir que tan pronto como ustedes hicieron su aparición en el mundo, Agustín, Crisóstomo, Ambrosio, Jerónimo, y otros fueron obligados a retirarse? ¿Pero puedo al menos ser informado de los nombres de sus sucesores? ¿Quiénes son estos nuevos autores?

[Aquí el Padre mencionó nombres, ninguno conocido hasta este día.]

—Ah mi Padre —exclamé con gran alarma—, ¿eran todas estas personas realmente cristianos?

— ¿Qué trata de decir con cristianos? ¿No declaré que por estos hombres solos, en este momento gobernamos toda la cristiandad?

Me sentí muy triste, pero no podía expresarlo, entonces me contenté con preguntar si todos estos autores fueran jesuitas.

—No —él contestó—, pero eso no tiene ninguna importancia. Porque ellos han escrito todos sin embargo muchas cosas excelentes. La mayor parte de ellos, en efecto, han tomado prestado de nuestros propios autores, o han copiado de los nuestros, pero no somos escrupulosos sobre esto. Además, ellos constantemente citan y elogian a nuestros autores.

—Ahora lo veo —comenté—, todos son aceptables excepto los Padres antiguos, y entonces usted permanece en la posesión plena del campo. Usted puede tomar cualquier dirección que usted quiera, y puede vagar a dondequiera que le guste; pero veo que hay tres o cuatro barreras principales que obstruirán su progreso.

—Diga —preguntó el Padre con asombro—, ¿cuáles son ellos? Las Sagradas Escrituras, los Papas, y Concilios, que usted no puede contradecir, y todos los que están de acuerdo con el evangelio.

—¡Oh jo! ¿Es esto todo? Usted realmente me asusta. ¿Imagina usted que un caso tan obvio como este no ha sido esperado y asegurado? Estoy realmente asombrado que usted piense que estamos opuestos a la Escritura, a los papas, y a los Concilios. Usted tendrá demostración clara de lo contrario. Yo habría estado sumamente disgustado que usted llegara a suponer que somos deficientes en nuestro deber. Pero si usted vuelve mañana me comprometo a proporcionarle la información completa sobre este tema, también.

Así terminó nuestra reunión, y aquí cierro mi carta. Me adulo que usted encontrará bastante aquí para su diversión hasta que yo escriba otra vez.

Soy, etcétera.

CARTA 10

CONVENIENCIA FÁCIL DE LOS JESUITAS CON RESPECTO AL SACRAMENTO DE LA PENITENCIA. SUS MÁXIMAS EN CUANTO A LA CONFESIÓN, ABSOLUCIÓN, CONTRICIÓN, Y EL AMOR DE DIOS

París, 2 de agosto de 1656

Señor,
No he llegado aún a la investigación de las reglas de la Sociedad, pero procedo a uno de sus grandes principios. Usted tendrá ahora una oportunidad de ver aquellas concesiones en cuanto a la confesión que seguramente debe comprender el mejor recurso que los jesuitas podrían haber ideado para complacer a todos y no ofender a ninguno. Era necesario saber esto antes de que vayamos más lejos, así que por esta razón el Padre consideró apropiado darme las instrucciones siguientes:

—Usted ha visto por lo que he descrito ya como nuestros Padres han trabajado con éxito para mostrar por su sabiduría superior que ahora permiten muchas cosas que anteriormente estaban prohibidas. Pero como algunos pecados son todavía indefendibles, y el único remedio para ellos es la confesión, es necesario vencer esta dificultad en el modo que estoy a punto de mencionar. Habiéndole mostrado antes como ciertos escrúpulos de conciencia pueden ser quitados, mostrando que lo que una vez se suponía era pecado no lo es realmente, sólo me queda indicar el modo de expiar los verdaderos pecados con facilidad, haciendo la confesión fácil cuando era anteriormente tan difícil.

—Por favor Padre, ¿cómo se lleva a cabo esto?

—Por aquellas sutilezas espléndidas —dijo él—, que son peculiares a nuestra sociedad. Es por estas invenciones que los delitos que son ahora expiados por lágrimas pueden ser hechos con más alegría y celo que con el que fueron una vez cometidos. Muchas personas pueden quitar su sentido de culpa tan pronto como es cometido.

—Oh, le pido, Padre —dije—, enséñeme algunos de estos útiles modos de hacerlo.

—Bien, señor, hay un número considerable de ellos. Hay muchas cosas dolorosas en la confesión que hemos aliviado. Las dificultades principales consisten en la vergüenza en confesar ciertos pecados, los detalles con los cuales ciertas circunstancias deben ser explicadas, y el modo que la penitencia debe ser hecha. Pero ahora trataré de mostrarle que no hay nada difícil en todo esto debido al cuidado extremo que ha sido tomado para quitar toda la amargura desagradable de un remedio tan esencial.

—Comienzo con el dolor que la confesión de algunas clases del pecado trae. Es a menudo importante, como usted sabe, conservar la estima de su confesor. Así que nuestros Padres, entre ellos Escobar y Suárez, han sugerido que usted necesita a dos confesores, 'uno para los pecados mortales y otro para pecados veniales, a fin de mantener una buena reputación con su confesor ordinario. A condición de que, desde luego, que usted no siga en un estado del pecado mortal.'

—Otro dispositivo ingenioso es este: Después de confesarse ante su confesor ordinario, sin dejarle ver que el pecado fue antes cometido desde su última confesión, dar una confesión general e incluir su último pecado con los demás. Porque el confesor, excepto en ciertos casos que raramente ocurren, no tiene ningún derecho de preguntarse si al pecado de que el individuo se acusa es habitual. Él tampoco tiene ningún derecho de forzar al individuo a confesar pecados con la vergüenza de divulgar sus recaídas frecuentes y caídas.

—¿Cómo puede esto ser, Padre? Parece como decir que un doctor no tiene ningún derecho de preguntar a su paciente sobre el tiempo cuando lo azotó una fiebre. ¿No se diferencian todos los pecados el uno del otro según las circunstancias? ¿No debe entonces un penitente genuino revelar a su confesor la condición entera de su conciencia, con la misma sinceridad y franqueza como si él hablara a Jesucristo, de quien toma el lugar el sacerdote? ¿No está esa persona lejos de tener una disposición verdadera si él oculta sus recaídas frecuentes a fin de velar la seriedad de sus transgresiones?

Yo podría ver que el buen Padre estaba avergonzado. Él trató de evadir la respuesta impulsándome a considerar otra de sus reglas que sólo mostraron un nuevo desorden sin lo más mínimo tratar con el anterior.

—Confieso —dijo él—, que el hábito aumenta la seriedad del pecado, pero esto no cambia su naturaleza. A causa de esto, el penitente no está obligado a confesar según la ley establecida por nuestros Padres y citado por Escobar: 'Nadie está obligado a confesar más que las circunstancias que cambiaron la naturaleza de su pecado, no las que lo hicieron más detestable. [Aquí él citó más.]

—¡Muy convenientes, dispositivos muy complacientes de devoción en efecto! —Dije.

—Sí, pero todos no significarían nada si no tratáramos de mitigar la severidad de la penitencia que está muy opuesta a la confesión. Pero ahora los más delicados no tienen nada que temer, ya que hemos insistido en nuestras tesis en el Colegio de Clermont, 'que si el confesor impone una penitencia conveniente y apropiada, y aún él no quisiera aceptarla, él puede retirar y renunciar tanto la absolución como la penitencia impuesta.'

—Bien entonces —observé—, la confesión no debería ser llamada el sacramento de la penitencia.

—Allí usted se equivoca —dijo él—. Porque es necesario para imponer a alguien al menos por la forma.

—Pero Padre, ¿piensa usted que un hombre merece la absolución cuándo él se opone al servicio menos doloroso para expiar sus ofensas? Cuando la gente tiene tal estado de ánimo, ¿no debe usted más bien retener que remitir sus pecados? ¿Tiene usted un punto de vista verdadero de la naturaleza de su ministerio, y no es consciente que posee el poder de atar y desatar? ¿Piensa usted que es legal dar la absolución de manera indiferente a aquellos que la piden, sin saber antes si Jesucristo desata en el cielo a aquellos que usted desata en la tierra?

—¡Buena conversación en efecto, señor! Pero piensa que somos ignorantes que 'el confesor debe hacerse el juez de la disposición de su penitente, ambos porque él está bajo una obligación de no dispensar los sacramentos a aquellos que son indignos de ellos, Jesucristo le ha encomendado ser fiel a su encomienda, y no dar el pan de los hijos a los perros. Como él debe ser un juez, y es el deber de un juez juzgar justamente, ¿debe él exonerar aquellos que Jesucristo condena?'

—Por favor Padre, ¿de quién son estas palabras?

—He estado citando a Filiutius.

—Usted me asombra. Pensé que eran las palabras de uno de los Padres de la iglesia. Pero este pasaje debería impresionar a confesores profundamente y hacerlos sumamente cautelosos en la distribución del sacramento y así averiguar si el dolor de su penitencia es genuino y si sus promesas de evitar futuras transgresiones son realmente verdaderas.

—No hay ninguna dificultad sobre esto —dijo el Padre—. Filiutius ha tenido cuidado para evitar cualquier vergüenza a los confesores. Así que después de las palabras que he citado, él sugiere este dispositivo fácil: 'el confesor debe ser indulgente con la disposición de su penitente. Si él no encuentra pruebas suficientes de su pena, el confesor tiene que preguntar sólo si él no detesta el pecado en su corazón. Si él dice sí, entonces está obligado a creerlo. Lo mismo es verdad sobre su futura resolución.'

[Aquí el Padre pasó a indicar que el confesor puede ver de hecho que el penitente no es realmente penitente en absoluto.]

Entendí su sentido perfectamente. Ya que él me había asegurado antes que el confesor debería estar satisfecho simplemente con un pesar verbal. Yo estaba ahora tan alterado por todo esto que estuve a punto de romper la conversación, pero logré retener mis sentimientos a fin de ver más allá. Entonces me contenté con preguntar—: ¿Qué acuerdo hay entre esta doctrina y la del evangelio, que requiere que arranquemos nuestros ojos y perder necesidades cuando son perjudiciales para nuestra salvación? ¿Cómo puede usted imaginar que un hombre que se complace de estas ocasiones del pecado puede detestarlo sinceramente? ¿No es al contrario demasiado obvio que él no es consciente de su enormidad, como debería ser, y que él está lejos de la conversión verdadera del corazón que lo haría amar a Dios tanto como antes había amado las cosas?

—¡Me sorprende su forma de hablar! —él dijo—. Sería la contrición verdadera. Usted no parece saber que todos los Padres enseñan unánimemente que es un error, cercano a la herejía, representar la contrición como esencial y mantener que el remordimiento superficial por el pecado surge únicamente del miedo al infierno, que impide a alguien pecar abiertamente, no es suficiente para el sacramento.

—Creo que esta doctrina es peculiar a sus Padres. Porque otros que creen que la mera atrición es suficiente con el sacramento mantienen que al menos debería ser mezclada con un poco de amor de Dios. Cuando usted dice que la atrición, surge únicamente por miedo del castigo, es suficiente con el sacramento para la justificación de pecadores, ¿no sigue que una persona puede expiar sus propios pecados y ser salva sin amar alguna vez a Dios en todas partes del curso entero de su vida? ¿Se atreverán sus Padres entonces a mantener este principio?

—Veo por su pregunta que usted quiere saber la doctrina de nuestros Padres en cuanto al amor de Dios. Es el último y más importante punto en su moralidad, que usted podría haber visto por las citas que he mencionado sobre el tema de la contrición. Pero por favor no me interrumpa mientras le doy otras de naturaleza más precisa sobre el amor de Dios, porque las consecuencias de estas son significativas. [Aquí él citó varias de sus autoridades.]

Le permití seguir con estas tonterías, que eran una demostración sorprendente de la arrogancia con la cual la mente humana puede tratar el amor de Dios. [La discusión más absurda siguió; él concluyó con lo siguiente.]

—Así nuestros Padres han liberado a la humanidad de la obligación dolorosa de realmente amar a Dios con todo el corazón. Así de provechosa es esta doctrina que nuestros Padres nos han liberado de la obligación molesta de amar a Dios, que es el privilegio del evangélico a diferencia de la ley judía. Una autoridad dice: 'es razonable que según la ley de la gracia en el Nuevo Testamento, Dios debería suprimir el deber molesto y difícil que fue atado a la ley rigurosa de ejercer un acto de contrición completa a fin de ser justificado, y que él debería instituir sacramentos para compensar nuestros defectos y facilitar la obediencia. De otra manera los cristianos, que son los hijos, no podían recibir las gracias buenas de su Padre más fácilmente que los judíos, que eran esclavos, y que no obstante obtienen la misericordia de su Dios.'

—Oh, Padre —exclamé—, usted me hace perder toda la paciencia. Estoy horrorizado con estas declaraciones.

—No soy responsable —dijo él.

—Sé muy bien que ellas no son sus propias palabras —contesté—, pero usted las cita sin ningún signo de desaprobación. De hecho, usted las tiene en alta estima para haberlas pronunciado. ¿No tiene ninguna conciencia que su acuerdo le hace un compañero de sus delitos? ¿Puede usted ser tan ignorante que el apóstol Pablo juzga digno de muerte no solamente a aquellos que originan la maldad, sino aquellos que le consienten? Pero usted va aun más lejos, y la libertad que toma para corromper las reglas más sagradas de la conducta cristiana se extiende hasta a la subversión entera de las leyes divinas. Usted viola el gran mandamiento que contiene tanto la ley como los profetas. Usted apuñala la piedad en el mismo corazón. Usted quita y apaga el espíritu que da la vida. Usted afirma que el amor de Dios no es necesario a la salvación. Usted hasta afirma que 'esta exención de amar a Dios es una gran ventaja que Cristo ha traído al mundo.' Todo esto es la misma cumbre y la profundidad de la impiedad.

—¡Qué! ¡El precio de la sangre de Cristo obtiene la exención de amarlo! Antes de la encarnación el hombre estaba obligado a amar a Dios, pero ya que Dios amó tanto al mundo que Él dio a su único Hijo, ¿debe el mundo así redimido ser liberado del deber de amarlo? ¡Qué teología extraña tenemos en nuestros días! Usted se atreve a quitar el anatema que el apóstol Pablo pronuncia contra aquellos que no aman al Señor Jesucristo. ¡Usted destruye lo que el apóstol Juan dice, que el que ama no permanece en la muerte! Incluso la declaración de Cristo mismo usted la hace un lado: 'él que me ama guarda no mis mandamientos.' ¡De esta manera usted hace que aquellos que nunca amaron a Dios en todas sus vidas sean dignos de disfrutar de su presencia siempre! Seguramente este es el misterio de iniquidad ahora traído a su finalización.

—Oh, mi buen Padre, por fin abra sus ojos. Si usted no está tan completamente influido con las otras doctrinas absurdas de sus casuistas, deje a estos ejemplos últimos minar su confianza por su disparatada extravagancia. Deseo esto para usted con todo mi corazón y en todo el amor fraternal, oro a Dios que Él se dignaría de mostrarle que falsa y peligrosa es tal enseñanza. En cambio pueda Él llenar de su amor los corazones de aquellos que se atreven a dispensar a otros de esta obligación.

Después de conversación adicional de esta clase, dejé al jesuita. Es apenas probable que lo visite otra vez. No tiene que causarle, sin embargo, ningún pesar. Ya que si era necesario explicar más de sus máximas, he leído ahora bastantes de sus escritos para ser capaz de decirle casi tanto de su moralidad, y quizás más de su política que lo que él ha hecho ya.

Soy, etcétera.

UNA ORACIÓN DE PASCAL PIDIENDO A DIOS QUE USE LA ENFERMEDAD EN SU VIDA APROPIADAMENTE

I. Oh Señor, cuyo Espíritu es tan bueno y bondadoso en todas las cosas, quien es tan misericordioso que no solamente las prosperidades, pero hasta las adversidades que pasan a su electo son los efectos de su misericordia, dame la gracia de no actuar como los incrédulos en el estado en el que tú me traes por tu justicia. En cambio, como cristiano verdadero, ayúdame a reconocerte como mi Padre y mi Dios, en cualesquiera circunstancias puedas colocarme. Porque ningún cambio de mis circunstancias puede cambiar alguna vez tu voluntad para mi vida. Tú eres siempre el mismo, aunque yo pueda estar sujeto al cambio. Tú no eres menos Dios cuando me afliges y castigas que cuando me consuelas y muestras la compasión.

2. Tú me diste la salud para usarla en tu servicio, pero la empleé mal a un uso totalmente secular. Ahora me has enviado una enfermedad para mi corrección. Oh no me dejes que use esta de la misma manera para provocarte por mi impaciencia. Abusé de mi salud, y tú has tratado correctamente conmigo. Oh guárdame ahora de abusar de esto también. Y ya que la corrupción de mi naturaleza me deforma tus favores, concede, Oh mi Dios, que tu gracia predominante pueda hacer que tus castigos resulten de beneficio. Si mi corazón ha estado enamorado del mundo cuando yo disfrutaba de salud robusta, destruye mi vigor para promover mi salvación. Si es por debilidad del cuerpo o por el celo por tu amor, hazme incapaz de disfrutar de los ídolos mundanos, que mi placer pueda estar sólo en ti.

3. O Dios, a quien debo dar una cuenta exacta de todas mis acciones al final de mi vida y al final del mundo, ayúdame a prepararme ahora para este final. Oh Dios, que permite el mundo y todos los acontecimientos que sucedan dentro de ello para el proceso de su electo y para el castigo del malo, guarda esta realidad dentro de mi alma... Ayúdame a esperar el día del juicio final horrible al destruir ya todo lo que me impediría pensar en estas cosas que vendrán. Si tú haces esto dándome delicada salud de modo que sea impedido disfrutar de los caminos del mundo, sólo puedo agradecerte por hacerlo así. Si así es como destruyes a los ídolos que me separarían de ti, sólo puedo darte gracias.... Porque un día, seré despojado de todo, cuando aparezca delante de tu juicio, estando de pie solo ante tu presencia, contestar a tu justicia por todas las actitudes de mi corazón.... Concédeme entonces que pueda esperar así mi muerte que pueda encontrar misericordia de aquí en adelante ante tu presencia.

4. Concédeme, Señor, que pueda en silencio adorar todo el orden de tu maravillosa providencia en la disposición de mi vida. Que tu vara pueda consolarme. Habiendo vivido en la amargura de mis pecados mientras yo disfrutaba de salud, pueda yo ahora probar el dulzor divino de tu gracia por estas aflicciones que has impuesto sobre mí. Pero admito, Dios mío, que mi corazón está tan endurecido, tan lleno de ideas mundanas, cuidados, ansiedades, y apegos, que ni salud, ni enfermedad, ni conversaciones, ni libros, ni siquiera tus Escrituras Sagradas, ni el evangelio, ni tus misterios más santos, pueden hacer algo en absoluto para causar mi conversión. Seguramente no puede ser filantropía, ayunos, milagros, los sacramentos, ni todos mis esfuerzos, ni aun aquellos de todo el mundo puestos juntos puede hacer esto. Es sólo la grandeza asombrosa de tu gracia la que puede hacerlo.

Entonces veo hacia ti, Dios mío, que eres Dios Omnipotente, para que me otorgues este regalo que todas las criaturas juntas nunca podrían dar. Con todo, no me atrevería a dirigir mis clamores a ti, de no ser porque nadie más podría oírlos jamás excepto tú. Pero, Dios mío, la conversión de mi corazón, la cual pido de ti, es un trabajo que excede todos los poderes de la naturaleza. Entonces sólo puedo pedir de ti, Autor Omnipotente y Maestro de la naturaleza. Porque todo lo que no es Dios es incapaz de realizar mis deseos. Sólo te busco a ti, que pueda tenerte. Señor, abre mi corazón. Entra en el lugar rebelde que mis pecados han poseído. Ya que ellos lo tienen sometido.

Entre realmente, como en el hogar del hombre fuerte. Pero primero ata al enemigo fuerte y poderoso que es el tirano sobre ello. Toma los tesoros que están allí. Señor, toma mis afectos de los cuales el mundo me ha robado; despoja al mundo de este tesoro. Más bien, sigue poseyéndolo, ya que sólo a ti pertenece. Es un tributo que te debo, ya que todo te pertenece, ya que tu propia imagen está sellada sobre ello. La pusiste allí en el momento de mi bautismo, que era mi segundo nacimiento. Pero ahora está totalmente desfigurada. La imagen del mundo está tan fuertemente grabada sobre ello que tu propia imagen ha dejado de ser perceptible. Aún, sólo tú podrías crear mi alma, sólo tú puedes crearla de nuevo. Sólo tú podrías crearla a tu imagen, entonces sólo tú puedes reproducirla, e imprimir de nuevo aquella imagen desfigurada. Jesucristo, mi Salvador, la imagen expresa y carácter de tu esencia es aquella imagen y semejanza que deseo.

5. Dios mío, ¡qué feliz es el corazón que puede amar un objeto tan maravilloso, donde el afecto es tan glorioso y el apego tan beneficioso! Siento que no puedo amar el mundo sin disgustarte o sin hacerme daño y deshonrarme. Pero el mundo es todavía el objeto de mi placer. Dios mío, qué felices son las almas cuyo placer está sólo en ti. Ya que ellas se entregan totalmente a amarte. Ellas hacen esto sin el escrúpulo de la conciencia, ¡así que cuán firme y duradera es su felicidad! Su expectativa nunca puede ser frustrada. Ya que tú nunca fallas, ni la vida ni la muerte pueden separarlos jamás del objeto de sus deseos. El mismo momento que implicará al malo, con sus ídolos, en una ruina común, se unirá el solamente a ti en una gloria común... Así que ¡qué felices son aquellos que con libertad completa e inclinación invencible de su voluntad aman perfectamente y libremente lo que ellos están necesariamente bajo la obligación de amar!

6. Perfectos son los buenos deseos que me has dado. Que seas su final, como has sido su principio. Corona tus propios dones, ya que reconozco que son tus dones. En vez de suponer que es por mis oraciones que los tengo, más bien reconozco que son únicamente por tu gracia. Ya que no tengo nada en mí que podría obligarte a darme. En efecto, todos los momentos de mi corazón son dirigidos sólo hacia cosas creadas, o sea hacia mí, y ellas sólo te provocan. Así que te agradezco, Dios mío, por los buenos deseos que has inspirado. Ayúdame a agradecerte por ellos.

7. Toca mi corazón con el arrepentimiento por mis faltas. Como sin este dolor interno, los males externos con los cuales has afligido mi cuerpo serán una nueva ocasión del pecado... entonces permite que mi enfermedad sea el remedio mismo haciéndome considerar de los dolores que siento, aquellos que soy moralmente insensible de sentir, ya que mi alma es el afectado e insensible. Señor, las mayores de mis enfermedades son en efecto esta insensibilidad para pecar y todas sus debilidades. Haz que pueda sentirlas profundamente, y concede que el resto de mi vida sea de continua penitencia, lava los pecados que he cometido.

8. Señor, aunque mi vida pasada haya sido guardada de delitos penosos, aún he hecho cosas que tú aborreces en gran manera. Ya que he descuidado constantemente tu Palabra, en desprecio de su inspiración divina. He empleado mal los santos sacramentos. Entonces la ociosidad de mi vida ha sido totalmente de poco provecho en acciones, pensamientos, y un completo desperdicio de todo el tiempo que tú me has dado para adorarte. En vez de servir en tus negocios, he servido mi propio negocio, y no te he complacido. No he sido penitente por mis infracciones diarias, de modo que mi vida no ha sido de arrepentimiento diario como debería haber sido. He fallado en la práctica de una vida recta delante de ti.

9. Por tanto, Dios, siempre he sido un rebelde contra ti. Sí, Señor, siempre he sido sordo a tus inspiraciones. He despreciado tus oráculos. He juzgado al contrario de lo que tú juzgas. He contradicho aquellas verdades santas que trajiste al mundo del pecho de tu Padre eterno, y según las cuales juzgarás el mundo... Sí, Señor, confieso que estimé la salud como un bien, no porque es un medio de servirte, sino porque con ella podría ejercer menos refrenamiento y autodisciplina para disfrutar de las cosas de esta vida y agradar mejor sus placeres fatales. Concédeme la gracia de rectificar mi razón y conformar mis sentimientos a tus caminos. Entonces puedo yo considerarme feliz en la aflicción, de modo que mientras soy incapaz de acciones externas, tú puedes así purificar mis pensamientos de manera que nunca más puedan contradecir los tuyos. Así pueda yo encontrarte dentro de mí, mientras mi debilidad corporal me incapacita de buscarte fuera. Puesto que Señor, tu reino está en los corazones de los fieles. Lo encontraré en mí si descubro allí tu Espíritu y tu sabiduría.

10. ¿Pero qué haré, Señor, para que derrames de tu Espíritu sobre esta arcilla miserable? Ya que soy detestable a tu vista. Tampoco puedo encontrar algo en mí que pueda ser aceptable para ti. No soy nada, Señor, sino mis sufrimientos solos, que tienen algún parecido al tuyo. Mira por lo tanto sobre los males con los que lucho que me amenazan. Mira con los ojos de misericordia sobre las heridas que tu mano ha hecho. Dios, que se hizo carne después de la caída del hombre y tomó realmente un cuerpo para sufrir toda la pena del pecado por nosotros con aquel cuerpo; tú, Oh Dios, que sufrió por nosotros en aquel cuerpo, acepta mi cuerpo. No para su propio bien, ni por todo lo que contiene, porque todo merece tu ira, sino debido a los sufrimientos que soporta, que solo puede ser digno de tu amor. Que pueden mis sufrimientos invitarte a visitarme.

Para completar la preparación de tu estadía, concédeme, mi Salvador, que si mi cuerpo tiene esto en común con el tuyo, que sufre por mis ofensas, pueda mi alma tener de la misma manera en común con tu alma estar afligida por aquellas ofensas. Así puedo yo sufrir contigo y como tú, tanto en mi cuerpo como en mi alma, por las transgresiones que he cometido.

11. Concederme, Señor, la gracia de unir tus consuelos a mis sufrimientos, que pueda sufrir como cristiano. Oro para no ser eximido del dolor, ya que esta es la recompensa de los santos. Pero oro para no ser abandonado a los dolores de la naturaleza sin el consuelo de tu Espíritu. Ya que esta es la cura de aquellos que no te conocen. No oro para disfrutar de la plenitud de la comodidad sin el sufrimiento, ya que es la vida de gloria. Tampoco oro por plenitud de sufrimiento sin el consuelo, ya que es el estado de los judíos. Pero oro, Señor, que pueda sentir al mismo tiempo tanto los dolores de la naturaleza por mis pecados como los consuelos de tu Espíritu por tu gracia; porque es el estado verdadero del cristiano. ¡Oh, que nunca pueda sentir el dolor sin el consuelo! ¡Pero que pueda sentir el dolor y el consuelo juntos, que pueda alcanzar después a sentir sólo tu consuelo sin ninguna mezcla de dolor! Porque tú dejaste realmente que el mundo languideciera en sufrimientos naturales sin el consuelo, hasta la venida de tu único Hijo. Pero ahora, tú consuelas y endulzas los sufrimientos de tus siervos fieles por la gracia de tu único Hijo, y llenas a tus santos de la alegría pura en la gloria de tu único Hijo. Estos son los maravillosos pasos por los cuales has continuado tus obras. Tú me has levantado desde el primero. ¡Oh, condúceme al segundo, de modo que pueda alcanzar el tercero! Señor, esta misericordia seriamente imploro.

12. No permitas que sufra, Señor, al punto que no me conozcas y que no pueda reflexionar sobre tu alma siendo dolorosa, hasta a la muerte, y tu cuerpo vencido por la muerte sobre mi cuenta, sin alegrarme de sufrir contigo en mi propio cuerpo y en mi alma. Porque, ¿qué podría ser más vergonzoso para los cristianos que satisfacer la carne, mientras nuestro Señor es abandonado para sufrir a nuestro favor? Por el bautismo hemos renunciado el mundo para hacernos sus discípulos. Nos hemos prometido vivir y morir para ti... Buscar placeres en tal manera a la luz de estas verdades, y otras también, es criminal en efecto. Entonces era más justo, Señor, que interrumpieras una alegría tan incorrecta como esta clase de vida. Esto me consuela aun viviendo en la sombra de muerte.

13. Por lo tanto toma de mí, Señor, aquella lástima de mí mismo de la cual el amor por mí tan fácilmente produce, y de la frustración de no lograr en el mundo cuanto yo desearía naturalmente, ya que estos no tienen ningún respeto por tu gloria. Más bien, crea en mí un dolor que se conforme al tuyo propio. Permite que mis dolores más bien expresen la condición feliz de mi conversión y salvación. No me dejes desear salud o vida, sino para gastarla y terminarla para ti, contigo, y en ti. No oro, ni por salud, ni enfermedad, vida, ni muerte. Más bien oro que tú dispongas de mi salud, mi enfermedad, mi vida, y mi muerte, en cuanto a tu gloria, para mi salvación, para la utilidad a tu iglesia y tus santos, entre quienes espero ser numerado. Sólo tú sabes lo que es oportuno para mí. Tú eres el Maestro soberano. Haz lo que te complace. Dame o quítame. Conforma mi voluntad a la tuya, y concede que con una sumisión humilde y perfecta, y en la confianza santa, yo pueda disponerme completamente para ti. Que pueda yo recibir las órdenes de tu cuidado eterno, prudente. Que pueda yo igualmente adorar lo que proviene de ti.

14. Con coherencia perfecta de la mente, ayúdame a recibir toda clase de acontecimientos. Ya que no sabemos que pedir, y no podemos pedir un acontecimiento más bien que otro sin presunción. No podemos desear una acción específica sin suponer ser un juez, y asumir la responsabilidad de lo que en tu sabiduría tú puedes esconder de mí. Señor, sólo sé una cosa, y es que es bueno seguirte y malo ofenderte. Más allá de esto, no sé lo que está bien para mí, o salud o enfermedad, riqueza o pobreza, o algo más en este mundo. Este conocimiento supera tanto la sabiduría de los hombres como la de los ángeles. Yace escondida en los secretos de tu providencia, que adoro, y no me atreveré a fracturar.

15. Concede, Señor, que siendo cual soy, pueda conformarme a tu voluntad. Al estar tan enfermo como estoy ahora, que pueda glorificarte en mis sufrimientos. Sin estos no puedo alcanzar tu gloria. Porque tú, Señor, mi Salvador, de la misma manera no te complació alcanzar excepto por sufrimientos. Fue por las señales de tus sufrimientos que te hiciste conocido otra vez a tus discípulos, y es por los sufrimientos que ellos soportan que tú también te haces conocido a tus discípulos todavía. Poséeme como tu discípulo en las aflicciones que soporto, en mi cuerpo y en mi mente, por los pecados que he cometido. Y como nada es aceptable para Dios a menos que sea presentado por ti, une mi voluntad a la tuya y mis sufrimientos a los que tú has padecido. Úneme a ti; lléname de ti, y de tu Espíritu Santo. Entra en mi corazón y en mi alma. Allí, sostén mis aflicciones, y sigue soportando allí en mí lo que resta de tu pasión. Ya que tú cumples en tus miembros hasta la consumación perfecta de tu cuerpo místico, de modo que siendo llenado por ti, pueda no ser más yo el que vive o sufre, sino tú, mi Salvador, que vive y sufre en mí. Habiendo hacerse así un pequeño partícipe de tus sufrimientos, puedas llenarme completamente de aquella gloria que has adquirido por ellos y en lo que vives, con el Padre y el Espíritu Santo, por siempre y para siempre, AMÉN.

APÉNDICE

UNA GUÍA A LA LECTURA DEVOTA

¿Marchítese tu amar a Dios, como Él a ti? entonces asimila,
Mi alma, esta meditación sana, Como Dios el Espíritu por ángeles
esperado En el cielo, hace Su Templo en tu corazón.

John Donne, "Soneto Santo 15"

Si alguien le preguntó si usted era un "devoto" hoy, usted sería perdonado
por no saber lo que él significó. Si alguien hablara de tener una inclinación
devota, usted podría levantar una ceja asombrado.

Este siglo pasado es posiblemente el primero en el cual la acción ha
estado enfatizada y valorada más que la contemplación. Hoy *hacemos* cosas.
Pensamos que la contemplación desperdicia el tiempo, no produce nada, y
choca torpemente con nuestros horarios. La lectura devota es una prioridad
cuestionable para la gente más exitosa hoy.

¿Pero somos cristianos "exitosos" si estamos tan ocupados en la orga-
nización y la propagación de la fe cristiana que realmente no conocemos a
Dios personalmente, o con intimidad? La lectura cristiana piadosa nos ayuda
a encontrar la unión íntima con Dios. ¿Cuál es su motivación? Amar a Dios
con todo nuestro corazón, mente, y voluntad.

LA LECTURA DEVOTA — UN GRAN DESPERTAR

El escritor de Eclesiastés se dio cuenta que Dios pone eternidad dentro de nuestros corazones.[1] Agustín vio que Dios hizo al hombre para Él, y que nuestros corazones están inquietos hasta que encuentren su descanso en Él. Estos anhelos eternos forman la base de la devoción.

Somos creados con deseos infinitos. Podemos tratar de ocultarlos y ponerlos detrás de valores menores como el reconocimiento de la belleza, o el deseo de la verdad y la autenticidad. Por otra parte, podemos pedir perdón por los ideales de adolescentes, el optimismo incurable, o el romanticismo indulgente relacionado con nuestros deseos. Pero una vez que hemos sido despertados al cielo como una posibilidad, nada más hará, sino aprender más sobre ello. Entonces somos como peregrinos que han descubierto finalmente donde el Grial Santo está localizado. O tal vez somos como alumnos. El misterio de las matemáticas está ante nosotros cuando luchamos para captar los fundamentos de álgebra y geometría, y tenemos que creer el entusiasmo del profesor que ellos tienen realmente belleza intrínseca.

Posteriormente descubrimos que los deseos de Dios para nosotros no son distintos de nuestros deseos más verdaderos e íntimos. Sin embargo la conexión entre ellos a veces parece terriblemente torcida por el egoísmo y la obstinación. Reflexionamos y comenzamos a ver que la forma más profunda de nostalgia —ser amado, o ser entendido, o ser reunido con el Infinito más allá de todo el universo— no es "ninguna imaginación neurótica," según C. S. Lewis. Más bien es "el verdadero índice de nuestra verdadera situación.[2]"

En Cristo también descubrimos que no es la personalidad de Dios que es vaga e intangible. Nuestras propias personalidades son las incoherentes, fragmentarias, e inadecuadas. Entonces la realidad de la oración en el nombre de Jesús es la búsqueda para una personalidad más plena y rica, la personalidad que más profundamente deseamos tener.

En esta luz vemos la lectura devota no sólo como una opción piadosa a la lectura de una buena obra de suspenso o hasta un trabajo serio. Está más en la naturaleza de un despertamiento, como el hijo pródigo tuvo en la artesa de los cerdos. Nuestra existencia animal simplemente no es bastante buena cuando descubrimos interiormente que tenemos a un Padre real y que somos hechos a la imagen y semejanza de Dios.

Los hábitos de lectura de la artesa de cerdo no pueden satisfacer nunca a un hijo y un cerdo al mismo tiempo. Los hábitos de lectura "de los jornaleros," dirigido por el mesmerización de libros "cómo…" que definen la vida por la acción y compran la aceptación por la autorrealización, no lo harán tampoco. Porque un hijo querido, aunque un pródigo, responde a su aceptación en Cristo. Es todo lo que alguna vez podemos "hacer". Y es más como enamorados que se toman de las manos que como hombres de negocios corporativos que toman decisiones en la sala de conferencias.

En efecto encontramos que la vida consiste en varios despertamientos progresivos. Cuando primero estudiamos seriamente, estamos emocionados por el despertamiento de la actividad de nuestra mente al razonamiento y entendimiento en nuestro mundo. Despertamos otra vez en la experiencia de tomar la responsabilidad de nuestras vidas cuando tenemos que ser decisivos sobre actos principales o decisiones. Despertamos también cuando pasamos por momentos de sufrimiento. Ya que el dolor es gran despertador a la realidad que había estado dormida antes en nuestras vidas. Pero es el despertamiento al amor de Dios el que supera todas otras formas del conocimiento humano.

Hoy estamos en el grave peligro de politizar nuestra fe, organizándola a muerte, y haciéndola una ideología fría. Tenemos que movernos una vez más y ver a Dios. Entonces comenzaremos a vivir otra vez más como un hijo de Dios que como un empresario ante los hombres. Las emociones profundas se volverán a abrir. Las memorias comenzarán a ser curadas. La imaginación será redirigida. Y posibilidades totalmente nuevas se abrirán de calles sin salida para mostrarnos vistas de amor y alegría que nunca sabíamos que podríamos experimentar. La esperanza superará la desesperación. La amistad sustituirá el distanciamiento. Ya que nos despertamos una mañana y descubrimos que realmente somos libres de enamorarnos de Dios.

Entonces podemos comenzar a entender lo que Juan Calvino significó cuando él llamó a la fe un conocimiento firme de la benevolencia de Dios que está sellada en el corazón. La afirmación de Calvino recuerda el corazón encendido en muchos hombres en la historia: Jeremías, los discípulos en el camino a Emaus, Agustín, Jonathan Edwards. Así es como Dios infunde la conciencia de que estamos en la comunión de los santos, y que simplemente compartimos lo que muchos otros antes de nosotros han experimentado ya alegremente. También, como ellos, ahora nos damos cuenta que el cielo es nuestro horizonte después de todo.

LA LECTURA DEVOTA CAMBIA LA HISTORIA

Nada puede exceder la práctica de la oración o de la lectura devota de la Escritura en la devoción diaria de alguien. Pero las dos prácticas necesitan refuerzo y orientación del ejemplo de otros, del compartir sus experiencias. Quizás el uso devoto de la Escritura desaparece tan rápido que puede ser descubierto de nuevo y volver a ser una práctica común hoy sólo con la ayuda de otros libros. Los resultados de tales lecturas son a menudo de gran alcance. De hecho, los encuentros casuales con grandes clásicos de la fe han provocado una serie entera de reacciones imprevistas.

Sucedió así con C. S. Lewis. Él se encontró con tales clásicos como los escritos de Richard Hooker, George Herbert, Thomas Traherne, Jeremy Taylor, y John Bunyan a consecuencia de sus estudios.[3]

Como un estudiante, Alexander Whyte —el predicador escocés del siglo diecinueve— se dedicó a poner índice a los trabajos de Thomas Goodwin del siglo diecisiete. Pero él se absorbió tanto con ellos que, más tarde en la vida, escribió su *Vida Espiritual* basada en las enseñanzas de Goodwin. Él admitió, llevé sus volúmenes conmigo hasta que se desprendieron de su encuadernación de tela original, y hasta que yo conseguí que mi encuadernador los pusiera en su mejor cuero. No he leído a ningún otro autor tanto o tan a menudo.[4]"

Cuando Juan Bunyan se casó, su suegro le dio una dote que consistía de Arthur Dent *el Camino Pleno del Hombre al Cielo* (1601) y Lewis Bayly *la Práctica de la Piedad* (1613). Bunyan más tarde reconoció que estos dos trabajos "procrearon dentro de mí algunos deseos a la religión.[5]" Su popularidad claramente se mostró con muchos de sus contemporáneos.

Uno recuerda también a Ignacio de Loyola quien, como un joven caballero frívolo, fue herido en el sitio de Pamplona en 1521. Allí lo obligaron a pasar su convalecencia con sólo dos libros en sus manos, *Vida de Jesucristo* de Ludolph el cartujo *y Flor de los Santos* de Jacobine Varagine. Estos trabajos dejaron una impresión profunda sobre él que lo condujo a un cambio radical de su vida.

Los amigos cristianos deliberadamente presentaron a Agustín *la Vida de Antonio* de Atanasio. Este no impresionó inmediatamente a Agustín, aunque su amigo continuara a decirle como en Treves en la Galia un funcionario estatal "lo leyó, se quedó maravillado con él, y fue inflamado por él." Mientras este funcionario leía, él comenzó a pensar como él podría abrazar tal vida del monacato en el desierto egipcio. Él pensó en dejar su empleo mundano para servir "A ti [Dios] solamente; ... y el mundo se alejó de su mente... mientras él leía, y en su corazón se anegaba, por fin él estalló en llanto, vio el mejor camino, y lo eligió por sí mismo.[6]"

Agustín añade una nota sobre el resultado de leer tal ejemplo como el de Antonio. Este hombre y su compañero fueron conducidos a construir "una torre espiritual en el único coste que es adecuado, el coste de dejar todas las cosas y seguirte a ti.[7]"

La influencia de escritores místicos sobre Martín Lutero ha sido bien documentada. Él leyó profundamente los sermones de Johannes Tauler (1515-1516) y corrigió el tratado anónimo místico que él tituló *Teología alemana* (1516, 1518). Cuando él defendió las noventa y cinco tesis en 1518, él admitió que había mejor teología en los *Sermones* de Johannes Tauler, más "teología pura y sólida" que en todos los trabajos de la escolástica. De la *Teología alemana* él declaró que "sólo la Biblia y Agustín le habían enseñado más sobre 'Dios, Cristo, el hombre, y todas las cosas.[8]'"

A veces los escritos de místicos pueden prolongar las luchas para conocer a Dios personalmente. Los lectores son entonces atrapados en sus ejercicios y perspicacias espirituales en vez de en el encuentro de Dios mismo. Este era el caso con Juan Wesley. De su madre él aprendió sobre muchos trabajos piadosos, sobre todo cuando él primero fue a Oxford como un estudiante universitario. Él encontró los estudios allí como "una interrupción ociosa, inútil de estudios útiles, y horriblemente superficial.[9]"

Pero Wesley fue encantado por *el Discurso sobre la Simplicidad* del Cardenal Fenélon; le ayudó a percatarse que la simplicidad es "esa gracia que fuerza el alma de todas las reflexiones innecesarias sobre sí.[10]" Durante las vacaciones, su amigo y guía espiritual Rally le dio una copia del libro de Jeremy Taylor *Regla y Ejercicio de la Vida Santa y Morir*. Él confiesa que este volumen "selló tanto mi práctica diaria de registrar mis acciones (que he seguido fielmente hasta este momento) que más tarde introduje aquel primer *Diario* con las Reglas y Resoluciones de Taylor. Esto me ayudó a desarrollar un estilo de introspección que me mantendría en contacto constante con la mayor parte de mis sentimientos.[11]" Uno se pregunta hasta qué punto Fenelon y Jeremy Taylor contradijeron las convicciones de un joven confundido.

Sobre este tiempo, Sally también animó a Juan Wesley a leer *la Imitación de Cristo* de Tomás de Kempis. Este, también, dejó su marca sobre él, y él determinó pertenecer a Dios o perecer. Con todo, estos trabajos en cierto modo sólo prolongaron durante aproximadamente trece años la necesidad de Juan Wesley de reconocer que él debía ser "nacido otra vez" y aceptar a Dios como su propio Salvador. Al mismo tiempo ellos dejaron su marca indeleblemente sobre su carácter y ministerio.

Finalmente, pensamos en C. H. Spurgeon y la influencia profunda que los escritores puritanos tuvieron sobre su vida entera y predicación. Él tenía una colección de aproximadamente 12,000 libros, aproximadamente 7,000 de ellos eran escritos de puritanos. Muchas veces, Spurgeon leyó *Manzanas del Oro* de Thomas Brooks. Él también dedicó mucho tiempo *a los Remedios Preciosos Contra las Artimañas de Satanás* de Brooks. Él se deleitó con los trabajos devotos de Brooks.

Pero los libros por Thomas Goodwin, John Owen, Richard Charnock, Guillermo Gurnall, Richard Baxter, John Flavell, Thomas Watson, y desde luego Juan Bunyan fueron también los compañeros de Spurgeon[12]. Entonces en su propia *Charla Sobre Comentarios,* él admite que *El Comentario* de Matthew Henry sobre la Sagrada Escritura es su primera selección como el compañero constante del cristiano. Él recomendaba que sus estudiantes lo leyeran en los doce primeros meses después de que ellos habían terminado la universidad[13]..

La influencia de libros sobre líderes cristianos y su impacto por su parte sobre los movimientos de renovación de la iglesia está clara. Como Richard Baxter indicó en su *Directorio Cristiano* en el siglo diecisiete, "muchos pueden tener un buen libro, aun cualquier día u hora de la semana, que no pueden en absoluto tener a un buen predicador.[14]"

A veces el libro y el autor son ahora totalmente desconocidos, pero sus consecuencias han sido visibles y permanentes. Quién lee hoy *el Camino Pleno del Hombre al Cielo* de Arthur Dent; pero el *Progreso del Peregrino* de Juan Bunyan ha sido traducido en más de 198 lenguas. Pocos saben hoy de Florentinus de Deventer; pero su alumno, Tomás de Kempis, ha tenido su libro *Imitación de Cristo* publicado en más de 2,000 ediciones. El *Tercer Alfabeto Espiritual* de Francisco de Osuna no significa nada a la mayor parte de los cristianos ahora; pero inspiró a Teresa de Ávila en sus escritos sobre la oración, escritos que todavía influyen en nosotros fuertemente. *El Combate Espiritual* de Nicholas Scupoli (1589) era la lectura de cama de Francisco de Sales junto con la Biblia durante más de dieciséis años. Pero es de la propia *Introducción a la Vida Devota* de Sales la que ha tenido tal impacto profundo sobre muchos.

Entonces el mensaje es claro para todos nosotros. Abra las ventanas de su alma en la lectura meditativa, y los potenciales de la presencia de Dios en su vida pueden hacer, como Pablo ora, "muchísimo más que todo lo que podamos imaginarnos o pedir.[15]"

NO HAY LECTORES INOCENTES

No hay tal cosa como "sólo lectura." La lectura es un instrumento también de nuestras emociones y nuestro espíritu, nuestros motivos y nuestros objetivos. El arte monástico de *lectio divina*, la práctica de lectura meditativa y piadosa para alimentación espiritual y crecimiento, es poco conocida fuera de las tradiciones católicas de la espiritualidad hoy. La pérdida de tal asimilación devota de la Sagrada Escritura se refleja en la impaciencia que muchos tienen con las lecturas espirituales de los grandes maestros de la fe cristiana. O posiblemente muestra el descuido o la ignorancia abrumadora de tales trabajos.

C. S. Lewis habla "de la idea extraña en boga que en cada tema, los libros antiguos deberían ser leídos sólo por los profesionales, y que el aficionado debería contentarse con los libros modernos ... una timidez," añade él, "en ninguna parte más desenfrenada que en la teología.[16]" Pero sería una confusión desordenada en el cristianismo si fuéramos siempre a contentarnos con un trago superficial de lo que se dice sobre sus orígenes y nunca motivarse a beber personalmente de la fuente original.

Somos también culpables cuando no distinguimos la lectura fundamental de lectura casual, o la lectura educativa de la lectura recreativa. Ya que son todas lecturas distintas[17]. La lectura casual es lo que capta nuestra atención por las tácticas de la vida de modo que absorbamos una amplia variedad de asuntos prácticos, triviales y significativos. Todo lo que se requiere de esta clase de lectura es el dominio mental. Lectura fundamental, la que hacemos estratégicamente para entrenarnos en una profesión o disciplina, demanda docilidad y perseverancia. El cambio del primero al segundo tipo de lectura es de la información a la formación, y así la actitud de la mente también se cambia.

La lectura que relaja es también táctica, no obstante puede agarrarnos fuera de guardia a veces. Absorber futilidades que etiquetamos como "recreativa" puede ser tiempo malgastado. Peor, puede tomar y distraer nuestras mentes y espíritus de los caminos de justicia y pureza.

Tal lectura puede probar realmente nuestros espíritus y ser pruebas de la carencia de imaginación cristiana en nuestras vidas. La lectura estimulante depende de opciones más deliberadas que tomamos. Si deseamos ser más sensuales, entonces nos complaceremos en más de la pornografía ilustrada de la cual nuestra sociedad está tan inundada hoy. O si queremos respirar el aire más limpio de la autenticidad personal, disfrutaremos de la biografía buena, seremos movidos por los oraciones o los diarios de los grandes guerreros de la fe, o hasta moraremos en las parábolas de nuestro Señor. Se hace un recurso intenso en tiempos de depresión mantener a la mano a autores favoritos, páginas inspiradoras, y temas familiares para vigorizar de nuevo el espíritu que decae.

No somos lectores inocentes, ¡aun cuando decidimos no leer en absoluto! Nos hacemos culpables de mezclar nuestros pensamientos con la cultura que tan fácilmente aceptamos. El televisor, por ejemplo, nos tienta con profundas tendencias manipuladoras. Ya que con sólo presionar un botón podemos traducirnos en una docena de ambientes diferentes artificiales. Podemos literalmente elegir el ambiente en el que queremos vivir. ¿No vamos entonces también a ser tentados a manipular nuestros deseos y necesidades espirituales? La sumisión a la voluntad de Dios parece retroceder más que nunca. Esta revolución de actitud profundiza de tal modo nuestro egocentrismo que escuchar a escritores espirituales se hace difícil en efecto. Pero es la docilidad, no el dominio, la esencia de la lectura espiritual y la vida meditativa.

También tenemos un espacio muy corto de atención. Nuestro estilo es desunido: Nuestras oraciones se desprenden fácilmente, nuestros mensajes no son siempre significativos. Vivimos para ser entretenidos como un espectador más bien que estar implicado como un participante en la vida. Nuestros libros reflejan el staccato de la modernidad. Los Mensajes son dados en la forma precisa y en dosis ligeras. De la misma manera, nuestros modos de vivir cambian porque el hombre cambia a cada nueva moda y entusiasmo del momento. Es una sociedad que se divorcia, donde uno cambia al compañero como cambia el estado de ánimo. La carne sólida de la Palabra de la cual el apóstol habla es rechazada no solamente por la leche, sino por la cola. Los clásicos de fe y devoción no son atractivos a una generación que vive sobre una dieta de palomitas de maíz y gomas de mascar.

Tendemos a vivir también sobre las cosas externas de la vida. Es todo el mundo del espectáculo y como podemos impresionar a otra gente. Como cristianos estamos más interesados en la promoción de nuestra fe que su práctica privada. La actividad es más significativa que la misericordia. Tenemos miedo de escuchar a Dios porque estamos más preocupados por lo que otra gente piense. La mentalidad de manada y la tiranía de consenso —lo que Aldous Huxley una vez llamó "intoxicación de manada"— nos hacen temer la soledad, de afrontar a Dios solo, o en efecto de enfrentar los sentimientos interiores de culpa y auto traición.

Con todo, la lectura devota es un asunto tan privado, interior. Requiere el valor moral de la humildad, de la franqueza a perspectivas que cambian la vida, y del respeto por mi propio ser interior. Significa realmente el cambio de la marcha de modo que funcionemos con el temor del Señor más bien que estar preocupado por el miedo del hombre.

También jugamos el juego de números. "Todos lo hacen," exclamamos. ¿Cómo entonces puedo yo, o debo yo, ser el hombre raro?

En respuesta, Kierkegaard nos pediría deliberar: "¿Vive ahora usted de modo que es consciente de usted como un individuo?" Sobre todo, él preguntó, ¿se da cuenta usted de la más íntima de las relaciones, "a saber, en la que usted, como individuo, está relacionado con usted ante Dios?[18]"

En la naturaleza parece haber un desperdicio prolífico de la luz del sol, de plantas, de animales menores y mayores en las grandes cadenas alimentarias de nuestros ecosistemas. En la insensibilidad de la violencia del hombre contra sus compañeros, los números todavía no parecen importar. En nuestra desobediencia a la voz de la conciencia, nuestros hábitos personales de lectura, vida de oración, y carencia de progreso espiritual tampoco parece importar si vemos el cristianismo como la multitud.

Pero Dios no juzga como la multitud. Más bien, como un Padre Él sabe la caída de cada gorrión; cada pelo de nuestra cabeza es contado por Él. "En la eternidad usted buscará en vano la multitud... en la eternidad usted, también, será abandonado por la multitud.[19]" Esto es aterrador a menos que nos preparemos para la eternidad encontrándonos con Dios ahora, constantemente y ansiosamente.

La lectura devota nos ayuda, entonces, a tener un conocimiento eterno, no un conocimiento de manada; es el conocimiento primario del hombre ante su Hacedor, y de mí antes de mi Salvador. "En la eternidad," añade Kierkegaard, "hay cámaras suficientes de modo que cada uno pueda ser colocado solo en una... una prisión sola, o la cámara bendita de la salvación.[20]" ¿Es entonces mi lectura espiritual y su reflexión que me ayuda a verme "en el lugar," en la voluntad y amor de Dios? El individualismo verdadero no sigue la moda, pero sigue a Dios.

EL LUGAR DE LA INTIMIDAD CON DIOS

No es ninguna coincidencia que el tema de "seguir a Dios" para los israelitas en el Éxodo era una experiencia de desierto. Nuestro desierto no es normalmente el Sahara o el Gobi, o aun el gran interior australiano. Nuestro desierto es el espacio para reflexionar sobre nuestros sueños trastornados, el distanciamiento del que ningún toque puede unir siquiera entre amados, la incertidumbre inexplorada de mañana, y la experiencia de la oscuridad interior. Allí Dios nos llama a Él, no de nuestra inutilidad, sino para nosotros.

Cuando decimos sí a Dios, Él entonces nos lleva al desierto. No hay ningunas direcciones claras, nada sistemático, ningunas ofertas concretas, ningunos proyectos emocionantes, ningunas oportunidades prometedoras; hay solamente la promesa de no temer ser. Es la rendición, tan completamente. Es la docilidad, independientemente del coste. Es el compañerismo divino, sin tener en cuenta las consecuencias.

Carlos Carretto reconoció que el gran regalo que el desierto nos da es la oración[21]. El desierto es el lugar de silencio ante Dios donde la tranquilidad hace consciente al corazón de que su presencia viene más cerca que nuestra propia respiración. En este silencio de la atención, escuchamos a Dios que habla por su Palabra. El silencio se enrancia sin la Palabra, pero la Palabra pierde su poder recreativo sin el silencio del desierto.

La experiencia de desierto no es solamente un ambiente para el estoicismo. Es el lugar de intimidad con Dios. Necesita la retirada tranquila —al menos temporalmente— del mundo de los hombres para estar a solas con Dios. Es un lugar de reflexión donde uno ve cosas a la luz de la eternidad y por lo tanto en proporciones verdaderas. Esto es el retiro de la agitación, el ajetreo, y la velocidad para ver las cosas en la calma. Es donde hacemos callar nuestras pasiones y retrocedemos de nuestras relaciones tensas. Como un vagabundo del desierto, aprendemos a descubrir el oasis donde la búsqueda ya no es más necesaria. Allí descansamos, refrescados y renovados.

La vida de desierto tiene un modo de reducir las necesidades a lo imprescindible de agua, alimento, y refugio. En el desierto solo con Dios descubrimos que Él es bastante para satisfacer cada necesidad. Nuestra única necesidad restante es necesitarlo simplemente más. De todas las lecciones que el desierto enseña, ninguna es mayor que el encuentro de la intimidad de Dios.

No asombra, entonces, que alguna de la literatura más vital de la renovación espiritual ha venido de los Padres del Desierto: Antonio, Atanasio, Orígenes, Pacomio, Evagrio, Basilio, Gregorio de Nisa, y muchos hombres desconocidos cuyos dichos todavía atesoramos. Lo que más tarde se hizo institucionalizado cuando "el monacato" no es otro que la reflexión sobre la vida de desierto sola con Dios. Se nos recuerda que sin la experiencia del desierto del autovaciamiento, de la separación de la idolatría, de la rendición en el compromiso de Dios, y de nuestro despertamiento espiritual a Dios, la lectura devota no tiene ninguna parte significativa que jugar en nuestras vidas. Porque estos son los motivos básicos y deseos necesarios para la lectura devota.

Se requiere espacio y tiempo para actualizar el deseo del desierto. "El tiempo tranquilo" es un blanco piadoso por la mañana o es el espacio más importante en nuestra vida diaria. Nuestra lectura de hora de acostarse es otro tiempo para nuestra devoción. Los momentos fijos durante el día dan a la devoción la realidad espiritual.

Emocionalmente, también, nuestras experiencias de desierto no son solamente los espacios que Dios debería ser invitado a llenar; ellos son recordatorios de lo que Él realmente quiere ocupar en nuestras vidas. En efecto, nuestra soledad es el espacio en el cual estamos conscientes de necesitarlo. La literatura devota nos ayudará a ver el universo creciente que su presencia debería llenar. Esta es la medida con la cual vemos el progreso espiritual, nuestra necesidad creciente para Dios. Esta no es la debilidad, sino el secreto de nuestra mayor fuerza.

Sin embargo, un viaje en el desierto requiere una guía, por si acaso nos perdemos. Necesitamos la dirección no sea que sucumbamos a su sequedad de desaliento y fracaso. Del mismo modo, nuestro viaje espiritual requiere una guía.

Supremamente tenemos el Espíritu Santo como nuestra Guía. Pero su presencia depende también de la condición de que no lo contristemos, ni lo apaguemos. Por lo tanto tenemos a los consejos, ejemplos inspiradores, y las experiencias espirituales de las personas de Dios que nos ayudan a dirigirnos. Porque la historia de la iglesia es correctamente la actualización de la comunión de los santos cuya fe nos exhortan a seguir.

La falta de profundidad de mucha vida cristiana contemporánea es su modernidad. Necesitamos veinte siglos de la vida de devoción para ayudarnos a llegar a ser devotos de Cristo a principios del siglo veintiuno. Así que aprendamos a disfrutar de la comunión de los santos, volviendo a vivir sus vidas, repensando sus pensamientos, y expresando de nuevo el ardor y el fervor de sus deseos de Dios. Cuando somos desalentados, estos ejemplos del pasado nos muestran que cuando los ideales cristianos son realmente intentados, ellos darán fruto rico. Sus escritos piadosos pueden revivificar la falta de vida de nuestras formalidades como los huesos secos en desechos del desierto que fueron revivificados en la visión de Ezequiel. En otra metáfora, Pablo habla de la nube de testigos que alientan al atleta en la carrera. Las obras piadosas hacen precisamente esto; nos animan a llegar a la meta.

PAUTAS DE LECTURA QUE TRANSFORMAN LA VIDA

A pesar de la avalancha de nuevos libros y de reimpresiones de la literatura espiritual, hay poca dirección ofrecida en cuanto a cómo el arte de la lectura espiritual puede y debe ser cultivado. Hemos hecho alusión ya que el arte de la lectura devota no es exegética, ni informativa, y no es literaria en su énfasis. La lectura espiritual es esencialmente formativa del alma delante de Dios. Necesitamos entonces leerla de tal manera que nos ayude a ser inspirados y estar en sintonía con Dios en el "hombre interior". Ya que son escritos que nos dirigen hacia el cielo, y forman nuestro carácter en Cristo.

I. La lectura espiritual requiere un énfasis primario en el uso piadoso de la Escritura.

No permita que el primer entusiasmo de probar la literatura piadosa le quite la prioridad que usted debería dar todavía al estudio de la Biblia y la meditación. Recuerde, la Sagrada Escritura es el canon de la devoción del pueblo de Dios. Ellos vieron la Sagrada Escritura únicamente como la revelación final de los objetivos de Dios para el hombre. Ellos vieron la Sagrada Escritura dirigida por el Espíritu Santo.

Sin embargo, lo que necesita ser recuperado o una revisión significativa en los ejercicios espirituales de muchos cristianos es como usar y meditar sobre la Biblia de manera devota. Ya que hemos tendido desde la Reforma a aplanar la interpretación de la Escritura en un proceso de la crítica histórica; queremos verlo como creemos que el texto fue escrito originalmente por el autor. El erudito monje medieval lo vio, sin embargo, de manera mucho más rica, como la rima hermenéutica siguiente resume su sentido cuádruple:

La letra nos muestra lo que Dios
y nuestros padres hicieron;

La alegoría nos muestra donde
la fe la escondieron;

El sentido moral nos
da reglas de la vida diaria;

La analogía nos muestra
donde terminamos nuestra lucha.

Mientras no buscamos sistemáticamente tales niveles cuádruples en cada versículo de la Escritura, sin embargo el sentido literal o llano del texto, como creemos que es, requiere también el uso de simbolismos para recordarnos de sus misterios. También se requiere el uso de la aplicación moral para el creyente individual, así como la conciencia de la realidad superior de la escatología escondida en el texto. Este tratamiento es mejor visto en el Salterio, que ha sido siempre el libro más popular de la Biblia en las lecturas litúrgicas de la iglesia.

2. El arte de la lectura devota es menos una materia de técnicas que un asunto de actitudes del corazón.

Tomar nota de las presiones y los obstáculos de nuestra cultura que negaría y esterilizaría los valores de la lectura devota se parece al desarrollo de "un sexto sentido." Es un proceso parecido al desarrollo de discernimiento y deseo espiritual. Es claramente diferente de la curiosidad para más información o el desafío intelectual al dominio del entendimiento racional. La actitud es cambiada de tener un deseo por la información a una buena voluntad de ser reformado y un deseo para ser transformado. El mandato de la creación para tener bajo dominio la tierra por el *imago dei* es superado cuando nos movemos al mandato redentor para ser conformados a la imagen de Cristo.

Esto implica un nuevo modo de saber con un modo de pensar diferente. La lectura informativa es más una búsqueda de preguntas y respuestas. La lectura devota se apoya más sobre las cuestiones básicas de la vida ante Dios. La primera busca transparencia en entendimiento; ésta vive contentamente con misterios en apreciación y adoración. Otra vez, la lectura informativa es más dialéctica y relativa; la lógica es importante. Pero la lectura devota es más dócil y receptiva más bien que crítica y relativa.

La lectura informativa tiende a ser disectiva. Los datos son separados en pedazos para sr analizados a fin de aumentar la variedad de la capacidad de alguien de aprender nuevas cosas en nuevos arreglos. Pero la lectura devota es la disposición de dejar toda la iniciativa en las manos de Dios, a recordar y maravillarse en lo que Dios ha hecho ya, y ser unido con Dios en maneras vivas y dinámicas. Es como el capitán del barco que invita al piloto a tomar el puente. Por esta razón, la lectura devota es mucho más personal e implica la autor rendición, docilidad, y una buena voluntad de cambiar el curso en resoluciones profundas y por disciplinas interiores. El cuidado de un diario espiritual puede comenzar ahora a marcar los cambios de actitudes y de los deseos ante Dios.

Tal lectura devota que anima cambios del carácter puede encontrar por lo tanto batallas espirituales severas y luchas profundamente emocionales. Requerirá la suavidad del espíritu para evitar viajes de culpa, sostener el placer del espíritu, y evitar ser demasiado severo consigo mismo. Requerirá paciencia y la visión larga del control de Cristo de nuestras vidas.

3. La lectura devota tiene más del carácter de un despertamiento espiritual del sueño cultural que de la idea de mejorar actitudes existentes.

Fácilmente "dormimos" dentro de nuestra cultura hasta que viajamos al extranjero y somos sorprendidos por la manera tan diferente que otras sociedades viven y se comportan. El apóstol implica que tenemos que despertar espiritualmente de nuestra conformidad cultural, modo de pensar, y actitudes que compartimos con el mundo que nos rodea; tenemos que vivir para Dios novedosa y honradamente (I Tesalonicenses 5:6). A menudo esto requiere un renovado quebrantamiento del espíritu, un sentido nuevo o profundizado del pecado, o una nueva evaluación profunda de nuestras prioridades. Entonces comenzamos a descubrir que dos cristianos pueden compartir la misma ortodoxia de la doctrina y aún tener actitudes que se diferencian profundamente del espíritu.

Mucha angustia y confusión en la iglesia hoy exigen tanto más el discernimiento de actitudes entre cristianos para evitar lo que Bonhoeffer llamó "gracia barata" y ejercer verdadera devoción ante Dios. Podemos tener que "viajar entonces al extranjero" como los Padres del Desierto hicieron cuando ellos dejaron las ciudades de los hombres. Podemos tener que explorar como los místicos medievales exploraron, o sufrir como los puritanos sufrieron, a fin de aprender cuán secular su especie contemporánea del cristianismo realmente era, y el nuestro es hoy.

La confesión y el arrepentimiento deben ser por lo tanto las consecuencias de la lectura devota. Mueve el corazón demasiado incómodamente ser alguna vez confundido con la lectura divertida. Es demasiado radical para dejarnos seguros dentro de la esfera de nuestro propio dominio y control de la nueva información. Porque la patología del corazón es revelada en sus engaños, su ocultamiento del pecado, y en la inhabilidad del pecado para ser controlado[22].

La confesión, entonces, implica tanto necesidad de reconocer *(confiteri)* la santidad de Dios como hacer la confesión *(confessio)* de la culpa y pecado[23]. Sólo el sacrificio puede unir al pecador con Dios, y el único sacrificio que une al hombre con Dios es el de Jesucristo. El valor de todos los demás sacrificios se deriva de este. Entonces la confesión se vuelve alabanza, una ofrenda de gratitud. Entonces Bernardo de Claraval nos exhorta: "Por la confesión de pecados y por la confesión de alabanza, ¡deja que toda tu vida lo confiese!"[24] Con la alabanza como una ropa, la confesión se vuelve el acto de uno que ha recuperado una belleza interior, el capullo de la gloria por venir.

Si pensamos en algunos escritores espirituales como Tomás de Kempis en su *Imitación de Cristo* como demasiado astringente y severo, ¿podría ser que nuestras propias vidas no son lo suficientemente confesionales? ¿Podría ser que carecen por lo tanto de la alabanza adecuada? Ya que la alabanza surge de la gratitud, y brota de la gratitud de la confesión del pecado en la realización de quién es Dios. La expresión contemporánea teológica de la fe como un sistema de creencias ha venido un camino largo de hombres del siglo doce como Juan de Fecamp, que consideró la teología como principalmente una tarea de alabanza, adoración, y oración, provocado por la contemplación de Dios[25].

Es en la confesión de pecado que descubrimos nuevas dimensiones del yo y del amor propio que tiene que ser tratado. Un despertamiento al conocimiento del pecado que habita en el creyente como vivamente es expuesto por John Owen da una nueva sensibilidad frente a la realidad de Satanás que nos conduce a nuestras rodillas. La tentación se hace una realidad más profunda que requiere más desvelo moral en más lectura piadosa[26]. El arrepentimiento se hace una realidad vivida que necesita el apoyo y el consuelo de la comunión de los santos.

Así que un deseo de reiniciar nuestro curso de la vida después de que el fracaso y la falsedad con nuestra propia alma intensificarán nuestra búsqueda para aprender de otros cómo ellos trataron con estas cuestiones. Ver la vida ahora con la inclinación más profunda provoca recursos espirituales mayores que los que antes imaginamos que necesitaríamos. Una vez en la peregrinación y lejos del *status quo*, estamos en un viaje largo. Hemos despertado de un sueño largo, embotado. Como cristiano de Juan Bunyan, necesitaremos a muchos compañeros espirituales.

4. La lectura devota tiene su propio paso, un paso más lento.

Una vez que hemos comenzado a ver el discipulado como una obediencia larga, entonces tenemos que oponernos a la impaciencia de nuestra "Sociedad Inmediata." Si nuestra lectura devota debe ser el cambio de vida y la formación de vida, no podemos buscar resultados inmediatos. Es, por lo tanto, vano precipitarse en un trabajo devoto apresurado. A diferencia de una novela de Ágata Christie, no podemos terminarlo en una tarde.

Mucha falta de autenticidad surge en nuestras vidas porque no diferenciamos velocidades; hacemos cosas demasiado rápido. Como es, pienso más rápido de lo que puedo hablar, hablo más rápido de lo que puedo actuar, y actúo más rápido que el carácter que tengo para tantas acciones. Entonces tiendo siempre hacia lo no auténtico.

Espiritualmente, tenemos que aminorar la marcha y dedicar más tiempo en reflexión y silencio. Necesitamos el paso despacio moderado de tiempos regulares, fijos de lectura, aun si esto es sólo quince o treinta minutos por día. Absorber unas líneas de un escritor en nuestro corazón y por la corriente sanguínea de nuestras actitudes es mucho más eficaz que con inquietud leer rápidamente simplemente por curiosidad. Si el problema de muchas iglesias es como la velocidad de decisiones de sala de conferencias puede ser comunicada en un espíritu de comunidad, entonces el problema de la lectura devota es como la impaciencia de la mente puede ser retenida de su lujuria de más información. Se requiere espacio, así como tiempo, para la lectura devota. Literalmente esto puede conducir al hábito de desarrollar un ambiente particular, un área en el cuarto de alguien que localiza "un altar" de devoción. Físicamente esto puede requerir una postura cómoda, quizás una silla particular, donde uno puede relajarse más fácilmente y donde una atmósfera es creada expresamente para tales ejercicios de la devoción como oración y contemplación. Puede ser que deberíamos tomar primero la lectura espiritual en serio cuando estamos de vacaciones; allí sentimos la relajación, la atmósfera recreativa de la amplitud que necesitamos para tales ejercicios espirituales y disciplinas. Con cada día nutrido por la lectura espiritual, todos los días son especiales.

5. Elegir clásicos de fe y devoción de un amplio espectro de la gente de Dios.

Hemos notado que la pobreza del cristianismo hoy requiere los recursos de veinte siglos de tradiciones espirituales, sean ellas ortodoxas, católicas, o protestantes. ¿Necesitamos vacilar, entonces, si recibimos la variedad diversa y católica de experiencias que otros santos de Dios han experimentado en todas partes de los años y a través de las culturas de la humanidad? En efecto, aquellos que experimentan la mayor parte de la riqueza de la gracia de Dios pueden permitirse más ser eclécticos en su lectura espiritual. Ellos pueden hacer esto sin perder de ningún modo su firmeza de fe y doctrina, ni ser de algún modo descuidado con la verdad esencial del evangelio.

Un ejemplo de como tal amplia lectura puede enriquecer a un cristiano es ejemplificado en la vida y el ministerio del doctor Alejandro Whyte, un miembro influyente de la Iglesia Libre de Escocia, una iglesia no conocida para sus intereses católicos. Cuando él tenía cincuenta y seis años (1892), Alejandro Whyte comenzó a leer las obras completas de William Law. Él escribió una antología de las obras de la Ley en su libro *los Caracteres y las Características de William Law*. En el prefacio él dijo de este anglicano, "el estudio de este escritor bastante incomparable no ha sido nada más que una época en mi vida.[27]"

Entonces Whyte fue conducido a estudiar a Teresa de Ávila de quien él también escribió. Él escribió otros tributos de Lancelot Andrews, Sir Thomas Browne, Samuel Rutherford, y el Padre ruso John de Cronstadt. En un período de siete años, Alejandro Whyte llegó a ver una nueva vista enorme de la espiritualidad en escritores que él nunca antes había conocido. Entonces él comenzó a darse cuenta que la admiración y el amor de los grandes santos de Dios son en efecto un estudio de gran valor. "Ejerza la caridad," Whyte solía exhortar, "que se alegra en la verdad," dondequiera que sea encontrada, y sin importar lo desconocido que puede ser su traje tradicional. "El católico verdadero, como su nombre implica, es el erudito, el de mente abierta, el corazón hospitalario, el espiritualmente ejercitado evangélico; ya que él pertenece a todas las sectas, y todas las sectas le pertenecen.[28]"

6. Disfrutar de amistades espirituales con amigos de alma de modo que usted pueda beneficiarse mutuamente en un estudio de grupo o en un programa de lectura compartido.

Tal grupo puede reunirse cada dos o cuatro semanas para oír y hablar de libros examinados por su parte por miembros del grupo. Al principio, tal lectura puede intensificar desafíos profundamente espirituales y generar un nuevo sentido entero de la conciencia a la realidad. Es una reacción común para preguntarse si uno se ha desequilibrado o hasta vuelto loco por tener tales convicciones y deseos. Ya que tal como la recuperación de una enfermedad severa, la amenaza de muerte, o una experiencia de quebrantamiento profundo pueden abrir nuevas puertas de percepción, entonces el desafío fresco de leer a místicos cristianos puede hacer lo mismo. Es entonces muy importante ser animado y dirigido sabiamente por aquellos más experimentados. Además, las reacciones diferentes dan a uno un sentido de proporción o corrigen impresiones unilaterales. El objetivo común de crecer en Cristo, argumenta al apóstol Pablo, es una madurez colectiva (ver Efesios 4:13–14).

Un amigo espiritual, dice al escritor del siglo doce Aelred de Rievaulx en *la Amistad Espiritual,* es aquel que es leal y tiene motivos correctos, discreción, y paciencia a fin de ayudar a su amigo a conocer mejor a Dios[29]. Desde que no hay ningún final al grado al cual puedo engañarme realmente, necesito una guía espiritual para mantenerme honesto. Además, el amor de Dios es con eficacia desarrollado sólo cuando mi amigo ayuda a sacar de mí y mostrarme como puedo entrar en un círculo más amplio de perspicacias donde puedo ser más honesto conmigo. Así la revelación y la honestidad pueden dar la forma al compañerismo espiritual. La vida espiritual descansa sobre la revelación: la revelación de Cristo que continuamente nos llama en el poder del Espíritu Santo en una relación con Él. Descansa sobre la honestidad: la honestidad en cuanto a con qué debe ser visto y ser calculado. Entonces el compañerismo espiritual es un proceso tanto de nutrición como de confrontación, los cuales son ayudados por la lectura y el descubrimiento de la literatura piadosa juntos.

Un amigo verdadero en Cristo me despertará, me ayudará a cultivar, y profundizar mi conciencia de Dios. Ya que el amor de Dios es mediado por relaciones humanas, por aquellos que se preocupan por mí, me animan, y desean que mis afectos se centren en Dios. En efecto, dice Aelred, Dios es la amistad, y entonces la amistad con alguien espiritualmente dispuesto me conducirá hacia la piedad. Quizás pocos de nosotros hoy toman la amistad espiritual lo suficientemente en serio.

7. Reconocer que la lectura espiritual se encuentra con obstáculos que le desalientan, distraen, o disuaden de la persistencia en su lectura.

A menudo no discernimos bastante para ver o preguntar por qué un libro puede no capturar nuestra atención inmediata, o por qué nos parece tan irrelevante. Puede ser causado por nuestro propio desaliento o estado espiritual como se mencionó antes. El desaliento puede criar su cabeza fea aun cuando hay signos claros que estamos siendo bendecidos. Lo que los Padres del Desierto llamaron *accidie,* el aburrimiento, la monotonía, o la depresión, puede ser también nuestra aflicción cuando somos tentados a creer que no logramos ningún progreso espiritual en absoluto.

Podemos ser también distraídos de leer a los Padres porque nunca hemos aprendido a vivir por un libro; el libro ha significado sólo el entretenimiento. Después de un vistazo ocasional a programas de televisión, la lectura concentrada es quizás una nueva disciplina. O quizás nunca habíamos conocido la experiencia de temor y maravilla en la presencia de Dios, como un poco de lectura espiritual incitará. Esta actitud puede necesitar por lo tanto desarrollo antes de que disfrutemos de algunos maestros espirituales.

Podemos ser también disuadidos de ir lejos en los clásicos espirituales debido a su marco atado de tiempo cultural y teológico. Por ejemplo, los niveles cuádruples de la exégesis del uso medieval de la Escritura necesitan un poco de entendimiento y la compasión antes de que los sermones de Bernardo de Claraval puedan significar mucho hoy. Los místicos ingleses como el autor desconocido de *la Nube de lo Desconocido*, Richard Rolle, Margery Kempe, Walter de Hilton, u otros hacen difícil para nosotros cuando insisten que hagamos a un lado todo pensamiento humano en nuestra contemplación en Dios. Ellos argumentan que es el amor más bien que la razón el que da tal entendimiento verdadero. Ellos hablan de la "discreción", una detección espiritual de gracia, humildad, contrición, y contemplación profunda de Dios que es realmente requerida.

La literatura incluso posterior como la de los puritanos puede aplazarnos debido a su estilo latinizado o su "precisión" en tabular títulos principales y menores y subtítulos[30]. Uno puede entender su apodo de "Precisos" en los modos que ellos a menudo clasificaban el punto después del punto. Es por esta razón del vocabulario cambiado, locuciones, cambios del estilo, etc., que hemos emprendido volver a escribir en la manera más contemporánea a algunos de estos clásicos, una tarea que muchos otros editores y redactores emprenden también ahora. Así hay un poco de excusa hoy para que el lector moderno diga que tal material es ininteligible o inaveriguable.

Es, desde luego, verdadero que las imágenes literarias de tales trabajos son a menudo la de una cultura pasada. Bernardo en *la Alabanza del Nuevo Título de caballero*, o *el Castillo Interior* de Teresa de Ávila, o *Guerra Santa* de Bunyan pueden parecer símbolos anticuados. Aún ellos también contienen principios para la guerra espiritual, para la rendición del yo a la comunión con Dios, o para la vigilancia en la tentación; ellos permanecen como principios eternos. Porque la mortificación siempre deja un ejercicio vital, o la serie de ejercicios, en la vida cristiana.

8. Buscar un equilibrio en su lectura entre escritores modernos y antiguos.

Recuerde que la escritura moderna no ha sido probada, carece de la vendimia, y a menudo refleja las modas del mercado. Como C. S. Lewis ha dicho:

Un nuevo libro es todavía enjuiciado, y el aficionado no está en una posición para juzgarlo.... La única seguridad debe tener un estándar del cristianismo claro, central ("mero cristianismo" como Baxter lo llamó), que pone las controversias del momento en su perspectiva apropiada. Tal estándar puede ser sólo adquirido de viejos libros. Es una regla buena, después de leer un nuevo libro, a nunca permítase otro nuevo antes de que usted haya leído uno viejo en medio. Si es demasiado para usted, usted debería leer uno viejo después de cada tres nuevos[31].

A pesar de tal precaución, cuando el *Christianity Today* (Cristianismo hoy) hizo una revisión popular de "100 Libros Devocionales Selectos" (septiembre 25,1961), menos de un tercio tenían más de cien años. Más de los que fueron elegidos eran trabajos contemporáneos. Correctamente excluidos eran las obras de religiosidad general como los libros populares de K. Gibran, los trabajos del misticismo especulativo como aquellos de Meister Eckhart o Jakob Boehme, trabajos que reflejan pensamiento contemporáneo positivo, o trabajos de dulzor y luz, todos estos tipos tienen un punto de vista poco realista del pecado en la vida humana.

Al mismo tiempo, muchos de nosotros pueden encontrar la necesidad de un poco de punto de entrada en una experiencia espiritual más profunda por el uso de escritores modernos que limpian el rastro para seguir más allá de la mente secular, moderna y de vuelta a las verdades siempre perennes del cristianismo. El propio C. S. Lewis necesitó la sanidad y el humor de G. K. Chesterton, así como la imaginación cristiana de George MacDonald, para alimentarlo simbólicamente. Entonces él podría volver a Boethius *Sobre el Consuelo de la Filosofía*, que dio a Lewis una conciencia firme de la solidez de eternidad que era más que el tiempo inconmensurable. Pero es típico de la literatura que forma vida que muy pocos autores realmente pueden hacer esto por nosotros. Entonces Lewis nos aseguraría, como muchos han experimentado esto, que leer demasiado extensamente puede dejar muy pequeño efecto profundo, sin importar lo ampliamente informados que podemos habernos convertido.

Para muchos hoy, las oraciones de libro de Michel Quoist de la *Vida de Oración* han revolucionado su vida de oración y han traído vida y humanidad en su devoción. Fui movido en primer lugar en el desafío de Søren Kierkegaard *Pureza del Corazón es Querer Una Cosa*. Sacude las raíces para significar el negocio con el Omnipotente. P. T. Forsythe en *el Alma en la Oración* nos recuerda que "el peor pecado es no orar." Oswald Chambers en *En Pos de lo Supremo* ha levantado a muchos en la búsqueda espiritual. Al mismo tiempo, ningún libro piadoso, pasado o presente, puede hacer algo decisivo si no añoramos ya una vida espiritual más profunda y nos disponemos a recibirla. Tal como hay Salmos para todos los estados de ánimo y las necesidades de la vida, así debería haber un equilibrio en nuestra lectura. A veces podemos necesitar la lectura sólida teológica *de los Institutos* de Calvino. En otros tiempos la celebración alegre *de los Siglos* de Thomas Traherne, o los poemas *del Templo* de George Herbert, es más conveniente. Juan de la Cruz combina un poco del poema lírico más fino en la literatura española con expresiones del sufrimiento más intenso y fervor para Dios en la *Noche Oscura del Alma*. Los himnos de Juan y Carlos Wesley, *o el Diario* de George Whitefield, *o las Cartas de Fenelon, o los Pensamientos* de Pascal, cubren expresiones correctamente variadas del alma ante Dios. La diversidad ayuda al equilibrio en nuestra dieta espiritual.

9. Acompañar su lectura espiritual con el cuidado de un diario o algún cuaderno para reflexionar.

Los puritanos solían argumentar que como el capitán de un barco mantenía su bitácora, o como el doctor registraba sus estudios de caso, o como un hombre de negocios revisaba sus cuentas, entonces el cristiano debería mantener cuentas con Dios; en efecto diariamente, cuentas cortas.

En efecto, de esta tradición de mantener un diario tenemos algunos grandes tesoros de la literatura espiritual. Pensamos en la *Gracia que Abunda al Principal de los Pecadores* de Juan Bunyan, las *Memorias* de David Brainerd, los diarios de Cuáqueros como George Fox y John Woolman, los diarios de Juan Wesley y George Whitefield. Sus ejemplos todavía nos animan no solamente para registrar éxitos espirituales, pero notar también la bondad de Dios en nuestros fracasos, depresiones, y recuperación. Ellos tampocos señalan la consideración de pequeños asuntos que pueden parecer triviales y sin importancia, aún son también mantenidos dentro del cuidado prudente de Dios. De la misma manera, habrá tiempos cuando nuestra aridez del espíritu puede parecer hacer nuestro estudio piadoso y meditación sin propósito e inútil. Entonces es que la grabación fiel y sostenida es continuada como un trabajo de amor, y lo honramos en todas las circunstancias.

La anotación de cosas es también un ejercicio provechoso, reflexivo. A menudo ayuda a clarificar pensamientos cuando nuestras emociones están confundidas o perezosas; ayuda a mantener cosas memorables y edificantes. Los frutos de nuestras meditaciones son también conservados cuando "maravillosos pensamientos" podrían evaporarse tan fácilmente otra vez. Para unos, guardar un diario parece un ejercicio demasiado magnífico para sus notas de diario. Otros nunca pueden tomar la costumbre de tener uno tampoco. Sin embargo, su autobiografía espiritual es todavía vital para ellos, ya que les han enseñado a ver cada acontecimiento significativo como pasando desde su conversión. En algunos círculos esto puede conducir a un énfasis malsano en una experiencia de una vez para siempre que coloca el pasado, presente, y futuro de tal modo que ningún progreso espiritual es alguna vez hecho posteriormente. Todo pasó de una vez para siempre. No, si somos peregrinos, entonces la vida todavía yace abierta delante de nosotros, y entonces nuestra autobiografía espiritual está todavía en proceso de construcción. Las tentativas prematuras de terminar "la historia" en la conversión, en "una segunda bendición," o en la recepción de un regalo específico o perspicacia deberían ser resistidas.

Quizás, entonces, tenemos que ejercer más sentido de una autobiografía espiritual en nuestras vidas, bien al llevar un diario, notas de diario, memorias, o solamente una lista en curso de la gratitud por muchos acontecimientos que Dios ha transformado en nuestras experiencias. Pero tenemos que cuidarnos de la expresión demasiado frecuente de testimonios públicos que pueden ser exagerados o espiritualmente gastados por la sobre exposición. El héroe de Dostoyevsky en *Notas del Metro* argumenta que "conocimiento es una enfermedad.[32]" El culto de autorrealización de esta "generación egoísta" seguramente es una plaga mortal entre nosotros hoy. Quizás la recuperación de la autobiografía espiritual nos ayudará. Ya que toda autobiografía es una búsqueda para un modelo significativo de vida, y todas esas búsquedas son condenadas a la inutilidad sin referirse a nuestro Creador y Redentor. Porque la ausencia de Dios de nuestros pensamientos y decisiones, deseos y placeres, es lo que hace la conciencia tan a menudo demoníaca.

El cuidado de un diario alrededor de nuestra lectura devota ayudará así a mantener nuestra lectura como una dieta estable. Puede ser también una forma de auto dirección en la cultivación de conciencia, un conocimiento con Dios más bien que conocimiento yo solo. Es un modo de vivir que nos prepara

para el cielo. El obispo Joseph Hall, que registró muchas de sus meditaciones, nos recuerda que tales reflexiones así registradas son "el negocio divino del cristiano, porque ya que no es más posible vivir sin un corazón que ser devoto sin la meditación.[33]" Tal registro meditativo nos recordará constantemente el viaje largo del alma ante Dios.

10. Elegir con cuidado la obra devocional que desea leer para cambios en la vida que beneficien su alma. Ore seriamente y busque a alguien para ayudarle en la búsqueda.

Hay tal variedad de libros disponibles de un carácter espiritual que usted puede ser desalentado al principio por la misma variedad. Así que, en primer lugar, distinga entre los clásicos "primarios" que son la lectura básica, de las fuentes de apoyo "secundarias" que son clásicos sólo menores. Podemos llamar entonces "lectura terciaria" las historias de fondo de espiritualidad, biografías, y otro material que ayudan a llenar el contexto de los clásicos primarios. "La cuarta" clase de lectura es la variedad enorme de la literatura contemporánea piadosa que no ha sido aún clasificada como de interés y valor permanente o pasajero.

No imite la opción de alguien más de un clásico, porque sus necesidades pueden ser muy distintas. Entonces el consejo de un amigo espiritual puede ser necesario para ayudarle a descubrir el libro correcto que puede permanecer como su amigo para la vida. Si usted está todavía sin una guía tan espiritual, las sugerencias siguientes pueden ayudar.

Si usted siente que sus enemigos peores todavía están dentro de usted —culpa, lujuria, una vida cristiana constantemente derrotada— entonces *las Confesiones* de Agustín pueden ser exactamente el libro para usted. Muchos de nosotros se identificarán con el reconocimiento de Agustín que él pospuso explorar y someterse al cristianismo porque realmente quiso que su lujuria por el sexo, la belleza, y el éxito fuera satisfecha más bien que curada. "Señor, dame la castidad, pero aún no." La honestidad de Agustín y la franqueza ante Dios refrescan y alivian a una vida de reprimir cosas y la posposición que la catarsis del alma que muchos de nosotros necesitan con tanta urgencia.

Si usted quiere tratar con Dios, y ha sentido la ausencia de un verdadero discipulado ante Dios, entonces *la Imitación de Cristo* de Tomás de Kempis puede ser la llamada astringente que usted busca. La tradición de la cual surgió este pequeño trabajo eran las notas *(ripiaria)* o la colección de oraciones de la Sagrada Escritura y los Padres que se hicieron un foco para la meditación, no solamente para Tomás de Kempis, pero para generaciones innumerables de "los comprometidos." ¿Por qué no unirse al bando augusto de devotos?

Si usted ve la vida como una lucha constante, y siente la tentación de rendirse al desaliento y debilidad, entonces quizás *la Lucha Espiritual* de Lorenzo Scupoli es su necesidad. Segundo sólo *a la Imitación de Cristo* ha tenido la influencia más profunda, sobre todo en Europa del Este, ya que fue publicado en 1589. Francisco de Sales lo mantuvo al lado de la cama durante dieciséis años, "el libro de oro, querido" que él leyó cada día. Para aquellos que tienen que ser suaves con ellos en el autor rechazo, las propias meditaciones de Francisco de Sales, *Introducción a la Vida Devota,* son un ramo agradable de refrigerio diario para muchos espíritus sensibles.

Enamorarse de Dios parece ser una cosa digna de temer para muchos cristianos. Quizás uno comienza esta experiencia leyendo al clásico de Jean Pierre de Caussade, *Abandono de la Divina Providencia.* Fue recientemente traducido de nuevo por Kitty Muggeridge como *el Sacramento de Cada Momento* y tiene el mismo tema que este trabajo. El hermano Lawrence *la Práctica de la Presencia de Dios* está en la misma tradición de la devoción francesa del siglo diecisiete.

Todo esto puede animarle a volver al siglo doce, que como el nuestro de hoy estuvo muy preocupado por el descubrimiento del individuo por el amor romántico. La respuesta de Bernardo de Claraval y sus amigos fue ver el amor de Dios como la fuente de la personalidad verdadera. El hombre necesita amor, y la fuente del amor es Dios mismo. Nuestra integridad y el entendimiento más profundo de nosotros se hacen más profundos cuando nos enamoramos de Dios como una realidad permanente. Así que trabajos cortos como *sobre Amar a Dios, Amistad Espiritual,* y las meditaciones sobre *el Cantar de Cantares* nos ayudan a entrar en esta realidad[34].

Si usted siente la necesidad de nutrir su vida piadosa con el estudio sólido teológico también, entonces a menudo se pasa por alto que los *Institutos* de Calvino, parte tres, es escrito precisamente para ese objetivo. Antes de que usted se ponga allí, usted puede encontrar provechoso leer el *Verdadero cristianismo* de William Wilberforce (Victor Classics), un ataque animado contra la religión civil por el líder abolicionista contra la esclavitud[35]. Si su teología puede estar clara pero sus sentimientos son todavía confusos y débiles hacia Dios, entonces el *Tratado Acerca de los Afectos Religiosos* de Jonathan Edward (Victor

Classics, *Fe más Allá de los Sentimientos*) permanece único en esta necesidad de deseos disciplinados de Dios[36]. Este es un libro que requiere mucha recuperación para el hombre postmoderno.

Quizás también tenemos que volver a libros de la infancia, como *el Progreso del Peregrino* de Bunyan, para ver niveles más profundos lo que es eterno para todas las generaciones. La recuperación de nuestra infancia para Dios puede ayudarnos a redimir el pasado para el futuro enriquecimiento como C. S. Lewis hizo con los cuentos de George MacDonald. Los prejuicios de la infancia a veces tienen que ser descongelados releyendo fuentes que antes bloquearon nuestro progreso.

En su *Máximas*, Juan de la Cruz resume lo que hemos intentado decir. "Busque leyendo, y usted encontrará meditando; clame en la oración, y la puerta será abierto en la contemplación.[37]" Pero él confiesa, que los que son "peregrinos por diversión más bien que por devoción son muchos." Entonces él nos advierte, "Nunca admita en su alma lo que no es considerablemente espiritual, ya que si usted hace así, perderá el dulzor de la devoción y el recuerdo." Él añade, "Viva en el mundo como si sólo Dios y su alma estuvieran en él; que su corazón pueda no ser cautivo a ninguna cosa terrenal."

—James M. Houston

NOTAS

1 Eclesiastés 3:11

2 C. S. Lewis, *The Weight of Glory* [el Peso de Gloria] (Greensboro, N.C.: Unicorn Press, 1977), p. 10.

3 C. S. Lewis, *God in the Dock, Walter Hooper, ed. (Grand Rapids, Mich.: Wm. B. Eerdmans, 1970), pp. 200-207.*

4 Citado en G. F. Barbour, *The Life of Alexander Whyte* [la Vida de Alejandro Whyte] (Nueva York: George H. Doran Co., 1925), pps 117–118.

5 Citado en Richard L. Greeves, *John Bunyan* [Juan Bunyan] (Grand Rapids, Mich.: Wm. B. Eerdmans, 1969), p. 16.

6 F. J. Sheed, editor, *The Confessions of St. Augustine* [las Confesiones de San Agustín] (Nueva York: Sheed y Ward, 1949), p. 164.

7 Ibíd.

8 Steven Ozment, *The Age of Reform, 1250-1550* [la Edad de Reforma], 1250–1550 (New Haven, Conn.: Yale University Press, 1980), p. 239.

9 Robert G. Tuttle, *John Wesley, His Lif and Theology* [Juan Wesley: Su Vida y Teología] (Grand Rapids, Mich.: Zondervan, 1978), p. 58.

10 Ibíd., p. 100.

11 Ibíd., p. 65.

12 Earnest W. Bacon, *Spurgeon: Heir of the Puritans* [Spurgeon: Heredero de los Puritanos] (Grand Rapids, Mich.: Wm. B. Eerdmans, 1968), p. 108.

13 C. H. Spurgeon, *Commenting and Commentaries* [Comentando y Comentarios] (Londres: Banner of Truth, 1969), pps 2–4.

14 Richard Baxter, *Practical Works* [Trabajos Prácticos], Guillermo Orme, editor (Londres: James Duncan, 1830), 4:266.

15 Efesios 3:20.

16 C. S. Lewis, Dios en el Muelle, pps 200–201.

17 A. G. Sertillanges, *The Intellectual Life* [la Vida Intelectual] (Westminster, Md.: Christian Classics, 1980), pps 152–154.

18 Søren Kierkegaard, *Purity of Herat is to Will One Thing* [la Pureza del Corazón es querer Una Cosa] (Nueva York: Harper and Row, 1954), p. 184.

19 Ibíd., p. 193.

20 Ibíd.

21 Carlos Corretto, Cartas del Desierto (Londres: Darton, Longman, Todd, 1972), p. 32.

22 Ver a John Owen, *Triumph Over Sin* [Triunfo Sobre el Pecado], James M. Houston, editor y J. I. Packer, cont. editor (Colorado Springs: Victor Books, 2004).

23 Jean Leclerc, *Contemplative Live* [Vida Contemplativa] (Kalamazoo, Mich.: Cistercian Publications, 1978), p. 109.

24 Citado por Leclerc, Vida Contemplativa, p. 117.

25 Ibíd., p. 116.

26 John Owen, Triunfo Sobre el Pecado.

27 G. F. Barbour, *Life of Alexander Whyte* [Vida de Alejandro Whyte], p. 378.

28 Ibíd., p. 389.

29 Bernard de Claraval y sus amigos, *The Love of God* [el Amor de Dios], James M. Houston, editor (Portland, Ore.: Multnomah Press, 1983), pps 233–251.

30 Ver por ejemplo a Richard Baxter, *Watch Your Walk* [Mire Su Andar], James M. Houston, editor, y Richard D. Halverson, cont. editor (Colorado Springs: Victor Books, 2004).

31 C. S. Lewis, Dios en el Muelle, pps 201–202.

32 Citado por Roger Pooley, *Spiritual Autobiografy* [Autobiografía Espiritual] (Cambridge: Grove Books, Bramcote, Notts, 1983), p. 6.

33 José Hall, *The Works* [los Trabajos] (Londres: M. Flesher, 1647), p. 114.

34 Bernard de Claraval, el Amor de Dios.

35 Guillermo Wilberforce, *Real Christianity* [Verdadero cristianismo], James M. Houston, editor, y senador Mark O. Hatfield, cont. editor (Colorado Springs: Victor Books, 2004).

36 Jonathan Edwards, *Faith Beyond Feelings* [Fe más Allá de Sentimientos], James M. Houston, editor, y Charles W. Colson, cont. editor (Colorado Springs: Victor Books, 2004).

37 David Lewis, editor, *The Works of St. John of the Cross* [las Obras de San Juan de la Cruz] (Londres: Thomas Baker, 1891).

ÍNDICE
DE REFERENCIAS BÍBLICAS